Wirtschaften für das "gemeine Eigene".
Handbuch zum gemeinwesenorientierten Wirtschaften

Auf der Suche
nach der verlorenen Zukunft

Schriftenreihe

herausgegeben von Hanna Behrend

Band 7

trafo verlag
dr. wolfgang weist

Carola Möller &
Brigitte Bleibaum / Ulla Peters / Lilo Steitz /
Alena Wagnerová

Wirtschaften für das "gemeine Eigene"

Handbuch zum gemeinwesenorientierten Wirtschaften

Herausgegeben von der
Stiftung Fraueninitiative e. V., Köln

Berlin 1997

Die Deutsche Bibliothek – CIP-Einheitsaufnahme

Wirtschaften für das "gemeine Eigene" : Handbuch zum
gemeinwesenorientierten Wirtschaften / hrsg. von der
Stiftung Fraueninitiative e.V., Köln. Carola Möller & ...
- Berlin : Trafo-Verl. Weist, 1997
   (Auf der Suche nach der verlorenen Zukunft ; Bd. 7)
   ISBN 3-930412-77-2

"Auf der Suche nach der verlorenen Zukunft" – Schriftenreihe
Herausgeberin: Hanna Behrend, Berlin

Die Titel der Schriftenreihe erscheinen unregelmäßig.
Band 7: "Wirtschaften für das 'gemeine Eigene'.
Handbuch zum gemeinwesenorientierten Wirtschaften"
Autorinnen: Carola Möller & Brigitte Bleibaum / Ulla Peters /
Lilo Steitz / Alena Wagnerová.
Herausgegeben von der Stiftung Fraueninitiative e. V., Köln

ISBN 3-930412-77-2

© trafo verlag dr. wolfgang weist, Berlin 1997
Finkenstraße 8, D-12621 Berlin, BRD
Fax: 030/56 70 19 49

Satz: trafo verlag
Umschlaggestaltung: trafo verlag

Inhalt

Editorial

In der Reihe "Auf der Suche nach der verlorenen Zukunft" nehmen ost- und westdeutsche Akademikerinnen und Akademiker seit fast vier Jahren das Wort zu Grundproblemen unserer Zeit. Gestützt auf jeweils langjährige Lehr- und Forschungserfahrungen auf den Gebieten der Ökonomie, Philosophie, Soziologie, Psychologie oder Philologie versuchen sie die Fragen zu formulieren, die sich ihnen im Ergebnis des Zusammenbruchs des einen Gesellschaftssystems und den derzeit vor sich gehenden globalen Veränderungen des anderen hinsichtlich der Zukunft der Menschheit stellen. Sie sehen ihre Überlegungen nicht voreilig als endgültige Wahrheiten an, sondern stellen sie zur Diskussion.

Aus einem ostdeutschen Gemeinschaftsprojekt, das sich seit 1991 mit der Problematik Rasse-Klasse-Geschlecht auseinandersetzte und dem sich westdeutsche TeilnehmerInnen hinzugesellten, entwickelten sich in kritischer Auseinandersetzung miteinander neue, übergreifende Fragestellungen. Sie betrafen die Rolle der Macht und Gegenmacht in der modernen Gesellschaft, die weitere Entwicklung der menschlichen Reproduktion, die Akteure und Akteurinnen gesellschaftlicher Veränderung, Modernisierung und Emanzipation, Utopie und Wirklichkeit.

Unser jetzt vorliegender Band beschäftigt sich mit alternativen, nicht profitorientierten Formen des Wirtschaften, bei denen, meist in nachbarlichen Zusammenhängen, in nichtpatriarchaler Arbeitsteilung Selbstversorgung zur Bedürfnisbefriedigung der Beteiligten angestrebt wird. Waren oder Dienstleistungen werden in der Regel nach der für ihre Herstellung oder Leistung benötigten Arbeitszeit ausgetauscht.

Einer Zeitbudgetstudie des Statistischen Bundesamtes zufolge nimmt heute die unbezahlte, meist von Frauen ausgeführte hauswirtschaftliche Tätigkeit mehr Zeit in Anspruch als die bezahlte Erwerbsarbeit. Dabei ist die wachsende Zahl alternativer, gemeinwesenorientiert wirtschaftender Gemeinschaften nicht erfaßt. Seit die elektronische Revolution dafür sorgte, daß die in Erwerbsarbeit hergestellten Waren und Dienstleistungen immer weniger Arbeitszeit erforderlich machen, geht die Epoche der existenzsichernden lebenslangen Erwerbsarbeit in den industriell entwickelten Ländern unaufhaltsam ihrem Ende zu. Über alternatives Wirtschaften denken daher heute mehr Menschen nach als früher. Damit ist aber auch ein Nachdenken über den Sinn der Arbeit und des Lebens verbunden. Wo Bedürfnisbefriedigung statt Profit als Produktionsmotiv dient, müssen menschliche Bedürfnisse neu bestimmt werden. Sie müssen zu dem, was als "Sinn des Lebens" bezeichnet werden könnte, in Beziehung gesetzt werden. Wenn der alleinige Maßstab für die Bewertung eines Produkts oder einer Dienstleistung die Arbeitszeit ist, werden Hierarchien zwischen Tätigkeiten und denen, die sie leisten, zwangsläufig abgebaut. Damit werden gewisse herrschaftsfreie Räume geschaffen und nichtpatriarchale Beziehungen zwischen den Beteiligten gefördert. In dem Maße, in dem es gelingt, die alternativ Wirtschaftenden durch eine Vielzahl von Verbindungen in der dominanten patriarchal-kapitalistischen Gesellschaftsordnung zu verankern und sie öffentlich wahrnehmbar zu machen, werden auch alternative Möglichkeiten zum dominierenden "Standort Deutschland"-Diskurs in die Diskussion eingebracht. Mehr Menschen wird dann bewußt werden, daß die neoliberale Antwort auf die derzeit vor sich gehende globale Transformation der Gesellschaft nicht die einzig mögliche ist.

Die in unserem Band vorgestellten theoretischen Überlegungen und die Dokumentation, die eine erste – keineswegs vollständige – Auflistung ihrer Entwicklungsformen darstellt, behandeln "ein soziales/ökonomisches Lern- und Experimentierfeld, in dem nicht Konkurrenz und Hierarchien von Bedeutung sind, sondern solidarisches Verhalten, Spaß am fairen Geben und Nehmen zum eigenen Nutzen und für die anderen. Damit wird vielleicht eine Keimzelle zu einem Gegenpol zur jetzigen patriarchalen, hierarchischen kapitalistischen Gesellschart geschaffen."[1] Alternatives, gemeinwesenorientiertes Wirtschaften bietet die Chance einer ganzheitlichen Lebensweise, bei der das Wirtschaften kein abgetrennter Lebensbereich ist, sondern den Umgang mit der Natur und die Arbeit wieder direkt mit dem Lebensalltag verknüpft. Es stellt damit auch eine Alternative zur Herrschaftsmoral dar, die sich in der immer härter werdenden Konkurrenz unter den noch Erwerbstätigen, den BewerberInnen um einen Arbeitsplatz oder um eine Lehrstelle manifestiert. Anders als die entfremdete Arbeit, die heute in immer weniger menschengerechten Arbeitsbedingungen ihren Ausdruck findet und die Erwerbstätigen immer stärker, oft über ihre Leistungsfähigkeit, belastet, ermöglicht alternatives Wirtschaften auch durch den Zeitfaktor unbeeinträchtigtes Arbeitsvergnügen. So kann das hier Vorgestellte als eine Stück praktizierter Utopie gewertet werden, die zu unserem Projekt "Auf der Suche nach der verlorenen Zukunft" gehört.

Berlin, Mai 1997

Hanna Behrend

---

1 Hella Hertzfeld, Tauschen statt schuften. Tauschringe als Alternative zur Geldökonomie, in: Das Argument, Nr. 220, H. 3/1997, S. 412.

Einführung

Wir stehen an der Schwelle des dritten Jahrtausends. Die Lebensgefühle vieler Menschen schwanken zwischen den Polen "Wir nähern uns einer Katastrophe" und "Wir müssen etwas Neues gestalten". Unzweifelhaft ist, daß sich seit etwa zwei Jahrzehnten die Lebensverhältnisse in den hochindustrialisierten Ländern deutlich verändern. In der Bundesrepublik hat sich der Wandel insbesondere durch die ökonomische Inbesitznahme der Ex-DDR seitens der westdeutschen Wirtschaft beschleunigt, spürbar für jede und jeden.

Von mindestens *drei Zäsuren* wird der gesellschaftspolitische Wandel markiert. Die erste Zäsur setzte *der Zusammenbruch des 'realen Sozialismus'*, des weltweit einzigen konkurrierenden Wirtschaftssystems. Die kapitalistisch agierenden Länder haben damit ihren Hauptgegner verloren und können jetzt das Pokern um Macht neu betreiben. Seitdem werden die wirtschaftlichen Einflußzonen unter den alten Industrieländern, insbesondere den USA, der Europäischen Union und Japan, und den 'Kleinen Tigern' in Ostasien neu ausgehandelt. Gekämpft wird um ökonomische Vorherrschaft, um Rohstoffquellen und um Märkte, was mit permanenten Kriegen, immer neuen Flüchtlingsströmen, mit der Errichtung von freien Produktionszonen mit minimalen Rechten für Arbeitskräfte und einer wachsenden Zahl von Konkursen bei kleinen und mittleren Unternehmen einhergeht. Gleichzeitig bilden sich neue internationale Firmenzusammenschlüsse heraus, deren Kapitalverflechtungen kaum mehr zu übersehen sind. Edward Goldsmith charakterisiert in *Le Monde Diplomatique* (4/1996) den Einfluß dieser neuen Multis: "In dem Maße, wie eine kleine Anzahl von Firmen den Weltmarkt für die von ihnen produzierten und vertriebenen Waren beherrscht, wird ihnen die Konkurrenz zunehmend hinderlich. Kooperieren dagegen die Unternehmen, so können sie stärker auf die jeweiligen Regierungen einwirken und sich der wachsenden Opposition seitens populistischer, nationalistischer oder anderer Bewegungen entgegenstellen. Gleichzeitig treiben die Firmen die vertikale Integration immer weiter voran, so daß sie jede Stufe innerhalb eines Sektors kontrollieren können, vom Abbau der Bodenschätze und Errichtung von Betriebsanlagen über die Produktion und Lagerung bis hin zur Lieferung an ausländische Filialen und zum Verkauf im Groß- und Einzelhandel. Damit können sie sicherstellen, daß sie selbst auf jeder Stufe die Preise festlegen und nicht, wie sie glauben machen, der Markt." Ca. 60% des Welthandels wird von diesen – wie Goldsmith sagt – neuen Kolonialherren zentral geplant und preislich beherrscht. Dieser Prozeß der internationalisierten Marktwirtschaft wird auch als "Globalisierung der Kapitalverwertung" bezeichnet. Auch in Deutschland haben die Manager dieses Kapitals über die Unternehmensverbände ihre Vorgaben – Wirtschaftswachstum, Standort Deutschland sichern, international konkurrenzfähig bleiben – wie eine zweite Nationalhymne in unsere Köpfe gehämmert. An ihnen richten sich alle Entscheidungen der Bonner Regierung zur Wirtschafts-, Arbeitsmarkt- und Sozialpolitik aus.

Die *zweite* Zäsur ist hiermit schon angesprochen: *der schwindende Handlungsspielraum der Staaten* und die zunehmende Indienstnahme der PolitikerInnen durch die Wirtschaft. So mancher Politiker avancierte inzwischen zum agilen Chefverkäufer für Großfirmen. Ökologisch sinnvolles Wirtschaften, soziale Sicherheit, Ausbildungsplätze, genügend existenzsichernd bezahlte Erwerbsarbeitsplätze sind alles Ziele, die zwar verbal hochgehalten werden, für die aber politisch keine positiven Bedingungen gesetzt werden. Die bevorstehende Wirtschafts- und Währungsunion wird deshalb unter den derzeitigen Konstellationen eine Einheit zu Bedingungen der Wirtschaft. Die Vereinbarungen zu sozialen Mindeststandards bleiben weit hinter der Notwendigkeit zurück, Massenerwerbslosigkeit, zunehmende Ausgrenzung und Verarmung innerhalb der reichen EU-Länder zu bekämpfen. Die Nationalstaaten begnügen sich immer mehr mit der Gewährleistung der inneren und äußeren Sicherheit gegen bürgerkriegsähnliche Unruhen, ungewollte AusländerInnen und wirtschaftlich störende Auswirkungen von Kriegen.

Gleichzeitig erfüllt der Gesetzgeber die Vorgaben der Wirtschaft zur gewünschten Deregulierung und Flexibilisierung: Sozialleistungen in allen Bereichen werden abgebaut, öffentliche Leistungen reduziert, das Arbeitsrecht wird 'angepaßt', rentabel zu vermarktendes Gemein- und Staatseigentum privatisiert, die wachsenden Staatsschulden werden auf die mittleren und unteren Einkommensgruppen "umgeschichtet".

Der Staat ist immer weniger bereit, die zerstörerischen Wirkungen der Internationalisierung von Arbeits- und Kapitalmärkten ordnungs- und sozialpolitisch abzufedern. Dies führt dazu, daß heute unter Billigung der Regierung diejenigen Firmen die höchsten Gewinne machen, die am stärksten ihre Personalkosten reduzieren, also beispielsweise Personal entlassen bzw. es in ungeschützter Form – Teilzeitarbeit, Scheinselbständigkeit, Leiharbeit, befristete Arbeit, geringfügige Beschäftigung, freie Mitarbeit etc.- (rück)einkaufen. Die Erwerbstätigenquote eines Landes korrespondiert immer weniger mit der positiven wirtschaftlichen Situation von Unternehmen. Diese international vernetzten Unternehmen sind es gleichzeitig, die die geringsten Steuern zahlen.

Ebenfalls separiert haben sich die Finanzaktivitäten der Banken, Versicherungen und Großfirmen. Die Finanzmärkte spielen inzwischen eine einflußreichere Rolle als die Produktions- und Dienstleistungsbetriebe. Globalisierung heißt hier: Verflüssigung des Kapitals in die Geldform. Dieser Prozeß ist zentraler Bestandteil von Globalisierung. Die Auf- und Abwärtsbewegungen an den Börsen haben immer weniger mit der realen Produktivität in den Betrieben zu tun. Das unterscheidet die heutige Situation maßgeblich von der Wirtschaftslage in den 20er und 30er Jahren. Täglich werden heute ca. 1,3 Billionen Dollar an Finanzwerten weltweit hin- und hergeschoben. Das Bruttoinlandsprodukt der BRD beträgt im Vergleich dazu im Jahr etwa 1,8 Billionen Dollar. Eine staatliche Finanzpolitik verfügt unter diesen Bedingungen nur noch über einen geringen Spielraum.

Die beiden ersten Zäsuren sind politisch-ökonomische. Die *dritte* Zäsur ist durch neue technische Entwicklungen bedingt. Arbeitsmarktrelevant sind insbesondere die Informations- und Kommunikationstechniken. Diese Techniken werden von der Wirtschaft und vom Staat gefördert, denn sie bringen den Betrieben Zeit- und Kostenersparnis, insbesondere vermindern sie die Arbeitskosten. Sie haben bereits und werden in Zukunft weiterhin eine weitreichende Änderung der Arbeitsorganisation in den Betrieben, im Verkehrs- und Nachrichtenwesen, in den Verwaltungen, im privaten Bereich, der Kultur und den internationalen Beziehungen bewirken. Die internationalen Transferkosten für Sprache, Bild, Schrift und Ton und ihre Vernetzung sind gering, die dafür benötigte Zeit fast zu vernachlässigen. Damit ist eine wichtige Voraussetzung zur Internationalisierung der Arbeitsmärkte geschaffen worden. Das bedeutet nicht nur, daß die weltweit qualifiziertesten Arbeitskräfte, in beliebig wechselnder Zusammensetzung, mit Hilfe der technischen Medien länderübergreifend zusammenarbeiten können, es ermöglicht auch die Absenkung der Lohnkosten in den alten Industrieländern, weil einerseits die preisgünstigsten Arbeitskräfte in einem größer werdenden Radius angeheuert werden und andererseits die Firmen Filialen in die Niedriglohnländer nach Großbritannien, USA, Ostasien, und Lateinamerika auslagern können. Die Internationalisierung des Arbeitsmarktes bedeutet allerdings nicht, daß sich das Lohnniveau weltweit angleichen wird, denn die Kapitalverwertung ist weiterhin auf das Lohngefälle existentiell angewiesen.

Eine der generellen politischen Fragen heute lautet: Läßt sich die Erwerbslosigkeit – auch mit Blick auf die Maastricht II-Kriterien – durch modifizierende und subventionierende Maßnahmen im Rahmen des neoliberalen Wirtschaftens beheben, oder müssen wir den bisher proklamierten Zusammenhang zwischen Erwerbsarbeit und Existenzsicherung aufgeben? Den meisten Männern gelang es, ihre materielle Existenz über eine Erwerbsarbeit zu sichern, den meisten Frauen nicht. Das grundsätzlich neue, neoliberale Verhältnis bedeutet für immer mehr Erwerbsarbeitende: prekäre Selbständigkeit, Scheinselbständigkeit, Teilzeitarbeit, freie Mitarbeit, Leiharbeit und ähnliche meist nicht existenzsichernd entlohnte Arbeitsformen, wie sie in den hochindustrialisierten Ländern USA und Großbritannien in den letzten Jahren schon üblich sind. Für viele Millionen von Arbeitswilligen ist sogar ein solcher Teil-Zugang zum Arbeitsmarkt versperrt.

Wenn Erwerbsarbeit nur noch einen Teil der materiellen Existenz für einen Teil der Gesellschaftsmitglieder abdeckt, wie wird der übrige Teil gesichert? Bezogen auf die Steuereinnahmen des Staates und die Solidarbeiträge der Erwerbsarbeitenden kann das heißen: Der Staat subventioniert Erwerbsarbeitsplätze, oder/und er schafft eine Mindestsicherung für alle oder er fühlt sich für eine gerechte Verteilung des Reichtums nicht mehr verantwortlich, d. h. er privatisiert die "Fürsorge".

Es könnte aber auch heißen, der Staat finanziert die notwendige Infrastruktur für die Menschen, die in einem lokalen Umfeld sich ihre eigenen Versorgungszusammenhänge schaffen, um nicht nur dem "Wolfsgesetz" des Marktes ausgesetzt zu sein. Das verlangt von den staatlichen Behörden ein Umdenken. Sozialpolitische Maßnahmen zielen dann nicht mehr nur auf die Verwaltung von Armut und Mangel, sondern mit ihnen können Rahmenbedingungen geschaffen werden, die der Bevölkerung gemeinsame eigenständige Aktivitäten zu ihrer Existenzsicherung erlauben.

Immer mehr Menschen wird klar, wie stark die ökonomischen und machtpolitischen Bedingungen sie in ihren Lebensmöglichkeiten negativ beeinflussen, bis hin zur Zerstörung der natürlichen Lebensgrundlagen. Sie denken über andere Arbeits- und Wirtschaftsweisen nach, und eine beachtliche Zahl innovationsfreudiger Menschen beginnt, sie in die Praxis umzusetzen. Alternativ zu wirtschaften heißt allerdings nicht, zur Agrarwirtschaft zurückzukehren. Vielmehr werden mit Hilfe des uns heute zur Verfügung stehenden technischen, informatorischen, ökologischen und kulturellen Wissens und Könnens, Formen von gemeinschaftlich selbstorganisiertem, alternativem Wirtschaften zu entwickeln, zu erproben und mit Leben zu erfüllen sein. Es entsteht das "gemeine Eigene" im alten Wortsinn von "gemein" als "gemeinsam", "allgemein". Es sind Formen des Wirtschaftens, die nicht auf den heutigen Markt hin ausgerichtet sind. Ein solches Wirtschaften wird im folgenden *gemeinwesenorientiertes Wirtschaften* genannt.

Sich für wenigstens einen Teil der Lebensbedürfnisse eigenständige Versorgungsmöglichkeiten zu schaffen, ist überhaupt nichts Neues. In früheren Zeiten, als die Agrarwirtschaft noch den Arbeitsalltag der meisten Menschen bestimmte, wirtschafteten die Haushalte weitgehend autark. Erst mit der beginnenden Industrialisierung und den sich entwickelnden kapitalistischen

Bedingungen, als das Private und Öffentliche, die unbezahlte und bezahlte Arbeit endgültig voneinander getrennt wurden, begann die Enteignung der Menschen von ihren Produktionsmitteln, und damit schwanden die Möglichkeiten selbstbestimmter Versorgung und die Fähigkeiten hierzu. Bedürfnisse zu befriedigen bedeutet nunmehr Waren und Dienste am Markt kaufen zu müssen, für die das Geld über entfremdete Lohnarbeit zu beschaffen ist, die in Form und Inhalt nichts mehr mit der eigenen Versorgung zu tun haben.

Auch heute wird durch unbezahlte Arbeit, meist Frauenarbeit, ein Stück Versorgung gesichert, aber diese Versorgung ist überwiegend darauf ausgerichtet, die Arbeitskraft für das neoliberale Wirtschaften fit zu machen und zu halten, um die dort produzierten Waren und Dienste kaufen zu können.

Das vorliegende Buch handelt vom gemeinwesenorientierten Wirtschaften. Es werden theoretische und praktische Ansätze dieser anderen Wirtschaftsform in der Bundesrepublik Deutschland vorgestellt. Im ersten Teil des Buches werden aktuelle Überlegungen zum Thema "gemeinwesenorientiertes Wirtschaften" zur Diskussion gestellt: die Kriterien dieses Wirtschaftens, wichtige feministische Denkansätze hierzu, der Begriff "Eigenarbeit", der Stellenwert von Eigenarbeit für ein nicht-patriarchales Wirtschaften und die Formulierung von Forschungsfragen (Carola Möller). Es folgen eine kurze Begriffsgeschichte zu "Gemeinwesen" und dem alten Wort "gemein" sowie kritische Überlegungen zu wichtigen Aspekten dieses anderen Wirtschaftens (Ulla Peters) und ein Bericht über die langjährigen Diskussionen in Ostdeutschland zu dem Komplex "Bedarf" und "Bedürfnisse" (Lilo Steitz/Brigitte Bleibaum). Eine literarische Betrachtung zum Wirtschaftsverständnis einer Großmutter (Alena Wagnerová) konterkariert den wissenschaftlichen Stil. Der theoretische Teil wird abgerundet durch eine erste Bibliographie zum Thema.
Ein wesentlicher Teil des Buches ist der Adressenteil, in dem über hundert gemeinwesenorientiert wirtschaftende Projekte in Form einer Kurzbeschreibung und mit ihrer Anschrift aufgelistet werden. Die Adressensammlung ist das Ergebnis einer umfangreichen schriftlichen Befragung unter den alternativen Projekten, von denen vermutet wird, daß sie gemeinwesenorientiert arbeiten. Diese Liste ist keinesfalls vollständig. Sie soll diejenigen ProjektträgerInnen, die sich noch nicht gemeldet haben oder jetzt beginnen, ermuntern, sich für eine Neuauflage zu melden, denn mit einem vernünftigen Zeitabstand soll die Adressensammlung auf neuen Stand gebracht und durch gleichartige Projekte in europäischen Ländern erweitert werden. Zum Informationsteil gehören ebenfalls die Aufbereitung und Bewertung der Einblicke in die Projekte, die durch die Umfrage gewonnen wurden.

Wir stehen erst am Anfang theoretisch fundierter Analysen. Wenn es gelänge, mit dem Buch die notwendige Beschäftigung und weitere Auseinandersetzung mit den sich entwickelnden Formen gemeinwesenorientiert wirtschaftender Einheiten anzuregen und zu stärken, wäre ein wichtiges Ziel erfüllt.

Die Herausgabe dieses Buches ist eine der ersten Aktivitäten der neugegründeten *Stiftung Fraueninitiative*. Zur gleichen Zeit setzte die Stiftung einen Preis aus für eine wissenschaftliche Abhandlung oder einen reflektierten Erfahrungsbericht aus der Praxis zum Thema "Gemeinwesenorientiertes Wirtschaften". Über das Ergebnis wird im September 1997 in Köln berichtet.

Die Arbeit an dem Handbuch, das ich in Planung und Durchführung zu verantworten habe, wäre nicht ohne die Diskussionszusammenhänge mit politisch engagierten Feministinnen möglich gewesen. Hier danke ich vor allem den Frauen vom "Forum Ökonomie & Arbeit", eine Arbeitsgruppe aus der früheren Frauenanstiftung, und den Frauen vom "Bundesweiten feministischen Bündnis". Unverzichtbar für mich waren und sind zudem die Erfahrungen und Auseinandersetzungen über andere Formen des Wirtschaftens in dem Planungsprojekt "Modell Mülheim – Nachbarn packen an". Bei zwei Kolleginnen möchte ich mich besonders bedanken: Dr. Barbara Böttger und Dr. Ulla Peters. Ihr kritisches und anregendes Mitdenken und ihre Kommentare zu den Texten waren mir ganz wichtig. Für den Adressenteil, die Zusammenstellung der Bibliographie und die oft mühsame Kleinarbeit rund um ein solches Buchprojekt war Ina Volpp-Teuscher zuständig. Ihr sorgfältiges Arbeiten und ihr kooperativer Arbeitsstil waren sehr hilfreich. Mein Dank gilt gleichermaßen all denjenigen Mitarbeitenden in den angeschriebenen Gruppen, die die schriftliche Befragung als Aufforderung für eine ausführliche Darstellung ihrer Projektarbeit genutzt haben.

Köln, Mai 1997

Carola Möller

Die Stiftung Fraueninitiative wurde Ende 1996 als selbständige Stiftung des bürgerlichen Rechts errichtet, als gemeinnützig anerkannt und von der Bezirksregierung Köln genehmigt.

eine Stiftung
von Frauen für Frauen

Im Grundgesetz ist die Gleichberechtigung von Frauen und Männern als Grundrecht festgeschrieben, jedoch besteht bis zur tatsächlichen Gleichverteilung von Lebenslagen noch ein großer Handlungsbedarf. Ohne die staatlichen Stellen aus ihrer Verantwortung hierfür zu entlassen, wird sich der Abbau patriarchaler Strukturen erst durch ein aktives Engagement von Privatpersonen verwirklichen lassen. Es braucht gute Ideen, es braucht das entschiedene Eintreten für gerechte und humane Lebensweisen und die Stärkung solchen Engagements durch finanzielle Unterstützung.

Frauen werden selbst verstärkt aktiv werden müssen, um gesellschaftliche Verhältnisse zu schaffen, die ihnen ermöglichen, unabhängig von Gewalt und Unterdrückung ihr Leben eigenständig zu gestalten, ihre Lebensform frei zu wählen, ihre Existenz durch gesellschaftlich notwendige und ökologisch sinnvolle Arbeit selbst zu sichern und solidarisch mit ihren Mitmenschen zusammenzuleben.

Es ist die Zeit der Frauen – im negativen wie im positiven Sinne.

Stiftungsziele
Die Stiftung wird gemäß ihrer Satzung eigene Aktivitäten entwickeln und solche in- und ausländischen Frauen- und Mädchengruppen und Projekte von Frauen fördern, die im Denken, Wollen und Handeln von emanzipatorischen Traueninteressen geleitet werden. Die Stiftungsaktivitäten sollen innovatives feministisches Denken und Handeln ermutigen und stärken.

Arbeitsweise
Der Vorstand entscheidet über Förderungen. Er hat beschlossen, die Stiftungsarbeit durch thematische Schwerpunkte inhaltlich und zeitlich zu strukturieren. Zunächst steht das Thema "gemeinwesenorientiertes Wirtschaften" im Mittelpunkt. Die nach kapitalistischen Prinzipien handelnde

globalisierte Wirtschaft ist weder in der Bundesrepublik noch weltweit in der Lage, auch nur annähernd ausreichende und existenzsichernd bezahlte Erwerbsarbeitsplätze anzubieten, umweltschonend zu produzieren, den Raubbau an den Rohstoffen zu beenden und wichtige Lebensbedürfnisse zu befriedigen. Immer mehr Menschen beginnen, in einem begrenzten Umfeld, einen Teil ihrer Lebensbedürfnisse selbstbestimmt und in ökologisch sinnvoller Weise zu organisieren, ausgerichtet an ihren gemeinsamen Bedürfnissen. Solche Ansätze gilt es zu stärken und gleichzeitig theoretisch zu reflektieren.

eine Stiftung
von Frauen für Frauen

Es gibt inzwischen eine Reihe von Denkansätzen, gerade auch aus feministischer Sicht zum gemeinwesenorientierten Wirtschaften. Es ist dringend notwendig, die vorliegenden Konzepte kritisch zu analysieren und im Interesse der gewünschten humanen und nichtpatriarchalen Lebensweisen weiterzuentwickeln.

Die Mittel, die der Stiftung für ihre Arbeit zur Verfügung stehen, sind noch vergleichsweise gering. Die Stiftung wird in dem Maße wirksam werden können, wie engagierte Frauen und Männer ihr Spenden zukommen lassen.

Anschrift:
Stiftung Fraueninitiative
Postfach 19 03 08
50500 Köln

Vorstand der Stiftung:
Dr. Carola Möller, Köln (Stifterin, Sozialwissenschaftlerin)
Rita Seppelfricke, Köln (Rechtsanwältin)
Margit Stolzenburg, Berlin (Journalistin)

Spendenkonto:
Konto-Nr. 100 58 00
Commerzbank Bonn
BLZ 380 400 07

Überlegungen zu einem gemeinwesenorientierten Wirtschaften

Carola Möller

Im folgenden werden die wichtigsten Kriterien und Ziele des gemeinwesen-orientierten Wirtschaftens benannt. Damit werden Maßstäbe gesetzt, die zum Weiterdenken, aber auch zur Kritik herausfordern sollen. Der Versuch, das Wirtschaften für das "gemeine Eigene", das gemeinsame Eigene, zu benen-nen, beruht auf Überlegungen, insbesondere von Feministinnen, die in den vergangenen Jahren bekanntgeworden sind. Die wichtigsten Ansätze werden anschließend skizziert. Es folgt eine Auseinandersetzung mit dem Begriff "Eigenarbeit". Diese erscheint mir deshalb geboten, weil sehr unterschiedli-che politische Konzepte damit in Verbindung gebracht werden. Eigenarbeit als die Tätigkeit im gemeinwesenorientierten Wirtschaften wird – davon abgehoben – anschließend entwickelt.

Nicht die Linken, sondern die Feministinnen sind es, die eine nicht-patri-archale Ökonomie ausgehend von der (Wieder-)Herstellung des materiell, psychisch und kulturell Notwendigen und Wünschenswerten denken. Mehr-heitlich beruht dieses Wirtschaften heute auf der unbezahlten Arbeit, die wie-derum überwiegend von Frauen geleistet wird. Die unbezahlte Arbeit wurde von den Feministinnen seit langem als "blinder Fleck in der Ökonomie" (Werl-hof 1978: 18ff.) und als patriarchale Form der Unterdrückung von Frauen gekennzeichnet. Der Skandal, der in dieser Vernutzung von Frauenarbeit liegt, hat inzwischen die politischen Akteure einschließlich des Bundesverfassungs-gerichts erreicht. Dieser von der Frauenbewegung erkämpfte Erfolg wird al-lerdings bei hohen Staatsdefiziten immer seltener politisch umgesetzt. Wenn Frauen da nicht wachsam sind und selbst aktiv werden, sich selbst z. B. die Gestaltungsmacht über die unbezahlte Arbeit aneignen oder die für uns zweck-mäßigen Begriffe in Besitz nehmen, so wird wiederum über unsere Köpfe hin-weg und gegen unsere Interessen Politik gemacht.

Was heißt "gemeinwesenorientiertes Wirtschaften"?

Dieser Begriff steht für ein nicht-patriarchales Wirtschaften, das auf die direkte und ökologisch sinnvolle Bedürfnisbefriedigung einer Gruppe, einer Nachbarschaft, eines Dorfes oder eines Stadtviertels und wiederum untereinander vernetzter Zusammenhänge zielt. Die Arbeit, die hierfür verrichtet wird, wird als *Eigenarbeit* bezeichnet.

Gemeinwesenorientiertes Wirtschaften ist nicht auf den heutigen Markt und seine Gesetzmäßigkeiten ausgerichtet. Hierin unterscheidet es sich auch von den Wirtschaftszielen der selbstverwalteten Betriebe, die sich ebenfalls als "alternativ" verstehen. Betriebsform und Arbeitsweise selbstverwalteter Betriebe entstanden in Form von Produktionsgenossenschaften in der zweiten Hälfte des letzten Jahrhunderts. Nach dem Zweiten Weltkrieg bildeten sich in den 60er Jahren neue Formen von Betrieben heraus, die sich bis heute auch halten. (Heider/Hock/Seitz 1997). Es sind Betriebe, die für den Markt arbeiten. Die Bedingungen des Marktes haben Vorrang vor individuellen Bedürfnissen. Unter dieser Prämisse wird innerbetriebliche Arbeit kollektiv und gleichberechtigt organisiert.

Gemeinwesenorientiertes Wirtschaften ist auch nicht mit "gemeinwesenorientierter Sozialarbeit" gleichzusetzen. Dieser Begriff meint eine Sozialarbeit, die statt der Individualhilfe stärker das gesamte Umfeld des Problembereichs einbezieht. Es handelt sich beim gemeinwesenorientierten Wirtschaften jedoch nicht um Problemfelder, nicht um sozialarbeiterische Betreuung und Kontrolle, sondern um selbstorganisiertes Wirtschaften innerhalb eines Gemeinwesens.

Das Charakteristische des gemeinwesenorientierten Wirtschaftens läßt sich durch die folgenden Kriterien beschreiben:

- Diesem Wirtschaften liegt der Gedanke der *Selbstversorgung* und der *Selbsthilfe* zugrunde. Diese ursprüngliche Intention von Wirtschaften war auch Bestandteil der seit Beginn der Industrialisierung entstandenen gemeinwirtschaftlich und genossenschaftlich organisierten Zusammenschlüsse von Lohnabhängigen und ihrer InteressenvertreterInnen, Konsumgenossenschaften, Wohnungsbaugenossenschaften etc.[1]

- Die Selbstversorgung hat die *Bedürfnisbefriedigung der jeweils gemeinsam Wirtschaftenden* zum Ziel, ist also nicht auf Konkurrenzfähigkeit am Markt und gewinnbringendes Produzieren ausgerichtet. Das unterscheidet sie von den gemeinwirtschaftlich ausgerichteten Betrieben, deren Ziel es ist, "am Markt zu bestehen" (Loesch 1979: 128)

---

1 Zur Geschichte des Begriffs siehe den Artikel von Ulla Peters in diesem Buch.

- Es ist *eine Tätigkeit mehrheitlich im lokalen Umfeld,* bei dem sich Vernetzungen zu anderen, auch überregionalen Einheiten herausbilden können.
- Die notwendige Eigenarbeit wird mehrheitlich als *unbezahlte Arbeit* geleistet, aber auch eine Bezahlung ist nicht ausgeschlossen, bei der jedoch meist andere Bewertungen als die üblichen Marktbewertungen vorgenommen werden.
- *Die Arbeitsteilung ist nicht-patriarchal,* d. h. die Arbeit wird zwischen Männern und Frauen gleichgewichtig geteilt. Das heißt nicht, daß alle Personen alles gleichermaßen können und tun müssen – eine sicher unzweckmäßige Form von Arbeitsteilung –, sondern daß der Stellenwert der einzelnen Arbeitsbereiche und die Bewertung der jeweiligen Arbeit – Hausarbeit, handwerkliche Tätigkeiten, Pflegearbeiten, Gartenarbeit etc. – wie auch die Einflußmöglichkeiten der dort Arbeitenden auf den Gesamtprozeß gleichgewichtig sind.
- Die Eigenarbeit knüpft an den *vorhandenen Qualifikationen* an und fördert die Erweiterung von Qualifikationen. *Sozial kompetentes, kooperierendes und solidarisches Handeln* gilt als notwendige Grundeinstellung. Die Wirtschaftseinheiten verstehen sich als *"lernende Organisationen"* (Elsen 1996: 61)
- Gemeinwesenorientiertes Wirtschaften hat *ökologisch sinnvolles Wirtschaften* zum Inhalt. Ihm liegt ein anderes als das heute übliche Naturverständnis zugrunde. Statt die natürlichen Ressourcen im Interesse des Profits auszubeuten, wird die Natur als die entscheidende Basis unseres Lebens auf dem Planeten verstanden, die es gemäß den Naturzyklen zu erhalten und zu pflegen gilt. Das impliziert einen sinnvollen Umgang mit Ressourcen und ein Vorausdenken auch für die kommenden Generationen.
- Die Eigenarbeit wird als *basisdemokratischer Prozeß* organisiert. Es ist ein kollektiv selbstbestimmtes Tun. *Entscheidungen* werden im Konsens gefällt. Ein Delegieren von Entscheidungen an Untergruppen ist – je nach Gruppengröße – sinnvoll.
- Gemeinwesenorientiertes Wirtschaften zielt mit diesen Rahmenbedingungen auf eine *neue Lebensqualität,* die sich, über die Grundbedingungen hinaus, je nach Wirtschaftseinheit unterschiedlich ausprägen kann.
- *Das Wirtschaften soll,* wie ursprünglich, *den Menschen und ihrem Wohlbefinden dienen* und nicht – wie es neoliberale Ökonomen fordern – die Profitorientierung als übergeordneten Zweck haben, dem sich die Menschen unterwerfen müssen.

Feministische Denkbewegungen über ein anderes Wirtschaften

Über ein nicht-patriarchales, nicht-kapitalistisches und ökologisch sinnvolles Wirtschaften als notwendig zusammengehörendes Konzept wird zur Zeit fast nur von Feministinnen nachgedacht. Sie denken, im Unterschied zu den Männern, Wirtschaften von der Reproduktion, von den Bedürfnissen her. Sie analysieren den Zusammenhang von bezahlter und unbezahlter Arbeit und bemühen sich um einen neuen Begriff von Lebensqualität. Es gibt allerdings heute noch kein detailliertes, umfassendes Konzept für – wie es hier bezeichnet wird – gemeinwesenorientiertes Wirtschaften wie oben definiert, wohl aber verschiedene Ansätze mit unterschiedlicher Reichweite zu einem anderen Wirtschaften. Sie sollen hier vorgestellt werden, um die Berührungspunkte und Abgrenzungen zum gemeinwesenorientierten Wirtschaften deutlich zu machen.

Human Economy

Die Finnin Hilkka Pietilä, die 27 Jahre lang Finnland in der UNO vertreten hat, befaßt sich seit den siebziger Jahren mit Überlegungen zu einer alternativen Wirtschaftsweise. Es gab – und gibt – in den nordischen Ländern eine lange Diskussion darüber, wie kleine Länder gegenüber den globalisierten hochindustrialisierten ökonomischen Machtzentren ein Eigenleben bewahren können. In Anlehnung an die Amerikanerin Hazel Henderson entwickelt Pietilä für die kleinen Länder eine Theorie zu einer "human economy". Damit meint sie eine Ökonomie, die die bisher als "blinde Flecken" behandelten Bereiche der Haushaltsökonomie (private economy) und der Ökonomie der lebenden Natur (cultivation economy) als essentiell einbezieht, und zwar so, daß von diesen beiden Basisökonomien her die Gesamtökonomie neu gedacht werden muß. Sie betont, im Unterschied zu dem Ansatz "Vorsorgendes Wirtschaften" eindeutig die notwendige Dominanz dieser beiden Ökonomien gegenüber der Marktökonomie. Die "Humane Ökonomie" umfaßt alle Arbeit, Produktion, Aktionen und Transaktionen, die zur Sicherung der Existenz, der Wohlfahrt und des Überlebens der Gesellschaft notwendig sind. Sie beschreibt insbesondere die Zwischenebene (intermediary level) zwischen dem privaten und öffentlichen Bereich als einen gemeinschaftlichen Aktivitätsbereich, der in Finnland offensichtlich entwickelt und gefördert wird. Die Aktivitäten dort umfassen die Selbstverwaltung, die Betreuung von Kindern und Älteren, die bezahlte und unbezahlte Produktion, den Austausch von Gütern und Diensten, die Haus- und Gartenarbeiten und naturerhaltende Arbeiten, also genau das, was gemeinwesenorientiertes Wirtschaften beinhaltet.

Sie entwirft ein neues Bild einer nationalen Ökonomie in Form von drei Kreisen. Der zentrale Kreis in der Mitte umfaßt die "freie Ökonomie". Damit ist der ganze nicht-monetarisierte Bereich (unbezahlte Hausarbeit für sich und die Familie, Nachbarschaftshilfe, Gemeinschaftsarbeit in der Kommune einschließlich der politischen Arbeit) gemeint. Diese informelle Ökonomie[2] steht in Verbindung mit dem sie umschließenden Kreis, den Pietilä "protected sector" nennt. Dieser "geschützte" Sektor ist der staatlich gelenkte Markt für Infrastrukturen, Wohnungsbau, Pflegedienste, Verwaltung, Gesundheit, Schulen etc. Die Preise für die dort erstellten Güter und Dienste entsprechen nicht den Preisen auf dem freien Markt. Um diesen zweiten Sektor lagert sich der dritte Kreis, den Pietilä die "fettered economy" nennt, die "gefesselte" Ökonomie. Die Preis- und Lohnbedingungen auf diesem üblicherweise als 'frei' bezeichneten Markt sind vom Weltmarkt diktiert, so in Finnland, wo vorwiegend für den Export gearbeitet wird. Pulliainen/Pietilä (1983) errechneten die Zeit- und Geldanteile dieser drei Ökonomien, gemessen am Bruttosozialprodukt von Finnland (GNP) für das Jahr 1980 und später auch für 1990 (1996). Die Werte in der "freien Ökonomie" sind dabei aufgrund der aufgewandten Zeit bewertet worden:

	1980		1990	
	Zeit	Geld	Zeit	Geld
A. Freie Ökonomie	54%	35%	48%	37,5%
B. Geschützte Ökonomie	36%	46%	40%	49,5%
C. Gefesselte Ökonomie	10%	19%	12%	13,0%

Pietilä merkt an, daß zwischen 1992 und 1995 der Anteil der unbezahlten Arbeit (Sektor A) wahrscheinlich deutlich angestiegen ist, da ca. 18% der Arbeitskräfte erwerbslos seien und erwartungsgemäß mehr Eigenarbeit leisteten. An der Aufstellung wird deutlich, daß der größte Teil der erstellten Werte und der benötigten Zeit auf die ersten beiden Sektoren verwendet wird. Der dritte Sektor dagegen, der kleinste, hat den größten Einfluß, und über ihn wird in der Theorie und in der Praxis am meisten geredet. Diese Ergebnisse decken sich generell mit westdeutschen Befunden. Das Bild von den drei Wirtschaftskreisen schafft eine gute Ausgangsposition zur anstehenden Entwicklung einer neuen ökonomischen Theorie, weil es die tatsächlich vorherrschenden Proportionen wirt-

---

2   Der Begriff "informelle Ökonomie" hat in den industrialisierten Ländern die Bedeutung von "nicht am Markt orientiertes Wirtschaften", in den Trikont-Ländern dagegen bezeichnet er den Kleinverkauf z. B. von StraßenhändlerInnen. Zur Systematik siehe Teichert 1993.

schaftlicher Aktivitäten verdeutlicht und auffordert, die Zustände und Prozesse, die Interessen- und Einflußbereiche der einzelnen Kreise und die Herrschafts- verhältnisse zwischen diesen Kreisen zu analysieren (Pietilä 1990, 1996).

Subsistenzwirtschaft

Der Subsistenzansatz ist als "Bielefelder Ansatz" bekanntgeworden. Entwickelt haben ihn Maria Mies, Veronika Bennholdt-Thomsen und Claudia von Werlhof in den achtziger Jahren. Während Pietilä einen Ansatz zur theoretischen Be- handlung der Gesamtökonomie vorlegt, entwickeln die Autorinnen in ihren Schriften (1983, 1988, 1995) bestimmte *Grundhaltungen*, die für ein "öko-femi- nistisches Wirtschaften" notwendige Voraussetzungen sind. Zentrales Ziel der angestrebten "moral economy" "... muß wieder die unmittelbare, nicht über die Warenproduktion vermittelte Herstellung und Erhaltung des Lebens sein. Wir nennen dies auch *'Subsistenzproduktion oder Produktion des Lebens'*" (Mies 1988: 286). Wir hier im Norden, so die Analyse der Autorinnen, leben im Reichtum, den wir uns durch die Ausbeutung der Bodenschätze und der billigen Arbeitskraft in den sogenannten Entwicklungsländern leisten können. Systembedingt wird sich dieser Prozeß fortsetzen. Die Konsequenzen, die die Autorinnen daraus ziehen, heißen: Insbesondere Frauen, die von Armut, Natur- zerstörung und Gewalt gegenüber ihren Körpern betroffen sind, müssen daran interessiert sein, durch Konsumverzicht einerseits und durch Besinnung auf Werte wie Kooperation, Solidarität, Würde, Gemeinschaftlichkeit und durch eine Selbstversorgung innerhalb einer autark wirtschaftenden Region anderer- seits, diese andere Form des Wirtschaftens zu entwickeln. Dazu brauche es eine Einstellung zur Arbeit, bei der Arbeiten wieder als *Einheit von Last und Lust* erfahren würde, bei der Glück und Sinnstiftung aus der Notwendigkeit der Arbeit für das Leben erwachse, bei der *Freiheit* nicht von, sondern in der Not- wendigkeit gesucht würde. Es brauche eine andere Vorstellung von Zeit, die sich an den Zyklen der Natur orientiere (1988: 280ff.; 1995: 335). Die Auto- rinnen, deren Erfahrungen stark durch ihre Forschungen in Indien und Latein- amerika geprägt sind, entwickeln ein Bild vom Wirtschaften, das eher auf eine überschaubare landwirtschaftlich-agrarische Lebenswelt, denn auf das Leben in den Metropolen zugeschnitten ist. Es hat zudem den Anschein, als ob sich kulturelle Differenzen, Macht und Interessen von Menschen in einem allum- fassenden Begriff vom "Leben" aufheben würden, wobei das Begriffspaar "Frau und Natur" als das Gute, als das weibliche Prinzip, dem Begriffspaar "Män- ner und Gewalt" als dem Bösen gegenübergestellt wird. Auf diese Weise gerät die stark vereinfachte Erklärung gesellschaftlicher Zusammenhänge zu einem

Ökofeminismus, der selbst universalistischen Anspruch erhebt, der auch die Interessen- und Machtdifferenzen unter Frauen ausblendet.[3] Wichtig an dem Subsistenzansatz bleiben die grundsätzliche Kritik an der patriarchal-kapitalistischen Wirtschaftsweise, die Betonung der heutigen internationalen ökonomischen Ausbeutungsstrukturen und die Forderung nach einem Wirtschaftsverständnis, bei dem Wirtschaften wieder dem (Über-)Leben dient und nicht der Kapitalakkumulation, dem unhinterfragten Wachstum und dem Profit.

Vorsorgendes Wirtschaften

Der Begriff des "vorsorgenden Wirtschaftens" ist von einer Münchner Frauengruppe in die Diskussion eingebracht worden. Christiane Busch-Lüty/Maren Jochimsen, Ulrike Knobloch, Irmi Seidl und Adelheid Biesecker (Bremen) haben ihn auf der 5. oikos-Konferenz in St. Gallen 1992 in einer Arbeitsgruppe entwickelt. Sie verstehen "vorsorgendes Wirtschaften" als Erweiterung des ökologischen Begriffs "nachhaltiges Wirtschaften" um die Komponente der "sozialen Vorsorge". Vorsorgendes Wirtschaften basiert gemäß den Autorinnen auf den drei Prinzipien: Vorsorge (Sorge, Verantwortung ,Wohlbefinden), Kooperation (Solidarität, Einsicht, Offenheit, Konsensbereitschaft) und Orientierung am Lebensnotwendigen, das ein "gutes Leben" meint. Was das "gute Leben" beinhaltet, wird nicht näher ausgeführt. So nützlich die Erweiterung des Begriffs der "Nachhaltigkeit" um die soziale Vorsorge ist, so problematisch ist das unhinterfragte Verhältnis zwischen Erwerbsbereich und vorsorgendem Wirtschaften. Vorsorgendes Wirtschaften erkennt "... die enge Verbindung von Versorgungswirtschaft und Erwerbsbereich. Es betont die grundsätzliche Bedeutung der versorgungswirtschaftlichen Bereiche für jedes Wirtschaftssystem und damit für das Wohlbefinden der Menschen." (Politische Ökologie, Sonderheft 6, 1994: 6) Hier gibt es keine Interessengegensätze zwischen Marktwirtschaft und Versorgungswirtschaft. Die oftmals zerstörerischen, kontraproduktiven Wirtschaftsentscheidungen der international verflochtenen Unternehmen und der Staaten bleiben ausgeblendet. Wer wem zu dienen hat, bleibt diffus.

Soziale Orte ökonomischen Handelns

Die Schweizerin Mascha Madörin (1995) fordert bei ihren Überlegungen zu einer feministischen Ökonomie dazu auf, die verschiedenen sozialen Orte –

---

3   Zur kritischen Würdigung dieses Ansatzes siehe u. a. Böttger 1987; Lenz 1988; Wichterich 1992; Molineux/Steinberg 1997.

z. B. Weltmarkt, nationale, regionale Märkte, Staat, informelle Märkte, Familie, Vereine, Kirchen, Parteien – und die dort handelnden Männer und Frauen in mehrfacher Weise zu analysieren: Wer hat die Kontrolle und damit die Macht über die ökonomischen Ressourcen und die Organisationsstrukturen ehrenamtlicher Arbeit? Nach welchen Spielregeln wird was zwischen wem getauscht? Wie werden Geld und soziales Prestige gegen Lebenszeit getauscht? Wie werden die verschiedenen Ressourcen – Zeit, Geld, Fremdenergie, Rohstoffe, Boden etc. – für welche Produkte und Dienste genutzt? Welche Verknüpfungen gibt es zwischen den sozialen Orten? Wie sehen die gesamtwirtschaftlichen Größenordnungen aus? Diese Herangehensweise an Ökonomie würde nicht nur den dienenden Charakter von Wirtschaft deutlich machen und – ähnlich wie Pietilä – die Proportionen der einzelnen ökonomischen Aktivitäten klären, sondern auch die jeweiligen Macht- und Interessenlagen der Handelnden offenlegen. Madörin sieht zudem in diesem Zugang den Vorteil, "von den schwierigen Arbeitsbegriffsdebatten vorerst abzusehen und voreilige Abgrenzungen, was das Ökonomische sei, zu vermeiden. ... Die Frage nach unabdingbaren, wünschenswerten, überflüssigen und unverantwortbaren Tätigkeiten sowie die Frage nach dem sozialen Ort und unter welchen ökonomischen Bedingungen solche Tätigkeiten stattfinden sollten, könnten einen nächsten Schritt der Theoriebildung darstellen und Fragen des <guten Lebens> ... miteinbeziehen." (Madörin 1995: 15) Dieser Ansatz, der auch ein Konzept der Demokratisierung des Geschlechterverhältnisses anstrebt, ist ein überzeugender Ansatz, der über die gesamtökonomische Relevanz hinaus dazu dienen kann, die sich entwickelnden Strukturen alternativen Wirtschaftens und ihre jeweilige geschlechterspezifische Ausprägung aus feministischer Sicht zu analysieren und das wirtschaftliche Handeln anhand der gewünschten Kriterien und durch die Gruppen selbst kontrollierend zu begleiten.

Eigenarbeit – ein schillernder Begriff

Unter "Arbeit" wird heute üblicherweise die Erwerbsarbeit in Form von abhängiger, und selbständiger Arbeit gegen Entgelt verstanden. Nur dieser "Faktor Arbeitskraft" ist auch Gegenstand der ökonomischen Theorie. Und nur die sich immer mehr ausdifferenzierenden Formen von Erwerbsarbeit sind Gegenstand der Arbeitsmarktforschung und -politik.

Nun besteht aber die gesellschaftlich geleistete Gesamtarbeit keineswegs nur aus bezahlter Arbeit. Im Gegenteil, fast zwei Drittel der Gesamtarbeit wird unbezahlt geleistet. Da dies überwiegend Frauenarbeit ist, wurde und wird sie stillschweigend übergangen. Einer theoretischen Betrachtung scheint sie bis heute nicht würdig, es sei denn, sie verstärkt die neoliberale Position. Als 1992 Gary S. Becker in Chicago der neoliberalen Wirtschaftstheorie ein Anhängsel mit dem schönen Namen "New Home Economics" hinzufügte, bekam er dafür den Nobel-Preis. So froh waren die Männer, daß hier den Frauen "wissenschaftlich" erklärt wurde, sie hätten einen ökonomischen Vorteil, wenn sie sich auf die Hausarbeit beschränken und ihren Mann bei der Karriere fördern.[4] Die erste Zeitbudgetuntersuchung im Auftrag des Bundesministeriums für Familie und Senioren ergab für 1991 ein Gesamtarbeitsvolumen in der BRD von 124 Mrd. Stunden. 77 Mrd. Stunden davon werden in unbezahlter Arbeit geleistet und 47 Mrd. als bezahlte Arbeit. Berechnet wurde der Wert der unbezahlten Arbeit mit einem Nettostundenlohn von 11,- DM. Dies ergab einen Jahresgesamtwert von 860 Mrd. DM und bedeutete pro Haushalt einen Wert von etwa 2.550,- DM nur für die Versorgung mit üblicherweise auch auf dem Markt zu kaufenden Waren und Dienstleistungen. Das Statistische Bundesamt errechnete zudem, daß der Bruttowert dieser unbezahlten Arbeit um 59% über dem Bruttowert der bezahlter Arbeit im "Produzierenden Gewerbe" (537 Mrd. DM) liegt (BMfFS/Statistisches Bundesamt 1994).

Die Nichtbeachtung der unbezahlten Arbeit in der Öffentlichkeit bedeutet allerdings nicht, daß diese Arbeit nicht geschätzt wird. Sowohl die Männer als auch die Unternehmen und Vater Staat sind in ihrem Tun existentiell darauf angewiesen. Unternehmen beispielsweise lagern immer mehr ihrer bezahlten Arbeit auf die unbezahlte aus (Selbstbedienung, Müllentsorgung, Home-Banking, Wareninformationen, etc.), inzwischen ein wichtiger Faktor zum Kostensparen. Der Staat wiederum spart durch die ehrenamtliche Arbeit und die Pflege- und Betreuungsarbeit der Hausfrauen enorme Sozialkosten. Und die männlichen Karrieren wären auch nicht ohne die tägliche Hausarbeit und psychische Sorgearbeit der Lebensgefährtinnen denkbar.

Unbezahlte Arbeit spielt als Eigenarbeit zudem eine große Rolle in allen Zukunftskonzepten (Möller 1997). Die Vorschläge zur Umgestaltung der Gesellschaft lassen sich sehr gut auf ihre Ziele hin sortieren, wenn man sie nach der Funktion befragt, die der unbezahlten Arbeit zugedacht wird. Wird eine nicht-patriarchale Arbeitsteilung und -bewertung angestrebt? Soll die unbezahlte Arbeit alle die Arbeitsbereiche abdecken, die vom Kapital nicht okkupiert werden, weil sie nicht gewinnbringend zu vermarkten sind? Soll sie die Stabilisierung der Arbeitskraft für die Erwerbsarbeit einerseits und die materiellen

---

4 siehe hierzu die ausführliche Kritik von Symma 1995

und psychischen Schäden andererseits beheben, die im Erwerbsarbeitsbereich produziert werden oder dient sie den gemeinsam selbstbestimmten Bedürfnissen?

Der Begriff "Eigenarbeit" wurde 1978 von Christine und Ernst von Weizsäcker im Titel ihres Aufsatzes "Für ein Recht auf Eigenarbeit. Entwurf eines Manifestes" (Weizsäcker/Weizsäcker 1978: 185ff.) benutzt. Angesichts schwindender "Hoffnung, Arbeitslosigkeit durch Wachstum zu beseitigen", fordern die AutorInnen ein "Recht auf das positive Erleben eigener Arbeit" (1978: 186f.). In diesem Text wird Eigenarbeit nicht ökonomisch, sondern psychologisch und politisch gesehen. Zeitlich anschließend gab es verschiedene Versuche, die Nicht-Erwerbsarbeit zu systematisieren (z. B. Illich 1978; Huber 1984; Heinze/Olk 1984; Heinze/Offe 1990; Teichert 1993). Einig sind sich die Autoren, daß die Nicht-Erwerbsarbeit einem "Dritten Sektor" oder "informellen Sektor" zuzuordnen sei und es sich um eine Arbeit handle, die nicht die reguläre, die direkt warenwirtschaftlich orientierte Erwerbstätigkeit der abhängig und selbständig Tätigen meint. Gestritten wird unter den Fachleuten bis heute über die Abgrenzung der Eigenarbeit gegenüber Schwarzarbeit, Schattenarbeit, ehrenamtlicher Arbeit, Hausarbeit und diversen Formen von Freizeitaktivitäten (Sprachkursus, Fitnesstraining etc.). Auch der Versuch, nur solche unbezahlten Arbeiten anzuerkennen, die dem "Dritt-Personen-Kriterium" entsprechen, d. h. von dritten Personen auch bezahlt geleistet werden können – dieses Kriterium wurde beispielsweise in der Zeitbudgetstudie angewandt – bleibt unbefriedigend, da auf diese Weise, wie Rosemarie v. Schweitzer (1990: 12) zeigt, wesentliche Teile der "werteschaffenden Leistungen" des privaten Haushalts unberücksichtigt bleiben.

Die unterschiedlichen *Interessen und Zielvorstellungen in den diversen Zukunftskonzepten* lassen sich am besten an folgenden Überlegungen exemplarisch zeigen. Ein Konzept, daß in der Bonner Politik Zustimmung finden könnte, entwickelt Jeremy Rifkin im Schlußteil seines Buches "Das Ende der Arbeit und ihre Zukunft" (1995). Für Rifkin ist Eigenarbeit die Arbeit im "Dritten Sektor". Hier wird gearbeitet, "um anderen zu helfen" (Rifkin 1995: 187), im Unterschied zum Ersten Sektor (Privatwirtschaft) und zum Zweiten Sektor (öffentlicher Sektor). Der Dritte Sektor ist "der Bereich der sozialen Verantwortlichkeit. Er trägt Sorge für Millionen von Menschen, um die sich sonst niemand – weder der Staat noch die Wirtschaft kümmern würden" (ebd.: 183). Der Staat steht seiner Meinung nach vor der Wahl, "entweder mehr Geld für Polizisten und Gefängnisse auszugeben, um eine stetig größer werdende Schicht von Kriminellen wegzusperren, oder mehr Geld in den Dritten Sektor zu investieren, um dort für Beschäftigung zu sorgen" (ebd.: 189).

Typische Tätigkeiten dort sind für Rifkin: Betreuung von Kranken, Alkoholikern, Drogenabhängigen, Mißhandelten, Obdachlosen, Beratung von Verbänden und Vereinen, Bürgerwehren, künstlerische Arbeiten (ebd.: 181). Offensichtlich ist diese geplante Form von Eigenarbeit mehrheitlich dazu gedacht, Reparaturarbeiten für solche Schäden zu leisten, die durch die Arbeitsbedingungen in den beiden anderen Sektoren und die sich dadurch verfestigten Lebensbedingungen entstanden sind. Die Vorschläge Rifkins zur konkreten Organisation solcher Arbeiten zeigen sein Interesse, die staatlichen Subventionen hierfür in die entsprechende Richtung zu lenken, denn seine Vorschläge zielen letztlich alle auf staatliche Kontrolle und Lenkung dieses Arbeitspotentials. Selbstorganisation und Basisdemokratie sind nicht vorgesehen. Für Erwerbstätige, die ehrenamtlich bei einer als gemeinnützig anerkannten Institution tätig sind, werden steuerliche Anreize vorgesehen. Für die aus der Erwerbsarbeit Ausgegrenzten soll statt Sozialhilfe ein Sozialeinkommen gezahlt werden. Die dafür notwendigen Gelder sollen über eine anerkannte Institution gelenkt werden. Zusätzlich schlägt Rifkin vor: "Die Organisationen des Dritten Sektors sollten eine ähnlichen Abstufung von Berufen, Qualifikationen und Einkommen einführen wie es sie in der Wirtschaft gibt." (ebd.: 193). Rifkin denkt auch über ein garantiertes Mindesteinkommen nach, das aber an ehrenamtliche Arbeit gekoppelt sein soll. Zur Höhe eines solchen Mindesteinkommens äußert er sich nicht.

Eine zweite Gruppe von Autoren (Joseph Huber, André Gorz, Ivan Illich u. a.) sieht in der Wiederaneignung der Eigenarbeit die Chance "für die Schaffung und Abgrenzung einer privaten Sphäre" (Gorz 1994: 225). Dies erscheint für Gorz notwendig, um die Entstehung einer "Dienstbotengesellschaft", einer vermarkteten Hauswirtschaft mit unterbezahlten Domestiken zu verhindern.

Die Autoren streben mit ihrem dualistischen Konzept ein eher ausgewogenes Verhältnis zwischen Erwerbssektor und unbezahlter Arbeit an. Eine radikale Erwerbs-Arbeitszeitverkürzung soll allen die Möglichkeit zur Erwerbsarbeit geben. Ob dies unter internationalem Konkurrenzdruck noch existenzsichernde Erwerbsarbeit sein wird, wird nicht diskutiert, wie auch der Abbau patriarchaler Strukturen kein Thema ist.

Gemeinschaftlich selbstbestimmte Eigenarbeit – die Arbeitsweise des gemeinwesenorientierten Wirtschaftens

Am Arbeitsbegriff scheiden sich die Geister. Das haben Feministinnen seit den 70er Jahre in zahlreichen Publikationen zum ökonomischen und politischen Stellenwert der unbezahlten Arbeit dargelegt. Bereits seit Anfang der 80er Jahre zeichnete sich die Auflösung des Normalarbeitsverhältnisses und die Zunahme der prekären Erwerbsarbeitsverhältnisse ab (Möller 1980, 1982, 1988, 1991). Seit der Wende 1989 hat sich dieser Prozeß enorm beschleunigt. Er wird heute unter den Begriffen Globalisierung, Deregulierung, Flexibilisierung abgehandelt. Zunehmende Erwerbslosigkeit, Armut, Ausgrenzungen und Lebensunsicherheiten werden inzwischen in der Mehrzahl der Haushalte als bedrohliche Realität erfahren.

Zeitgleich zu diesen negativen Entwicklungen haben Feministinnen ihre Vorstellungen von einer nicht-patriarchalen Gesellschaft formuliert, in der eine andere Arbeitsteilung einen zentralen Stellenwert hat. 1991 schrieb ich über "Rahmenbedingungen für eine menschenwürdige Gesellschaft" (15-24). Dem herrschenden Arbeitsbegriff, der nur die Erwerbsarbeit kennt, wurde die gesellschaftliche Gesamtarbeit als Summe von bezahlter und unbezahlter Arbeit gegenübergestellt. Um zu dem Begriff der "gesellschaftlichen Gesamtarbeit" – die heute aus etwa zwei Dritteln unbezahlter und nur einem Drittel bezahlter Arbeit besteht – einen kritischen Zugang zu bekommen, benutzte ich den Begriff der *"gesellschaftlich notwendigen Arbeit"*. Diese gesellschaftlich notwendige Arbeit beinhaltet diejenige bezahlte und unbezahlte Arbeit, die für ein qualitativ gutes und ökologisch sinnvolles Leben aller Gesellschaftsmitglieder zu leisten ist.

Der Begriff gesellschaftlich notwendige Arbeit läßt sich derzeit nicht mit konkreten Zahlen und Fakten füllen. Dazu bedarf es noch zahlreicher Untersuchungen und öffentliche Diskurse über das "Notwendige". Erste Ansätze hierzu gibt es in der Umweltforschung, die sich mit Stoff- und Energieströmen befaßt (Schultz 1993; BUND/Misereor 1996). Notwendig ist dazu aber auch ein öffentlicher Diskurs über Bedürfnisse und die unterschiedlichen Vorstellungen über eine gewünschte Lebensqualität. Ein solcher Diskurs, der sich auch aus den vielfältigen Praxiserfahrungen der gemeinwesenorientiert wirtschaftenden Gruppen speisen muß, gibt Anhaltspunkte dazu, welche gesellschaftliche Arbeit im jeweiligen Kontext benötigt wird, welche überflüssig und welche sogar kontraproduktiv ist.

Wir würden mit einer solchen öffentlichen Diskussion ebenfalls Maßstäbe zu einer Bewertung von Arbeit gewinnen, die auch die unbezahlt geleistete Arbeit einschließen würde. "Bewerten" von unbezahlter Arbeit kann dann bedeuten, daß die Personen, die sie leisten, kostenlosen Zugang zu anderen gesellschaftlichen Werten bekommen.

Die Ergebnisse des Nachdenkens über die gesellschaftlich notwendige Arbeit werden voraussichtlich die Arbeitsinhalte für die einzelne Person und die Gruppe verändern und die Sinnhaftigkeit der jeweiligen Arbeit für jede/n erkennbar werden lassen. Das wiederum ist eine wichtige Voraussetzung, um eine zweckmäßige Arbeitsorganisation je nach Bedarf zu entwickeln. Gerade in Hinblick auf einen sicher beachtlichen Teil der unbezahlten Arbeit, nämlich der gemeinsamen Eigenarbeit, werden sich neue, kollektive Arbeitsweisen herausbilden können, ohne damit eine private Sphäre aufgeben zu wollen. Die Arbeit für das Private und für die Kleinfamilie wird sich jedoch deutlich reduzieren.

Gemeinschaftlich selbstbestimmte Eigenarbeit ist ein wesentlicher Teil der gesellschaftlich notwendigen Arbeit. Sie wird für die gewünschte Lebensqualität der wirtschaftenden Einheit gemacht. Eigenarbeit umfaßt nur einen Teil der Nicht-Erwerbsarbeit, nämlich alle die Tätigkeiten, die dem gemeinwesenorientierten Wirtschaften dienen. Es sind dies alle Arbeiten, die zur gemeinsam organisierten Selbstversorgung notwendig sind, alle lebenserhaltenden und -gestaltenden Arbeiten. Konkret handelt es sich um entsprechende materielle und psychische Haushaltsarbeiten, die Betreuungsarbeiten für Kinder, Kranke, Behinderte und Alte, die handwerklichen Eigenleistungen, landwirtschaftliche und gärtnerische Arbeiten, die notwendigen organisatorischen und verwaltenden Tätigkeiten, kulturelle und gesellschaftspolitischen Aktivitäten. Nicht zu diesen Eigenarbeiten gehören alle auf die neoliberale Marktwirtschaft ausgerichteten Arbeiten, einschließlich der unbezahlten Tätigkeiten, die diese Warengesellschaft stabilisieren und reparieren. Für diese Art Arbeiten sollten andere Begriffe gefunden werden.

Je mehr sich Eigenarbeit unter den Prämissen des gemeinwesenorientierten Wirtschaftens durchsetzt, je mehr Menschen also in die Lage versetzt werden, in ihrem lokalen Umfeld gemeinsam selbstbestimmt über wenigstens einen Teil der für ihre Existenz notwendigen Arbeit zu befinden, d. h. nicht nur ihre Arbeitskraft fremdbestimmt verkaufen zu müssen, sondern diese Kraft für das "gemeine Eigene" einsetzen zu können, eigene Ideen zu entwickeln, aus der häuslichen Isolation herauszukommen, als erwerbslose(r) Jugendliche(r) Anerkennung zu finden, desto mehr Sozialkosten wird die öffentliche Hand einsparen

können. Für die öffentliche Hand bedeutet dies ein Umdenken: weniger Armutsverwaltung und dafür mehr Förderung der Infrastruktur, die dem Wohnvier-
tel eine Selbstversorgung ermöglicht, also beispielsweise Boden, Gebäude, Energie, die kostenlos zu nutzen sind. Solche Investitionen der Stadt zahlen sich
immer dann aus, wenn eine spürbar bessere Lebensqualität entsteht, wenn die
Arbeit für das gemeinschaftliche Eigene akzeptiert und positiv bewertet und
die Autonomie der BewohnerInnen gestärkt wird. Armut, Gewalttätigkeiten,
Krankheiten und Unzufriedenheiten werden weniger, soziale Ausgrenzungen,
Kriminalität und Drogenabhängigkeiten nehmen ab, und auch Naturzerstörung
und Umweltbelastung gehen zurück. Warum beispielsweise sollten sich die
BürgerInnen eines Quartiers in einem Stadtviertel nicht entscheiden, ihren Park
selbst zu pflegen oder einen Basketball-Platz herzurichten? Warum sollten nicht
Jugendliche in leerstehenden Fabrikräumen sich selbst eine Wohnung bauen?
Wir brauchen seitens der öffentlichen Hand eine langfristig angelegte Quar-
tier-Politik, die gemeinwesenorientiertes Wirtschaften fördert.

Forschungsbedarf

Je mehr sich eine andere Wirtschaftsweise verbreitet, desto dringender wird
es, Probleme auf den verschiedenen Ebenen zu lösen, bereits vorhandene
Erfahrungen hierzu zu nutzen und für andere aufzubereiten, Prozesse zu begleiten und theoretische Zugänge zu dieser neuen Ökonomie zu entfalten. Im
folgenden werden nur einige solcher Forschungslücken aufgezeigt.

•   Ein wirtschaftswissenschaftlicher Ansatz, der seine Maßstäbe und Bewer-
    tungen von der materiellen und kulturellen Existenzsicherung jeder Per-
    son und der dafür notwendigen gesellschaftlichen Arbeit und Qualifikation
    herleitet, wird einen völlig anderen Zugang zu den gesellschaftsrelevanten
    Parametern – Nutzung der natürlichen Ressourcen, Technikeinsatz, Funktion
    des Geldes, des Kapitals, Gestaltung und Bewertung von bezahlter und un-
    bezahlter Arbeit etc. – entwickeln müssen.

•   Zur Klärung des Verhältnisses zwischen Erwerbsarbeit und Nicht-Erwerbs-
    arbeit bietet sich als Ansatz die unbezahlte Arbeit an. Die Wissenschaft von
    der Ökonomie hat bis heute noch keinen theoretischen Ansatz, in dem die
    marktförmige Erwerbsarbeit und die Nicht-Erwerbsarbeit als in weiten Teilen
    sich gegenseitig bedingend erklärt und in ihren unterschiedlichen Rahmen-
    bedingungen dargestellt wird.

•   Eine am gemeinwesenorientierten Wirtschaften interessierte Systematisie-
    rung der Nicht-Erwerbsarbeit sollte die diversen Formen unbezahlter Ar-

beit, darunter auch diejenige für gemeinschaftlich selbstbestimmter Eigenarbeit erfassen. Diese Arbeitsformen sind getrennt auszuweisen und in ihren Veränderungen zu verfolgen.

* Bisherige positive und negative Erfahrungen in der Geschichte mit diesem anderen Wirtschaften, insbesondere auch die Erfahrungen von Frauen (z. B. das gemeinsame Leben und Arbeiten der Beginen im Mittelalter), sollten unter diesem Aspekt aufgearbeitet werden.

* Es müßten steuerliche und sozialpolitische Maßnahmen und Entscheidungen zu infrastrukturellen Investitionen konzipiert werden, die es den einzelnen Personen in einem Gemeinwesen ermöglichen, aufgrund gesellschaftlich notwendiger und unbezahlt geleisteter Arbeit ihre Existenz zum Teil oder ganz zu sichern.

* Die direkten und indirekten Kostenentlastungen für die diversen öffentlichen Haushalte durch gemeinwesenorientiertes Wirtschaften müßten berechnet werden.

* Eine Theorie des gemeinwesenorientierten Wirtschaftens wird statt der Marktgesetze in enger Verbindung mit der Praxis eigene Entscheidungskriterien entwickeln müssen, für die wir erst wenige Muster haben. Die Konsensentscheidung, wie sie beispielsweise in der Kommune Niederkaufungen seit zehn Jahren praktiziert wird, ist sicher ein zentrales Element.

* Der Begriff "gute Lebensqualität" muß reflektiert und mit Inhalten gefüllt werden. Es handelt sich nicht um eine für alle verbindliche Vorstellung vom guten Leben, sondern innerhalb bestimmter Rahmenbedingungen wird es eine Vielfalt von Lebensentwürfen für das "gemeine Eigene" geben.

* Gemeinwesenorientiertes und kapitalistisch-patriarchales Wirtschaften unterscheiden sich deutlich. Die realen Differenzen bezüglich Macht, Einfluß, Abhängigkeiten sind zu analysieren, Strategien gegen die Inbesitznahme durch den Stärkeren zu entwickeln.

* Die Menschen, die gemeinwesenorientiert wirtschaften wollen, brauchen spezifische Qualifikationen: z. B. eine solidarische statt konkurrente Grundhaltung, Teamfähigkeit, soziale Kompetenz für das gemeinsam Gewollte und Toleranz im Umgang mit anderen. Solche Qualifikationen sind erlernbar und sollten didaktisch gut vermittelt werden. Konzepte hierzu müssen entwickelt werden.

Das Nachdenken über ein gemeinwesenorientiertes Wirtschaften und eine dazu-gehörende Theorie, über konkrete Formen und Inhalte eines anderen Wirt-schaftens und Arbeitens hat erst begonnen, es ist in Bewegung. Die hier vor-gestellten Überlegungen haben den Charakter von Ansätzen, von Impulsen. Erfreulicherweise sind diese Denkbewegungen nicht auf Schreibtische reduziert. Es gibt bereits eine vielfältige Praxis, wie die Auswertung der schriftlichen Befragung und die Kurzbeschreibungen im Adressenteil zeigen. Diese Praxis ist sicher nicht in jedem Fall und selbstverständlich eine feministische. Es bleibt zuerst und vor allem die Sache der Frauen, ihre Interessen und die von ihnen gewünschten Ausprägungen eines gemeinwesenorientierten Wirtschaftens in Frauenprojekten und gemischten Projekten selbst zu gestalten, durchzusetzen und durchzuhalten.

Bilder einer am Gemeinen orientierten Gesellschaft

Ulla Peters

"Aus Hoffnung und nicht aus Nostalgie muß eingefordert werden: die gemeinschaftliche Produktions- und Lebensweise, die sich auf Solidarität und nicht auf Habsucht stützt, den Einklang des Menschen mit der Natur und den alten Regeln der Freiheit."
Eduardo Galeano

Konjunkturen des Gemeinen und Einwände

Der Bezug auf das Lokale, auf Orte, Nähe, Gemeinsinn, Gemeinwesen, auf kommunitaristische Haltungen taucht allenthalben in öffentlichen und wissenschaftlichen Debatten auf, wenn es um Vorschläge geht, der jetzigen Wirtschaftsweise eine Vorstellung von einer anderen Ökonomie entgegenzustellen. Fehlende und zerstörte soziale Bindungen, Verbindlichkeiten, Verantwortlichkeiten sollen wiedererlangt und wiederhergestellt werden. Thema ist das Verhältnis von Ökonomie und Gesellschaft und die Frage, wie dieses gestaltet werden kann. Die verbindende Idee ist, Ökonomie nicht länger getrennt von Gesellschaft zu denken und zu erfahren. Ökonomie soll sich in ihren Zwecken auf Gesellschaft beziehen, soll sich am Bedarf und an den Bedürfnissen der Menschen orientieren und nicht umgekehrt. Die Menschen sollen sich nicht nach der Decke des ökonomisch Notwendigen strecken müssen. Ökonomie soll von unten wachsen als gegen die herrschende Art des Wirtschaftens gerichtete Bewegung und dieser die Energie entziehen, sie "trocken legen".

Diese Grundabsichten finden sich gleichermaßen in Ansätzen zu einer feministischen, moralischen, solidarischen, eingebetteten, vorsorgenden, einer am Gemeinwesen orientierten oder einer gemeinnützigen Ökonomie. Die Vielzahl der Verortungen ist nicht allein Ausdruck eines unterschiedlichen Selbstverständnisses. Vielmehr zeigt sich darin auch, wie schwer es ist, Worte und Beschreibungen für ein anderes Verhältnis von Gesellschaft zu ihrer eigenen Reproduktion zu finden. In der Tat ist unser Denken und Fühlen, sind unsere Wahrnehmungen durch die Normalität der Trennung von Ökonomie und

Gesellschaft bestimmt. Und dennoch durchzieht die Geschichte ein roter Faden von Gegenwehr gegen eine Wirtschaftsweise, die Menschen und Natur verschleißt. Wir können entgegen aller Trends ein stetiges Interesse von Menschen am Gemeinen feststellen, an dem, was allen nutzt und allen gehört, an einer solidarischen Art und Weise des Wirtschaftens. Trotz aller Widerstände, die gesellschaftlich dagegen aufgebaut werden, scheint dies eine treibende Kraft hinter vielen Anstrengungen und Versuchen einer "von der Reproduktion her gedachten Lebensweise" (Möller 1997: 19) zu sein.

Gleichwohl stellt sich die Frage, wie widerständig sich diese Experimente und Projekte gegenüber den herrschenden Praxisformen erweisen. Die Menschen, die bereit sind, den Weg von Versuch und Irrtum einzuschlagen und neue Formen des Wirtschaftens in ihrem Leben selbst zu erproben, stehen einer doppelten Anstrengung gegenüber. Sie müssen mit der Unsicherheit eines ungewissen Ausgangs ihrer Bemühungen umgehen und eine Balance finden zwischen ihren eigenen Wünschen und dem was an Sozialität, an Gemeinem entsteht. Gleichzeitig sind sie damit konfrontiert, daß ihre Lebensformen gesellschaftlich entmutigt, am Entfalten gehindert oder gar zerstört werden. Nicht selten leiden sie darunter, sich selbst zu überfordern und dem von außen kommenden Druck nicht standhalten zu können (Thielen 1993: 131ff.).

Einwände

Einwände, die sich auf die Schwierigkeiten im Inneren dieser Projekte und Experimente beziehen, wie hierarchische Strukturen, Überforderung, Selbstausbeutung, Abschließung und Enge der sozialen Beziehungen, stellen häufig nicht in Frage, daß eine andere Ökonomie notwendig und möglich ist. Es gibt aber auch solche, die den oben genannten Ansätzen mit einem gehörigen Maß an Skepsis begegnen. Zum einen wird vorgebracht, daß mit voraussagbarer Regelhaftigkeit in Krisenzeiten die Besinnung auf Solidarität und soziale Bindungen, auf die Erbringung nicht bezahlter Überlebensleistungen und Fürsorge für das Gemeinwohl öffentlich gefordert wird. Sparen, Haushalten und Verantwortlichkeit für das Ganze werden vornehmlich als "weibliche Tugenden" wiederentdeckt (Schultz 1993: 8; Bernhard 1997: 153ff.). Die Rede ist von einer Modernisierung – bzw. je nach Standpunkt auch Feminisierung – der Mißstände, der Armut, des Verschleißes (Eblinghaus 1997: 54). Eine Beschreibung, die sich nicht so ohne weiteres von der Hand weisen läßt. Eigenarbeit und dualwirtschaftliche Konzepte werden u. a. dann Thema, wenn sie Folgen der formellen Ökonomie kompensatorisch abfedern und abmildern sollen. Unbezahlte Eigenarbeit ist solange kein Wort wert, wie sie als unsichtbare in die gesellschaftliche Reproduktion eingeht und vernutzt wird. Und ebensowenig ist ansonsten von denjenigen die Rede, die diese Arbeit tun.

Es ist nicht abzustreiten, daß sich der jetzige Prozeß der Reorganisation der Weltökonomie ideologisch auf ähnliche strukturelle Voraussetzungen hin bewegt, wie sie in manchen Konzepten einer nicht-kapitalistischen Ökonomie grundlegend sind – zwar mit einer anderen Absicht und anderen Konsequenzen, aber oft mit verwirrend gleichen Begrifflichkeiten. Vorstellungen von Lokalität, Dezentralität und Vernetzung durchziehen gleichermaßen Orientierungen einer emanzipatorischen lokalen und regionalen Ökonomie wie auch neuere Konzepte globaler Unternehmen. Gleiches gilt für den Rekurs auf noch brachliegende menschliche und kulturelle Potentiale. Hochflexible (und austauschbare) lokale Netze und Kompetenzzentren sollen die Basisbausteine für eine vernetzte globale Produktion bilden. Unter denjenigen, die eine lokale und regionale Ökonomie befürworten, gibt es etliche, die die Vorteile kultureller Milieus als komparativen Vorzug im Sinne der Weltmarktkonkurrenz anzapfen wollen. Bernd Hüttner spricht von härteren und sanfteren herrschaftsförmigen Varianten einer Politik der Regionalisierung und des Bezugs auf kleinere Einheiten, die vor allem dazu dient, die Verwertung von Menschen und Natur zu effektiveren (Hüttner 1997: 9). Zu den sanfteren Formen einer "Regionalisierung als Modernisierung von oben" zählt er die Bestrebungen, Entscheidungsstrukturen zu verschlanken und lokale und regionale Entscheidungsträger in Entwicklungsprozesse stärker einzubeziehen, wie das etwa im sozialdemokratischen Vorschlag einer regionalisierten Strukturpolitik der Fall ist. (Ebd.: 9)

So lautet denn auch ein weiterer Einwand gegen Vorstellungen einer eigenständigen Entwicklung von Regionen und Gemeinwesen, daß Prozesse der Regionalisierung zwangsläufig mit den derzeitigen Umstrukturierungen im globalen Markt verbunden sind, also schon immer einen Schritt weiter als die eigenen Bemühungen sind und letztere damit in einem anderen, weit mehr von äußeren Veränderungen bestimmten Licht erscheinen.

Wie könnte eingedenk dieser Einwände eine emanzipatorische und nicht zerstörerische Form gesellschaftlicher Ökonomie gelingen? Eine schwierige und bislang unbeantwortete Frage, die aber eine Reihe kurzschlüssiger Ideen und Haltungen provoziert.

Viele – insbesondere auch männliche Theoretiker – konzipieren in ihren Vorschlägen, die einem ähnlichen Schema folgen, ein scheinbar friedliches Nebeneinander verschiedener Ökonomien. Es gibt für sie nach wie vor die formelle (die richtige, die Weltmarkt-) Ökonomie. Sie hat allerdings Mängel und muß ergänzt werden durch Eigenarbeit, Selbstversorgung und reproduktive Arbeit

(BUND/MISEREOR 1996). Insbesondere sind diese Arbeiten für diejenigen vorgesehen, die in der Weltmarktökonomie nicht mehr auf bezahlten Erwerbsarbeitsplätzen gebraucht werden. In die gleiche Richtung geht ein anderer Vorschlag, der von dem US-amerikanischen Philosophen Frithjof Bergmann stammt. Er schlägt eine neue Arbeit (new work) vor, die aus entlohnter Jobarbeit besteht und die ihre Ergänzung hat in einer Selbstversorgung auf hohem technischen Niveau (high-tech-self-providing) und einer Arbeit, die einer individuellen Berufung (calling) folgt (Martens 1997: 27). Die Selbstversorgung soll gemeinschaftlich organisiert sein und vor allem dazu dienen, einen Ausgleich für ein – wegen kürzerer Lohnarbeitszeiten – geringeres Einkommen zu schaffen. Die verschiedenen Formen sollen zu einer neuen Mischökonomie zusammenwachsen. In Detroit hat Bergmann 1984 ein Zentrum für neue Arbeit gegründet, das Projekte in der Autoindustrie initiiert hat. Ziel ist es, "mit wenig Arbeitseinsatz siebzig bis achtzig Prozent der Dinge, die man zum Leben braucht, selbst herzustellen" (ebd.).

Sicherlich läßt sich eine breite Zustimmung zu diesem Ziel finden. Aber es gibt gute Gründe, am harmonischen Nebeneinander verschiedener Formen von Ökonomie starke Zweifel zu hegen. Vor allem spricht dagegen, daß aus aller jetzt schon täglich geleisteten reproduktiven und Eigenarbeit umstandslos keine wie auch immer geartete Vision einer anderen Gesellschaft erwächst. Obwohl es etliche Versuche gibt, vorfindbare Arbeitsformen, wie Hausarbeit, Arbeit zum täglichen Leben und Überleben zu privilegieren und an sich zum Ausgang für eine gesellschaftliche Perspektive zu machen, hat sich ein solches Vorgehen bislang in jedem Fall an der Wirklichkeit verhoben. Weder verhalten sich alle hausarbeitenden Menschen vorsorgend, noch haben sie per se ein anderes Naturverhältnis, noch macht Eigenarbeit oder Arbeit zum bloßen Überleben immer zufrieden.

Dennoch kann das genauere Hinsehen auf die Bedingungen dieser Arbeiten die Verhältnisse klären helfen, was aber leider oft nicht geschieht. Im Gegenteil. Warum wird so selten die Frage gestellt, wem es eigentlich nützt, alles weltweit zu produzieren, herum zu transportieren und zu verschieben? Die Absurdität des Ganzen springt ins Auge, wenn man zum Beispiel den Weg der Herstellung eines T-Shirts, das mit dem Etikett "made in Italy" und "100% Baumwolle" auf den Ladentisch kommt, verfolgt (Weller 1993: 45ff.). Die Baumwolle kommt aus riesigen amerikanischen Monokulturen, die künstlich gedüngt und bewässert werden. Zusätzlich werden die Pflanzen bis zu 25 mal in einer Vegetationsperiode mit Herbiziden oder mit – bei uns verbotenen – Pestiziden wie Lindan und DDT behandelt. Schließlich wird die reife Pflanze entlaubt, damit die Pflückmaschinen arbeiten können. Dann kommt die

Baumwolle zum Spinnen in der Regel in eine weit entfernte Spinnerei. Zum Färben wird der Stoff wieder nach Europa und zum Nähen und Schneiden zurück in die Weltmarktfabriken Asiens und Mittelamerikas oder nach Portugal, Ungarn, Nordafrika transportiert. Und zum Schluß gelangt das fertige T-Shirt zurück in das heimische Kaufhaus mit besagtem Etikett "made in Italy". Auf dieser langen Reise ist das T-Shirt nicht nur am Anfang vielen chemischen Behandlungen ausgesetzt. Am Ende wird es gar mit Formaldehydharzen veredelt. Die Naturfaser ist jetzt eine Kunstfaser. Und weil ein Billig-T-Shirt bekanntlich nicht solange hält, geht es bald weiter entweder in die Altkleidersammlung oder den Hausmüll.

Warum soll das so erhalten bleiben? Warum wird auch so selten die Frage nach der Gewalt zwischen Ländern, zwischen einzelnen Menschen und gegen Tiere und Natur gestellt, die mit diesen Verhältnissen verbunden ist? Könnte es nicht sein, daß über mehr Eigenarbeit, über Erfahrungen damit, ein anderer Umgang mit Natur und Menschen entsteht? Vielleicht bildet sich darüber auch eine andere Haltung gegenüber der formellen Ökonomie.Gewiß ist, daß viele Aspekte reproduktiver Arbeiten, wie Vorsorge und Fürsorge, wie Gegenseitigkeit und Bindung, ein anderer Umgang mit Zeit, wichtige Elemente einer anderen gesellschaftlichen Ökonomie benennen. In diesem Sinne kann auch das neu erwachte Interesse an Gemeinschaft, am Gemeinen eine kritische Bewegung hin zu nicht ausbeuterischen Reproduktions- und Produktionsweisen sein, auch wenn sich derzeit dahinter unterschiedliche Motivationen verbergen.

Selbstbestimmtes Leben

Vielen geht es bei der Frage nach einer anderen Ökonomie nicht nur um Arbeit, sondern auch darum, die Autonomie über ihre alltäglichen Lebensentscheidungen zu vergrößern. Sie möchten nicht nur deshalb arbeiten, weil es von ihnen verlangt und erwartet wird, weil sie es für ihren Lebensunterhalt müssen, sondern weil es für sie einen Sinn macht. Sie engagieren sich, um weitgehend eigenbestimmte Lebensräume zu schaffen und Vereinbarungen über die wirtschaftliche und soziale Sorge füreinander zu treffen. Hierbei sind in der Geschichte immer wieder neue Formen von Sozialität und historisch spezifischen Lebensweisen entstanden, die um die Wiederaneignung von Mitteln der Subsistenz gerungen haben. Subsistenz meint, das Leben jenseits von Kapitalinteressen und Lohnarbeit (re-)produzieren zu können. Diesen Prozessen und Protesten ist die Enteignung der Menschen von den Mitteln, das eigene Leben zu erhalten, stets vorausgegangen: So geht es in den Auseinandersetzung um die Rückgewinnung von Land, von kollektivem Eigentum, um Gesellungs- und Lebensräume, um den Erhalt der natürlichen Lebensgrundlagen und um das Zurückdrängen der Mechanismen und Strukturen von Entmächtigung.

Ökologische Motivationen, die sich mit Forderungen nach sozialer Gerechtigkeit verbinden, gewinnen an Gewicht. Gefordert wird eine Ökonomie des "Erhaltens statt des Verwertens", eine Ökonomie, die die Endlichkeit von Menschen und die Eigenrhythmen von Natur wahrnimmt und anerkennt und sich verabschiedet von der Idee des unendlichen Wachstums (Müller 1996: 4).

Existenzsicherung

Die Ökonomie soll nicht allein die Natur, sondern wesentlich die Menschen erhalten. Da sie dies nur begrenzt tut, erwächst die Suche nach veränderten gesellschaftlichen Reproduktionsweisen auch aus erlebter Abhängigkeit, Not, widerfahrenem Unrecht und aus der Analyse ungerechter Verhältnisse. Zugleich gewinnt die Furcht vor der Brüchigkeit der Wohlstandsversprechen der jetzigen Wirtschaftsweise an Boden. Viele Menschen erleben den Einbruch dieser Versprechen bereits jetzt, alltäglich. Sie sind gezwungen, ihre Existenz anders als mit den vorgegebenen Mittel zu sichern, da ihnen diese nicht mehr zugänglich sind, etwa eine bezahlte Erwerbsarbeit, Sozialleistungen, eine billige Wohnung. Angestrebt wird die Linderung von Armut, die Verhinderung sozialer Verelendung. Paradigmatisch können hierfür aktuell einige im Themenfeld einer lokalen und regionalen Ökonomie angesiedelte Ansätze stehen (vgl. Bauhaus Dessau 1996). Eine lokale Ökonomie stellt die Wiederbelebung der in die Krise geratenen Orte in den Mittelpunkt, wobei die Orte nicht länger als beliebige wirtschaftliche Standorte von Interesse sind, sondern als Einheiten, als Lebenszusammenhänge mit einer gewachsenen Kultur betrachtet werden (ebd.: 7).

Ende des letzten Jahrhunderts sind vor einem ähnlichen Hintergrund die Anfänge von gemeinwesenorientierten sozialen Arbeiten entstanden, von denen die heutigen Überlegungen zu einer Ökonomie, die sich an Gemeinwesen ausrichtet, angeregt werden.

Aspekte einer am Gemeinen oder am Gemeinwesen orientierten Ökonomie

Eine gemeinwesenorientierte Ökonomie umfaßt unterschiedlich organisierte Projekte. Sie ist nicht an eine spezifische Lebensform gebunden. Der Begriff bezieht sich eher auf die Motivationen und Absichten, die hinter dem Bemühen um eine so orientierte Ökonomie stehen. Ein Ziel ist es, nicht länger für die neo-liberalen Märkte zu produzieren, sondern sich schrittweise daraus zu lösen. Es soll enger bezogen auf sinnvolle gesellschaftliche Einheiten von Menschen produziert, getauscht und verbraucht werden. Und dies unter Einsatz des Wissens, der Fähigkeiten, der Techniken der jeweils an einem Ort, in einer Gegend, einer Stadt zusammenlebenden Menschen. Dies kann in einer dem Zweck angemessenen Arbeitsteilung geschehen und es kann gleichfalls über die Grenzen dieses Gemeinwesens hinweg, wie groß es nun auch immer sein mag, getauscht und ausgetauscht werden. Angestrebt wird eine Aufhebung der Trennung von Gesellschaft und Ökonomie und eine Wiedereinbettung von Ökonomie in die Gesellschaft. Da wir heute wenig über die sinnvolle Größe solcher Zusammenhänge zu sagen vermögen, können wir uns nur an Kriterien orientieren, die etwas damit zu tun haben, daß ein ökologisch verträgliches Produzieren der Güter des alltäglichen Bedarfs möglich ist und demokratische Verfahren so umsetzbar sind, daß sie die Autonomie der Beteiligten vergrößern.

Eine gemeinwesenorientierte Ökonomie müßte sich in dem Bestreben erkennen lassen, hierarchisch strukturierte Arbeitsteilungen und deren Konsequenzen zu überwinden. Dazu gehört wesentlich die Aufhebung der Spaltung von Erwerbs- und Eigenarbeit sowie der patriarchalen Formen, verschiedenen Arbeiten einen höheren oder geringeren Wert zuzuschreiben. Der Wille, für alle zu produzieren, sich zu beteiligen, dafür zu arbeiten, bindet die verschiedenen gesellschaftlich notwendigen Arbeiten ein und stellt Verbindungen zwischen den Menschen her.

Schließlich müßten wir eine deutliche Abnahme gesellschaftlicher Gewalt erkennen können, da Ökonomie nicht mehr dem Zwecke dient, Menschen zu disziplinieren und gesellschaftliche Positionen zu verteilen, sondern auf das Überleben und Leben aller gerichtet ist und dies den Sinn von Produktion ausmacht.

Eine am Gemeinen orientierte Ökonomie ist sich ihrer wechselseitigen Abhängigkeiten bewußt. Sie kennt ihre Abhängigkeit von den natürlichen Voraussetzungen der Reproduktion von Gesellschaft und die beschränkten Möglichkeiten, langfristige Wirkungen bestimmter Eingriffe zu prognostizieren, etwa im Feld der Atom- und Gentechnologie. Sie entwickelt eine Sensibilität für die Zerstörbarkeit der außermenschlichen wie menschlichen Natur.

Auf Seiten der sozialen Beziehungen müssen Vereinbarungen getroffen werden und Routinen wachsen, die die Verfügung einzelner über das Gemeine begrenzen und die individuelle Aneignung dessen, was allen gehört, verhindern. Mit welchen Mitteln dies am ehesten gelingen kann, ist eine Frage der Praxis, die sich diesem Problem bewußt stellt.

Gemeinwesen als Lebensorte – geschichtliche Beispiele

Die Arbeit in und an Gemeinwesen steht in der Tradition sozialer Arbeit, wie sie seit Mitte des letzten Jahrhunderts entstanden ist. Es ist die Arbeit mit sozial benachteiligten Gruppen an bestimmten Orten und es sind Formen, Menschen dazu zu befähigen und zu motivieren, sich an der Verbesserung, Sanierung und Veränderung ihrer direkten Lebensumwelt aktiv zu beteiligen. In dieser Arbeit hat sich in den letzten Jahren ein Sichtwechsel dahingehend vollzogen, die tatsächliche Autonomie der jeweiligen Menschen zu stärken. Das heißt, weniger mit einer Orientierung auf Sozialarbeit, sondern mit dem Blick auf Unterstützung der kulturellen und sozialen Möglichkeiten und der kulturellen Eigenständigkeit zu arbeiten. Damit erhalten auch die Abwehrkämpfe gegen Sozialabbau, Arbeitslosigkeit und soziale Isolation eine andere Richtung. Aus Verliererinnen und Verlierern können Menschen werden, die ihre Lebensverhältnisse mitbestimmen wollen, Menschen, die ihre sich selbst anklagende und defensive Haltung hinter sich lassen. Damit gewinnt die Frage einer eigenständigen Existenzsicherung an Gewicht und zwar einer Existenzsicherung, die nicht allein auf eine nachholende Entwicklung setzt, sondern auf Stärkung der sozialen Strukturen, die wesentliche Leistungen für ein Zusammenleben zu erbringen vermögen (Schacherer 1997). Unbestritten bleibt dabei, daß es bessere und schlechtere Voraussetzungen dafür gibt und eine veränderte Haltung nicht umstandslos eine solidarische Praxis nach sich ziehen muß.

Erste Ansätze einer am Gemeinen, an den Commons – an dem, was allen gehört und besonders, was allen nützt – orientierten Ökonomie, lassen sich in den Projekten der Organisierung der alltäglichen Lebensbedingungen unter der sich formierenden kapitalistischen Ökonomie ausmachen. Hierzu gehören als historische Vorläufer die Ende des 19. Jahrhunderts in England und den USA entstehenden Ansätze einer sozialen Arbeit in Gemeinwesen. Exemplarisch kann hierfür die sogenannte Settlement-Bewegung stehen. Settlements waren in den Ghettos der Einwanderer, in der Regel von sozial engagierten Intellektuellen, gegründete soziale Zentren und Treffpunkte. Von hier gingen Aktivitäten aus, die kommunalen Infrastrukturen in den heruntergekommenen Vierteln zu verbessern oder erst zu installieren. Parallel dazu wurden arbeits- und gewerkschaftspolitische Forderungen von hier aus entwickelt und unterstützt. Ein erstes und berühmtes Settlement war Hull House. Hull House verbindet sich mit dem Namen Jane Addams (1860-1935), einer engagierten, christlich motivierten Sozialarbeiterin. Die von ihr formulierten Prinzipien für Hull House sind das Teilen des Lebensnotwendigen und der Ressourcen zum Lebenserhalt, die Demokratisierung von Stadtentwicklungspolitik und ein christlich geprägter Humanismus. Die Lebens- und Arbeitsbedingungen von denjenigen sollen verbessert, die an einem Ort zusammenleben. Hull House als Zentrum eines Gemeinwesen entstand 1889 in einem Stadtviertel, das durch den raschen Zuzug von Arbeitskräften und ihren Familien geprägt war und in dem die Bereitstellung von Infrastrukturen des alltäglichen Bedarfs, wie Wasserversorgung, Müllentsorgung, Schulen und Bildungseinrichtungen, Versammlungsorte in keiner Weise Schritt hielt mit dem Anwachsen der Bevölkerung. Meist entsprachen auch die Wohnungen eher Abbruchbedingungen, denn einem menschenwürdigen Wohnen.

Die Arbeit von Jane Addams und ihren Kolleginnen fand einen Widerhall in den sozialwissenschaftlichen Diskussionen jener Zeit, die innerhalb der Chicagoer Schule für Soziologie geführt wurden. George Herbert Mead, einer ihrer bekanntesten Vertreter, der auch zeitweise im Settlement lebte, hat sich in seinen Arbeiten dem Verständnis von Prozessen der Konstruktion sozialer Wirklichkeit und sozialer Strukturen gewidmet. Diese Arbeiten beschäftigen sich mit dem Aufeinandertreffen verschiedener sozialer Kulturen in diesen Einwanderergesellschaften. Vor diesem Hintergrund entstanden Theorien über die Eigenständigkeit dieser Kulturen und über die disziplinierenden Wirkungen der weißen angelsächsischen Mittelschichtskultur. Arbeiter haben in Hull House selbst einen "Arbeiterclub für Sozialwissenschaft" eingerichtet, in dem sich wöchentlich zwischen vierzig und hundert Personen zum Diskutieren trafen. Das Hull House Settlement bestand in seinen besten Jahren aus 13 mehrstöckigen Gebäuden, die die verschiedensten sozialen Einrichtungen beherbergten: öffentliche Bäder, eine Volksküche, eine Bäckerei, Werkräume, eine Bibliothek, ein Volkstheater. Daneben gab es auch Wohnraum für junge erwerbstätige Mütter und Räume für Gruppen und Versammlungen (Staub-Bernasconi 1997: 7). Für die Mitarbeiter und Mitarbeiterinnen von Hull House war dies nicht immer einfach, wie dies Jane Addams eindrücklich beschreibt. Denn trotz vieler ungewöhnlicher Ereignisse kann sie sich nur noch schwer an die ersten Jahre im Hull-House erinnern. Sie redet von der Ermüdung, weil sie viel arbeiteten und sich erst an das ständige Kommen und Gehen der vielen verschiedenen Menschen gewöhnen mußten. "Man mußte alle seine Lebensgewohnheiten dem anpassen, und so etwas wie die Neigung, voll Wissensdurst mit einem Buch am Kamin zu sitzen, mußte natürlich ganz und gar aufgegeben werden" (Addams 1913: 103).

Die MitarbeiterInnen von Hull House machten Untersuchungen zur sozialen Lage in ihrem Viertel, deren Ergebnisse sie ebenso wie Aufrufe zu Kampagnen auf Wandzeitungen vermittelten. Die Befragungen und Untersuchungen bildeten die Grundlage für die Weiterentwicklung der Aktivitäten des Settlements. So wurde eine Kaffeeküche eingerichtet, nachdem eine Untersuchung bei heimarbeitenden Näherinnen ergeben hatte, daß diese wegen der niedrigen Löhne darauf vezichteten, für ihre Familie zu kochen, um den ganzen Tag durcharbeiten zu können.

Im besten heutigen Sinne war Hull House ein sozio-kulturelles Zentrum, wie sie mit ein wenig anderer Ausrichtung seit Ende der 70er Jahren in der Bundesrepublik entstanden (z. B. der Schlachthof in Bremen, die Feuerwache in Köln) sind. Nur manche der – im Zuge der Konjunktur des Gedankens der Gemeinwesenarbeit gegründeten – heutigen Bürgerhäuser kommen allerdings dieser Intention wirklich nahe. In der Mehrzahl der Fälle beschränken sie sich darauf, Versammlungsorte zu sein und nicht Ausgang einer Bewegung des gemeinsamen Lebensortes.

Ein Gemeinwesen, eine Vorstellung von dem, was allen gemein sein könnte, ist selbst Teil des Prozesses, etwas gemeinsam zu tun und mit kleinen Tätigkeiten und Bezügen zu beginnen. Gemeinwesen bezeichnet so zwar einen Ort, an dem Menschen leben, verweist aber zugleich auf die Möglichkeit eines besonderen Charakters der sozialen Beziehungen. Zwischen 1890 und 1910 entstanden 400 dieser Settlement Häuser in den USA. Im Vordergrund steht der Nutzen, das gemeinsame Benutzen und nicht das individuelle Eigentum an Infrastrukturen. Ein Gedanke, der sich in der Idee von Nutzungs- und Zugangs- statt Besitzrechten in der heutigen ökologischen Diskussion wiederfindet.

Das Prinzip der Gemeinwesenarbeit fand als eine Methode von sozialer Arbeit in der Bundesrepublik seit den 60er Jahre Verbreitung. Beschrieben wird damit eine professionelle Tätigkeit von Mitgliedern sozialer Berufe, die gezielt an bestimmten Orten arbeiten, spezifische Aspekte der Gemeinwesen herausgreifen oder sich in ihrer Arbeit auf Gruppen innerhalb der Gemeinwesen konzentrieren. Ziel von Gemeinwesenarbeit ist nicht die Verstetigung sozialer Arbeit in einem Bereich, sondern die Aktivierung, die Selbstbemächtigung der Menschen. Wesentlich werden die Lernprozesse der Bewohnerinnen und Bewohner von Gemeinwesen.

In den angelsächsischen Ländern ist die Idee einer gemeinwesenorientierten Ökonomie breiter verankert. Unter Stichworten wie community development, also Entwicklung von Gemeinden, gibt es in den letzten 15 Jahren eine Vielzahl von Aktivitäten, vor allem in städtischen und ländlichen Krisengebieten, die sich mit kommunaler Versorgung und Ökonomie beschäftigen (vgl. Mayer 1994). Orte werden – wie in der deutschsprachigen Diskussion – zum Ausgang der lokalen und auf die jeweiligen Orte bezogenen Schaffung und Erhaltung von lebenswichtigen Infrastrukturen (place based local organising), ganz ähnlich dem Bemühen der Settlement Bewegung (Shiffmann 1994: 95). Orte sollen Lebensorte bleiben oder wieder werden. In der Migration wird nicht länger der alleinige rettende Anker gesehen, sondern ebenso in der Forderung, dort le-ben zu können, wo man bereits lebt (Hüttner 1997: 11).

Die Projekte einer lokalen Ökonomie sind meist im Kontext von Regierungs-programmen entstanden und werden von den Gemeinden ganz oder teilwei-se oder auch von Nichtregierungsorganisationen getragen. So gibt es zum Beispiel in Birmingham ein Settlement, das wie Hull House Ende des letzten Jahrhunderts gegründet worden ist und jetzt noch eine Vielzahl von Projek-ten organisiert (Conaty 1994) und – für deutsche Verhältnisse schwer vorstellbar – ein kommunales Banksystem betreibt.

Eine Orientierung an Gemeinwesen ist – ebensowenig wie die Heraushebung einer bestimmten Lebensform – nicht aus sich heraus als emanzipatorisch zu verstehen. Gemeinwesen sind erst einmal mehr oder weniger Orte, an denen Menschen versuchen, ihr Leben selbstbestimmt zu gestalten. Wir müssen uns auch bezogen auf Gemeinwesen die Frage gefallen lassen, mit welcher Per-spektive was von wem für wen organisiert und produziert wird. Sicherlich reklamieren die meisten dieser Ansätze inzwischen für sich einen ausgeprägt partizipativen Charakter, d. h. die Beteiligung weiter Kreise der Bevölkerung (lokale Partnerschaften) gehört zu den oft genannten Grunderfordernissen einer an Gemeinwesen orientierten Sozialität. Es gibt inzwischen auch eine Fülle an Erfahrungen über die verschiedenen Beteiligungsformen und ihre Schwie-rigkeiten, und sicherlich tragen die Aktivitäten zur aktuellen Verbesserung der Lebenssituation bei. Inwieweit die bisherigen Projekte über die Orientierung an der herrschenden Ökonomie hinausgehen, ist eine offene Frage. In vielen ist dies durchaus nicht perspektivisch angelegt.

Genossenschaftliche Selbsthilfe

Die Genossenschaftsbewegung und Selbstverwaltungswirtschaft beziehen sich auf Formen der Organisierung von Ökonomie, die heute oft unter dem Begriff einer sozialen Ökonomie auftauchen. Gemeinschaftliches Eigentum und Möglichkeiten der Selbstbestimmung von denjenigen, die gemeinsam etwas produzieren oder nutzen, sind die wesentlichen Ziele. Die Erfahrungen der Genossenschaftsbewegung könnten für eine Diskussion einer gemeinwesenorientierten Ökonomie vor allem zeigen, wie sich Verwertungszwänge in einer von der Idee her nicht auf Herrschaft ausgerichteten Organisationsform verfestigen und durchsetzen. Dies ist in der Tat fast zwangsläufig der Fall, wenn eine Genossenschaft mit anderen Betrieben unter jetzigen Bedingungen am Markt konkurrieren will. Letztendlich werden damit Genossenschaften ebenso wie viele selbstverwaltete Betriebe zu einer Variante kapitalistischer Organisierung mit basisdemokratischem Anspruch. Wie gelingt es oder wo ist es gelungen, die Formen Genossenschaft und selbstverwalteter Betrieb tatsächlich für die Schaffung von Freiräumen zu nutzen, was die Produktion, die Produktionsbedingungen und die Dominanz von Weltmarkteinflüssen angeht?

Seit Mitte des 18. Jahrhunderts existiert die Idee der genossenschaftlichen Selbsthilfe, die sich zuerst in der Form genossenschaftlicher Arbeiterkaufläden (1769) oder auch eigener Mühlen der Gewerkschaften (1760) realisierte. 1821 entstand in London eine erste von Arbeitern getragene Lebens- und Produktionsgemeinschaft und 1830 der erste Tauschbasar. Der Beginn der genossenschaftlichen Bewegung wird in Deutschland auf das Ende der 20er Jahre des letzten Jahrhunderts datiert (Vester 1986: 12). Für Deutschland werden fünf Gründungswellen einer Selbsthilfeökonomie unterschieden. Mitte und Ende des 19. Jhd., zu Beginn des 20. Jhd., nach 1945 und die Bewegung der Alternativökonomie und selbstverwalteten Betriebe Mitte der 70er Jahre.

Arno Mersmann (1996: 37ff.) nennt zwei historische Beispiele bei denen genossenschaftliche Organisierung einen Bezug zu Aspekten einer gemeinwesenorientierten Ökonomie aufweist. Er schildert den Bau zweier Siedlungen in der Stadt Remscheid im Ruhrgebiet. Es sind dies die Siedlung Bökerhöhe, die zwischen 1921 und 1926 in Selbsthilfe gebaut wurde und zu der auch ein heute noch aktiv genutztes Gemeinschaftshaus gehört. Die Lehmbausiedlung 'Auf'm Heidchen', zeichnete sich vor allem durch eine Bauweise aus, die in Selbsthilfe besonders gut zu realisieren war. Zugleich stellte sie sich im Nachhinein als äußerst ökologisch heraus. Das Baumaterial, der Lehm, kostete fast nichts, weil es aus dem Boden gewonnen wurde, auf dem gebaut wurde. Voraussetzung für das Projekt war, daß die Gemeinde eigenes Bauland für die

Siedlung zur Verfügung zu stellen und ein staatliches Programm der Darlehensvergabe an dem die Arbeitsämter beteiligt waren. Damit waren wichtige materielle Infrastrukturen geschaffen, damit die Siedlungen in Selbsthilfe der Bewohnerinnen und Bewohner gebaut werden konnten.

Was bleibt, ist für mich vor allem die Frage, warum aus den vielen guten Beispielen so wenig gelernt wird und warum daraus keine gesellschaftliche Bewegung für eine andere Ökonomie entsteht. Vielleicht wissen wir zu wenig darüber oder tauschen uns zu selten darüber aus, was uns jenseits dessen, was uns jetzt realistisch erscheint, möglich wäre. Aus dem Gang durch Geschichte bleibt noch, die Vorbehalte gegen gemeinschaftliche Zwänge und Verirrungen ernst zu nehmen, aber gleichzeitig zu sehen, wieviel gesellschaftliche Phantasie in diesen Versuchen steckt, die durchaus wirklich werden kann.

Fazit

Aber, so eine der häufigsten Fragen, können die beschriebenen Beispiele Anfangspunkte einer anderen Ökonomie sein? Oder besser: schaffen sie eine Gesellschaft, die mit dem wie und was sie unter welchen Bedingungen produziert gerechter und bewußter umgeht? Sind dies nicht nur Strategien für Verliererinnen und Verlierer, sind es nicht Nischenproduktionen, die sich in vom System zugelassenen Spielräumen ausbreiten dürfen? Ja und nein, ist meine Antwort. Die Chancen einer anderen Ökonomie hängen im wesentlichen davon ab, inwieweit es gelingt, aus den Strategien für die global losers, die Verliererinnen und Verlierer, selbstbewußte Projekte zu machen, die eine Basis zukünftiger sozialer Beziehungen bilden. Sie können auch Strategien für eine Rückbindung der menschlichen Lebenstätigkeit an die Bedürfnisse von (anderen) Menschen und an die Natur sein. Sie schaffen einen Rahmen, in dem Menschen Erfahrungen sammeln können, wie ihre Lebensumstände durch sie selbst gestaltbar sind. Die Menschen sollen sich *wieder selbst in den Produktions- und Naturprozessen erkennen können*.

Dazu bedarf es der Wiederherstellung materieller Bedingungen, die dies erlauben. Bisherige Infrastrukturpolitik ist ausschließlich ausgerichtet an den Erfordernissen der Erwerbsarbeit. Dies muß sich ändern. Infrastrukturen sollten Menschen darin unterstützen, ihre alltägliche Bedürfnisse dort befriedigen zu können, wo sie leben und leben wollen. Hier ansetzend könnten Forderungen an eine kommunale und länderspezifische Sozialpolitik formuliert werden. In den Bereichen einer am Gemeinen orientierten Ökonomie können wichtige Qualifikationen für eine Gesellschaft erlernt und erprobt werden, die sich aus weltweiten Abhängigkeiten lösen und der Geldwertdynamik etwas entgegensetzen will.

Hier ist der Punkt an dem sich solche Formen einer sozialen Ökonomie mit anderen Bestrebungen einer sozialen und ökologischen Umkehr verbinden können, weg von der grenzenlosen Vernutzung hin zu selbstbestimmten Beziehungen.

Vom Wirtschaften, Sparen und meiner Großmutter

Alena Wagnerovà

Auf den ersten Blick scheint es logisch, daß in einer Zeit knapper Kassen und Haushaltsdefizite über das Sparen geredet wird. Daß in der Diskussion damit auch etwas "ausgespart" wird, fällt kaum jemandem auf. Hätte aber meine Großmutter die Diskussion über die Sparmaßnahmen erlebt, hätte sie sicherlich besorgt gefragt: Habt ihr so schlecht gewirtschaftet, daß ihr jetzt so sparen müßt? – und sich damit gleich die Antwort gegeben.

Denn in der Tat müßte es stutzig machen, daß während die Belange der Wirtschaft in unserer Gesellschaft höchste Priorität genießen, scheint das dazugehörige Verbum "wirtschaften" völlig in Vergessenheit geraten zu sein. Es kommt einfach nicht mehr vor, weder in den Reden der Politiker noch der Ökonomen. Nur im Wahrigs Wörterbuch fristet das 'wirtschaften' noch ein kümmerliches Dasein als ein Synonym für 'haushalten' in den Hauswirtschaftsbereich verbannt, gleichgesetzt mit Kochen und Putzen.

Die Sprache kennt allerdings keine Zufälle.

In einem Wirtschaftssystem, in dem die Befriedigung der Bedürfnisse nur ein Mittel ist, das eigentliche Ziel die Gewinnmaximierung, kann eigentlich nicht gewirtschaftet werden. Dieses Ziel vor Augen kann sich das wirtschaftliche Geschehen nur zwischen zwei Extremen bewegen: Sparen oder Verschwenden, immer auf der Lauer nach der höchsten Rendite.

Insofern offenbart der Sprachgebrauch nur ein Stück Wahrheit.

So wie das Sparen nichts anderes ist als die abgewandte Seite des Verschwendens, stellt das Verschwenden wiederum die Rückseite des Sparens dar. Im Grunde genommen ist das Sparen nur ein Umverteilen der Verschwendung in einen anderen Bereich. Spart man Arbeitskräfte, verschwendet man eigentlich menschliche Ressourcen, werden Maschinen nicht repariert, weil es "zu teuer wäre", vergeudet man wieder Rohstoffressourcen. Nirgends allerdings liegen das Sparen und das Verschwenden so dicht nebeneinander wie auf der Müllhalde. Spätestens hier sind die Früchte des Sparens wie auch des Verschwendens unwiederbringlich wieder vereint. Schon beim Sperrmüll kann man direkt vor der Haustür diesen Prozeß beobachten. Was für ein minderwertiges Zeug kaufen sich bloß die Menschen, um, wie sie meinen, Geld zu sparen. Und soll das Sparen wie das Verschwenden den gesellschaftlichen Reichtum vermehren, im Endeffekt bringen beide nur Verluste.

Meine Großmutter dagegen hatte nie vom Sparen geredet, sondern ihr Leben lang nur gewirtschaftet. Ich kann mich nicht erinnern, daß ich aus ihrem Mund Sätze wie: "Das können wir uns nicht leisten" oder "Wir müssen sparen" je gehört hätte, obwohl wir eigentlich recht bescheiden lebten. Sie lebte sparsam, das Sparen war ihr aber suspekt als etwas lebensfeindliches. Sie sparte, indem sie wirtschaftete. Die klassische Definition des Wirtschaftens als planmäßiges Handeln zur Befriedigung menschlicher Bedürfnisse mit Rücksicht auf die ihr zur Verfügung stehenden Ressourcen, kannte meine Großmutter sicher nicht. Sie handelte aber danach. Das Wirtschaften war für sie eine Art ausübende Gerechtigkeit, ein Dienst an der Zufriedenheit des Menschen – das war das oberste Gebot – ein sehr komplexer Vorgang, in dem Produktion und Reproduktion fließend ineinander übergingen, ein ständiges Geben und Nehmen. Die Dinge, die Pflanzen, die Tiere, die Menschen, sie alle hatten ihre Bedürfnisse, die befriedigt werden mußten, wenn sie gedeihen sollten. Die Möbel und das Gerät wollten gepflegt, die Pflanzen gedüngt und gegossen, die Tiere gefüttert und saubergehalten, die Menschen genährt werden und Zuwendung erfahren. "Abends sollen Kinder in die Arme genommen werden", hieß es bei ihr. Und sie tat es auch. "Auf die Dauer kann man eine Ziege nicht wie ein Kaninchen füttern und wie eine Kuh melken", war ihre Devise, und sie wußte wohl nicht, wie genau sie damit das Grundprinzip der kapitalistischen Wirtschaft beschrieb.

Hatte man den Bedürfnissen entsprechend gegeben, kam das Nehmen, die Ernte, an die Reihe.

Meine Großmutter war freilich keine Idealistin, sondern eine handfeste arbeitsame Frau. Am Gewinn war sie zwar nicht interessiert, am Ertrag aber schon. Die Zahl der Eier, die die Hühner legten, wurde jeden Tag sorgfältig in den Kalender eingetragen und am Ende des Jahres zusammenaddiert. Das geerntete Obst abgewogen, das Ergebnis notiert und der Familie präsentiert. War die Ernte gut ausgefallen, konnte man es von Großmutters Gesicht ablesen. Nein, sie wollte nicht horten, nur aufbauen, sehen, wie die Dinge und Menschen um sie gedeihen. Das war ihre Freude; der Ertrag nur die Bestätigung, daß sie gut gewirtschaftet hat, die Zufriedenheit ihr Lohn. Die Zufriedenheit und nicht das Glück strebte sie an.

Obwohl die Großmutter nie reich sein wollte, so gering war der Ertrag ihrer Arbeit eigentlich nicht. Als sie am Ende des vergangenen Jahrhunderts den

Großvater heiratete, waren beide so gut wie mittellos. Ein Vierteljahrhundert später konnte sie schon ein Haus bauen, mein Elternhaus.

Meine Großmutter ist schon lange tot. Oft habe ich aber das Gefühl, daß wir, ihre Nachkommen, immer noch davon leben, was sie an sozialem und kulturellem Kapital erwirtschaftet hat.

Orientierung auf Bedürfnisse und Bedarf – Voraussetzung für ein alternatives Wirtschaften.

Reflexionen des ostdeutschen Forschungsstandes

Brigitte Bleibaum / Lilo Steitz

Zum Anliegen dieses Beitrags

Es begann mit einem Angebot: Gesucht wurde ein Beitrag über Bedürfnisse und Bedarf zu einem Handbuch über "alternatives Wirtschaften" aus der Sicht ostdeutscher Forschungen und Erfahrungen. Wir waren zunächst abgeneigt, weil wir über "alternative Ökonomie" keine eigenen Forschungsergebnisse vorzuweisen haben, konnten nach gründlicher Überlegung aber nicht widerstehen. Das Thema "Bedürfnisse und Bedarf", zu dem wir langjährig geforscht haben, ist offensichtlich nicht überlebt, sondern höchst aktuell sowohl für eine neue Selbstverständigung als auch für konstruktives Nachdenken über reale Möglichkeiten zur Lösung von ökonomischen und sozialen Problemen unserer Gegenwart mit Blick auf die Zukunft.

Wir können mit Sicherheit davon ausgehen, daß Konzepte und Projekte für "alternatives Wirtschaften" nur dann eine reale Chance haben, wenn sie sich den Bedürfnis- und/oder Bedarfskomplexen zuwenden, die von der etablierten Wirtschaft vernachlässigt oder ignoriert werden. Solche Felder zu ermitteln, ist eine Aufgabe all jener, die alternative Projekte planen und ausführen wollen. Wir wollen uns hier auf einen Beitrag zum Meinungsstreit und zur praktischen Relevanz der Erkenntnisse über Bedürfnisse und Bedarf beschränken.

Zweifelsfrei besteht ein untrennbarer Zusammenhang zwischen der Wirtschaft einerseits und den Bedürfnissen sowie dem Bedarf andererseits. Die profitorientierte Wirtschaft ("Es muß sich rechnen") kann weder die Bedürfnisse noch den Bedarf ignorieren, wenn sie ihre Produkte gewinnbringend verkaufen will. "Marktanalysen" sind bekanntlich Bestandteil einer jeden Unternehmenspolitik. Sie ersetzen die Ermittlung von Bedürfnissen durch die Ermittlung des auf kauffähige und kaufwillige Nachfrage reduzierten Bedarfs. Auch das Nachdenken über "bedarfsorientiertes bzw. gemeinwesenorientiertes Wirtschaften" kann nur zu praktikablen Ergebnissen führen, wenn die Bedürfnisse der Menschen und der Bedarf zur Befriedigung der Bedürfnisse berücksichtigt werden. Unter diesen Aspekten haben wir Positionen ermittelt, die die Vielseitigkeit des Problems zeigen und Ansatzpunkte für praktikablen Meinungsstreit und weiterführende Erkenntnisse bieten.

Bedürfnisorientierung – eine Alternative

Wir entschieden uns für Forschungen zum Thema "Bedürfnisse und Bedarf" auf der Suche nach Alternativen bereits Mitte der siebziger Jahre. Keine Systemkritik, aber oppositionell gegen die in der DDR vorherrschende Praxis, die Ziele der Produktion – vereinfacht gesagt – nicht in bedarfsgerechten Erzeugnissen, sondern in Mengen und Kosten zu messen. Produziert wurde vorwiegend für Produktionsbedarf und Export. Die Produktion für die Konsumtion zur Befriedigung der Bedürfnisse der Menschen hatte in der ökonomischen Theorie und in der zentralen Planung nur einen untergeordneten Stellenwert. Da aber Lebensweise und Lebensqualität im Rahmen der Sozialpolitik Gegenstand unserer Forschungen war, ergab sich zwangsläufig auch eine Orientierung auf die Bedürfnisse, die sich bei gründlicher Analyse als Dreh- und Angelpunkt der individuellen Lebensgestaltung und als Triebkräfte für individuelle Aktivität und Leistungsbereitschaft erweisen.

Initiativen für Forschungen zu diesem Thema kamen von Wissenschaftlern aus den Bereichen Philosophie, Sozialwissenschaften, Soziologie und Ökonomie. Gesucht wurde nach praktikablen Definitionen für Bedürfnisse und Bedarf, eingeordnet in die jeweilige Wissenschaftsdisziplin und verbunden mit Hinweisen auf mögliche Wege zur Beseitigung von Versorgungslücken und zur Verbesserung der Arbeits- und Lebensbedingungen der Menschen. Der entscheidende Unterschied zwischen damals und heute ist der zwischen den ständigen Versorgungslücken damals und dem partiellen Überangebot an Konsumgütern heute. Dabei ist allerdings zu berücksichtigen, daß es in der DDR ein flächendeckendes subventioniertes Angebot der sozialen Infrastruktur gab.[1]

---

1   Beispiele für Subventionen aus gesellschaftlichen Fonds (die "zweite Lohntüte"): Bis zur Währungsunion am 1.7.1990 kostete in der DDR der Quadratmeter Wohnfläche in einer Neubauwohnung 0,80 bis 1,25 Mark Miete. Unterschiede ergaben sich u. a. aus verschiedenen Ortsklassen sowie

Ob Bedürfniskomplexe der sozialen Lebensbedingungen hier und heute für Projekte "gemeinwesenorientiertes Wirtschaften" geeignet sind, kann nur nach jeweils örtlichen Bedingungen entschieden werden.

Geld oder Liebe?

Jeder würde, bei absoluter Ehrlichkeit, versteht sich, spontan antworten: Beides! Aber offensichtlich ist das nicht nur in Fernsehsendungen nicht zu haben. So stellt sich uns tagtäglich und grundsätzlich das Problem einer Alternative. Wir leben im sogenannten "Beitrittsgebiet". Gleich nach der "Wende" und noch vor der Vereinigung wurde uns von wohlmeinenden Freunden aus der "alten" Bundesrepublik empfohlen: "Als erstes müßt Ihr lernen, es geht nur ums Geld!" Seither bewegen uns folgende Fragen:

Besteht der Sinn des Lebens nur darin, Geld zu haben bzw. Geld zu machen, oder darin, individuelle Bedürfnisse zu entwickeln und zu befriedigen?

Ist es Ziel und Zweck der Wirtschaft, Geld zu machen oder die vielfältigen Bedürfnisse der Menschen zu befriedigen?

Kurze Zeit vor und nach dem Beitritt der jetzt noch immer "neuen" Bundesländer war die euphorische Stimmung vorherrschend: Die Marktwirtschaft befriedigt alle Bedürfnisse. Seit nunmehr sieben Jahren, täglich erlebt, summiert sich die Erfahrung: Es gibt massenhaft Waren-und Dienstleistungsangebote in nicht mehr überschaubaren Sortimenten bei gleichzeitig massenhaft nicht befriedigten Bedürfnissen.

Diese Erfahrung rechtfertigt die Frage nach möglichen Alternativen zugunsten der Entwicklung und Befriedigung der Bedürfnisse der Menschen und die Beschäftigung mit dem Thema "Bedürfnisse und Bedarf" als Dreh- und Angelpunkt aller Überlegungen für Projekte, die bedarfsorientiertes bzw. gemeinwesenorientiertes Wirtschaften anstreben.

Was sind Bedürfnisse, und wie unterscheiden sie sich vom Bedarf, von den Wünschen und von den Interessen? Gibt es vernünftige und unvernünftige Bedürfnisse, und kann man ein Bedürfnis nach Luxus akzeptieren? Zu diesen

---

aus unterschiedlicher Ausstattung. Nebenkosten gab es nicht. Medizinische Versorgung und Medikamente waren kostenlos. Die Fahrpreise für öffentlichen Nahverkehr lagen zwischen 0,20 und 0,50 Mark. Für einen Platz in der Kindertagesstätte (bei flächendeckendem bedarfsgerechtem Angebot) waren mit Vollverpflegung – z. B. für eine Krippenplatz – 22,- bis 25,- Mark im Monat zu zahlen. Zusammen mit stabil niedrigen Preisen für Grundnahrungsmittel, für Theater, Kultur- und Sportveranstaltungen usw. waren dies erhebliche Aufstockungen für die relativ niedrigen Löhne und Gehälter und selbstverständlich gewordene Voraussetzungen für die Befriedigung individueller Bedürfnisse. Da diese Preisgestaltung auf planwirtschaftlicher Versorgung beruhte, ist sie mit marktwirtschaftlichen Bedingungen und aus diesen resultierender Preisgestaltung nicht vergleichbar.

und daraus abgeleiteten Fragen sollen Positionen und strittige Meinungen dargestellt werden.

"Es gibt kein Bedürfnis nach einem Auto!"

Mit dieser Behauptung haben wir in den achtziger Jahren Vorträge und Vorlesungen zum Thema unserer Forschungen begonnen unter den Bedingungen der Versorgungslücken in der DDR, wo bekanntlich der Herzenswunsch nach einem Auto für viele nicht oder erst nach langjähriger "Wartezeit" erfüllt werden konnte. Eine perfekte Provokation mit gewollter Wirkung. Jetzt haben alle, die wollten und konnten (mit oder ohne Schulden), ein neues oder gebrauchtes Auto, "Westwagen" selbstverständlich. Geblieben ist der Wunsch nach dem neuesten Modell: besser, schneller, schöner usw.

Nach wie vor gilt aber die unbeliebte Erkenntnis: Es gibt tatsächlich und trotz alledem kein Bedürfnis nach einem Auto. Das Auto ist nur ein Mittel, um Bedürfnisse zu befriedigen. Es gehört bekanntlich zu den Verkehrsmitteln. Zugegeben, das individuellste und vielseitig nutzbarste Verkehrsmittel, aber ein Mittel, kein Bedürfnis. Eine ganz andere Frage ist die, ob es heutzutage möglich oder auch nur vorstellbar ist, Bedürfnisse ohne Auto zu befriedigen. Ob und in welchem Maße bzw. auf welche Weise das Auto nicht nur die Möglichkeiten der Bedürfnisbefriedigung, sondern auch die Bedürfnisse selbst verändert, ist eine weitere Frage, die wohl für lange Zeit ein offenes Problem für Diskussionen über Bedürfnisse und Bedarf bleiben wird.

Das Auto ist nur ein Beispiel, das den Zugang zum Verständnis für notwendige Unterscheidungen zwischen den Bedürfnissen und dem Bedarf an Mitteln zu deren Befriedigung erschließen soll. Programme und/oder Konzeptionen für alternatives Wirtschaften, für bedarfsorientiertes oder bedürfnisorientiertes Wirtschaften, können dieses Problem nicht ignorieren, wenn sie zu erfolgreichen Projekten führen sollen.

Es gibt auch kein Bedürfnis der Maschine nach Schmieröl

Bedürfnisse sind nur dem Menschen eigen. Es sind Bedürfnisse seiner Existenz und Entwicklung. Die Produktion konkret und die Wirtschaft allgemein haben keine Bedürfnisse. Ihr Bedarf an Technik, Technologien, Material usw.

ist nur Mittel zum Zweck: zur Produktion von Waren und für Dienstleistungen zur Befriedigung der Bedürfnisse der Menschen. Diese Position war nicht nur in der DDR, sondern ist auch heute, immer und überall, heftig umstritten.

Um einen komplizierten wirtschaftlichen Exkurs zu vermeiden, soll nur ein Beispiel angeführt werden, in dem sich die Interessenkonflikte zeigen.

Zunächst eine, in Variationen bekannte, Story: Der Chef der Autowerke (angeblich in Detroit) führt den Gewerkschaftsvorsitzenden in einen Saal mit vollautomatisierter Produktion, ganz ohne Arbeiter, und sagt zu diesem: Wer soll nun Ihre Gewerkschaftsbeiträge bezahlen? Gegenfrage: Und wer soll Ihre Autos kaufen? Das ist das zentrale Problem. Modernisierung für Wettbewerbsfähigkeit, Rationalisierung, abgebaute Arbeitsplätze, massenhafte Arbeitslosigkeit, verminderte Kaufkraft, rückläufiger Absatz, verminderter Lohn mit eingeschränkten Möglichkeiten zur Bedürfnisbefriedigung, weniger Sozialbeiträge, verminderte Renten sowie andere Sozialleistungen usw. – diese Kette ist das Resultat einer Interessenkonstellation, die dem Bedarf der Wirtschaft für steigenden Gewinn den Vorrang vor den Bedürfnissen der Menschen einräumt bzw. den Zweck der Wirtschaft nicht erkennt oder ignoriert.

Fakten ohne Kommentar. Welche Chancen Projekte für bedarfsorientiertes bzw. gemeinwesenorientiertes Wirtschaften in diesem Kontext haben, ist durch uns nicht einschätzbar. Sicher ist aber, daß Ansatzpunkte für solche Projekte nur zu finden sind, wenn sie von den Bedürfnissen der Menschen ausgehen und neue Möglichkeiten für deren Befriedigung suchen und finden.

Was sind Bedürfnisse?

Bedürfnisse sind stets ein konkretes Verhältnis der Menschen zu den natürlichen und gesellschaftlichen (sozialen) Bedingungen ihrer Existenz und Entwicklung, d. h. nur durch Befriedigung der Bedürfnisse können die Menschen ihre biologische und soziale Existenz gewährleisten und sich als Menschen im sozialen Umfeld entwickeln. Die individuelle Aneignung der Bedingungen erfolgt stets durch Tätigkeiten (Erwerbsarbeit zur Erzeugung von Waren und für Dienstleistungen, Hausarbeit, soziale, kulturelle und künstlerische Tätigkeiten usw.). Grundsätzlich gilt bekanntlich: Was nicht produziert wurde, kann nicht konsumiert werden. Wird aber auch all das produziert und angeboten, was tatsächlich gebraucht wird?

Die Bedürfnisse beziehen sich auf das, was der Mensch braucht, um leben und sich entwickeln zu können. Unverzichtbar ist deshalb die Befriedigung der "Grundbedürfnisse" – ein umstrittener Begriff.

Solche Grundbedürfnisse sind – unbestritten – Nahrung, Kleidung, Wohnung, die befriedigt werden müssen, wenn die Existenz der Menschen nicht gefährdet werden soll. Mit welchen Mitteln (Bedarf) sie befriedigt werden und auf welchem Niveau, ist eine andere Frage, die aber unmittelbar zum Nachdenken über Alternativen führt. Für die Frage, ob Erholung, Arbeit, Erkenntnis (Wissen usw.) und Gemeinschaft (soziale Kontakte usw.) zu den Grundbedürfnissen zu zählen sind, ist ein Konsens schon schwieriger zu erreichen, obwohl wir meinen, daß unzureichende Befriedigung dieser Bedürfnisse nicht nur die Entwicklung, sondern auch die Existenz des Menschen gefährden kann.

Aus heutiger Sicht gehört auch die Erhaltung der Gesundheit zu den Grundbedürfnissen, obwohl nach unseren langjährigen Auffassungen Gesundheit ein Ergebnis ausreichender und vernünftiger Bedürfnisbefriedigung ist. Der Bedarf an Mitteln zur Erhaltung oder Wiederherstellung der Gesundheit und der individuelle Kostenaufwand dafür sind unter marktwirtschaftlichen Bedingungen ein mehr und mehr privat und eigenständig finanzierter Bedürfnis- und Bedarfskomplex geworden, der im individuellen Haushaltsbudget bei vielen Menschen die Möglichkeit zur Befriedigung anderer Bedürfnisse einschränkt.

Bedürfnisse und Bedarf

Aus den Bedürfnissen der Menschen ergibt sich ein konkreter und sich historisch verändernder Bedarf an Waren, Leistungen und Bedingungen zur Bedürfnisbefriedigung. Zweifellos gibt es objektive und subjektive Wechselwirkungen zwischen der Bedürfnisentwicklung und der Entwicklung der Produktion und ihrer Produkte. In der theoretischen Diskussion wurde daraus die Position abgeleitet, daß auch ein untrennbarer Zusammenhang zwischen den Bedürfnissen und den Mitteln ihrer Befriedigung bestehe, ohne den die Entwicklung der Bedürfnisse nicht erklärbar sei (Thieme 1988: 67f.).

Obwohl ein Zusammenhang besteht, ist nach unserer Auffassung doch eine konsequente Unterscheidung zwischen dem Bedarf (den Mitteln zur Befriedigung der Bedürfnisse) und den Bedürfnissen selbst notwendig. Verzichtet man auf diese Unterscheidung, muß man auch das Bedürfnis nach einem Auto und als Folge dieses Bedürfnis differenzieren nach Opel, VW usw. sowie ein rotes, graues usw. Auto als Bedürfnis akzeptieren. Gleiches gilt für alle Warenangebote.

Das Angebot an Mitteln zur Befriedigung der Bedürfnisse verändert und erweitert sich schnell durch die Entwicklung neuer Technologien und Produktionstechniken und ihrer Erzeugnisse. Ebenso schnell verändern sich die

Ansprüche der Menschen an die Qualität und Quantität der Mittel zur Bedürfnis-befriedigung. Diese Ansprüche werden durch Werbung, Modetendenzen usw. beeinflußt und auch manipuliert, um kaufwillige Nachfrage anzuregen. Aber die Bedürfnisse (siehe oben) bleiben über Zeiträume relativ konstant. Der Bedarf ist, unter dem Aspekt der Bedürfnisse, nicht nur kauffähige und kaufwillige Nachfrage, sondern all das, was der Mensch braucht, um im historisch kon-kreten Umfeld seine materiellen, sozialen und geistig-kulturellen Bedürfnis-se zu befriedigen.

Nicht die Trennung von Bedürfnissen und Bedarf, aber eine eindeutige Unterscheidung ist für alternative Wirtschaftskonzepte unerläßlich. Denn: Alle Überlegungen zu alternativen Konzepten beginnen mit der Frage, ob die Bedürf-nisse der Menschen nur mit den gegebenen oder auch mit alternativen Ange-boten an Waren (Konsumgütern) und Dienstleistungen, eingeschlossen geistig-kulturelle Angebote, befriedigt werden können.

Ausgewählte Probleme aus dem Meinungsstreit über Bedürfnisse und Bedarf

Im Alltagsverständnis wurden und werden Bedürfnisse mit den Wünschen nach bestimmten Dingen, Ereignissen, Erlebnissen usw. identifiziert. Dagegen ist jede theoretische Erkenntnis über notwendige Unterscheidungen zwischen den Bedürfnissen und dem Bedarf zur Bedürfnisbefriedigung machtlos. Aber: Kann man sich auf der Ebene politischer und gesellschaftlicher Konsequenzen und Entscheidungen vom Alltagsverständnis leiten lassen und mit einer solchen Identifizierung begnügen? Sie ist vielleicht ausreichend für kaufwillige Nach-frage mit Zahlungsfähigkeit, keineswegs aber für den tatsächlichen Grad der Befriedigung von Bedürfnissen. Für dieses Problem wird die Frage nach dem Maß der Bedürfnisbefriedigung beachtenswert. Karl-Heinz Thieme wendet sich gegen die Ermittlung eines abstrakten gesellschaftlichen Durchschnitts ("durch-schnittliches Maß") der Bedürfnisbefriedigung mit folgender Argumentation: "Wir stimmen dem Gedanken zu, daß das notwendige Maß der Bedürfnis-befriedigung nicht mit dem 'Existenzminimum' verwechselt werden darf. Genauso offensichtlich aber wird ..., daß dieses 'Existenzminimum' in die Bestimmung des notwendigen Maßes eingehen muß und daß das notwendi-ge Maß nicht mit dem durchschnittlichen Maß der Bedürfnisbefriedigung in bestimmten Schichten der Gesellschaft gleichgesetzt werden darf." (Thieme 1988: 125)

Mit dem Maß der Bedürfnisbefriedigung wird auch eine andere Konsequenz aus dem Alltagsverständnis berührt: Bedürfnisse, die regelmäßig auf durchschnittlichem oder hohem Niveau befriedigt werden können, werden nicht mehr als Bedürfnisse empfunden. Damit reduziert sich die Auffassung von Bedürfnissen auf unerfüllte oder auch unerfüllbare Wünsche. Daraus resultieren Auffassungen, die das Bedürfnis als Mangel definieren. Sobald aber das gewohnte Maß der Bedürfnisbefriedigung unterschritten wird, drängen sich auch diese Bedürfnisse wieder in den Vordergrund.

Wo im Alltagsverständnis Bedürfnis auf Mangel bezogen wird, sind in der Regel unbefriedigte Bedürfnisse gemeint, wobei die Gründe unterschiedlicher Art sein können und nicht automatisch mit einem Mangel an Möglichkeiten zur Bedürfnisbefriedigung gleichzusetzen sind. Auch die aus Mangel abgeleitete "Bedürftigkeit" erfaßt nicht nur das Niveau der Befriedigung von Grundbedürfnissen, sondern wird in der Regel als Kennzeichnung der unter dem durchschnittlichen Niveau befindlichen sozialen Lage verwendet, die allerdings mit dem Niveau der Bedürfnisse und ihrer Befriedigung vielfältig zusammenhängt.

Heftig umstritten ist auch das Problem "vernünftige oder unvernünftige Bedürfnisse". Gemeint sind damit eigentlich nicht die Bedürfnisse, sondern die Verhaltensweisen der Menschen bei der Befriedigung ihrer Bedürfnisse. Überzeugendes Beispiel ist das Bedürfnis nach Nahrung. Jeder Mensch muß essen und trinken, sonst stirbt er. Eine Binsenweisheit. Man stirbt aber nicht nur aus Mangel an Nahrung – Millionen Menschen verhungern in der heutigen Welt -, sondern auch an falscher oder übermäßiger Ernährung. Es gibt also objektiv obere und untere Grenzen für die Befriedigung der Bedürfnisse. Bei der Notwendigkeit, sich zu ernähren, verhalten sich nur jene vernünftig, die als Maß die Erhaltung ihrer physischen Gesundheit akzeptieren. Unvernünftig oder völlig absurd wäre es auch, sich am Nordpol mit einem Bikini und am Äquator mit einer Pelzjacke zu bekleiden. Ähnliches gilt für alle Verhaltensweisen bei der Befriedigung der Bedürfnisse. Die extremen Beispiele sollen nur verdeutlichen, daß es keinen Katalog für vernünftige und unvernünftige Bedürfnisse geben kann, sondern bestenfalls Bemühungen um die Entwicklung der Vernunft der Menschen.

Ebenso verhält es sich mit der nicht nur im Alltagsbewußtsein weit verbreiteten Auffassung, die persönlichen Wünsche als Bedürfnisse zu deklarieren. Bedürfnisse und Wünsche sind nicht identisch. Die Bedürfnisse äußern sich als Wünsche, gerichtet auf ganz bestimmte Angebote. Beachtenswert ist hier vor allem die Tatsache, daß unerfüllte bzw. unerfüllbare Wünsche in der Regel als unbefriedigte Bedürfnisse reflektiert werden, auch wenn die Bedürfnisse ausreichend befriedigt sind. Nicht alle, aber fast alle in unserem Land haben mehr, als sie brauchen. Trotzdem bleiben viele Wünsche offen. Eine Ursache dafür ist die allgegenwärtige Werbung. Sie weckt vorwiegend Wünsche "an den Bedürfnissen vorbei", d. h. Wünsche, die nicht auf lebensnotwendige Bedürfnisse gerichtet sind. Damit verstärkt sich im individuellen Bewußtsein massenhaft das Gefühl unbefriedigter Bedürfnisse, und die Fähigkeit zur Erkenntnis der wirklichen Zusammenhänge zwischen den Wünschen, dem Bedarf und den Bedürfnissen vermindert sich.[2]

Gibt es ein Bedürfnis nach Luxus?

Die Antworten auf diese Frage waren und sind so vielfältig wie die Auffassungen über den Begriff Luxus. Wir bieten für weitere Diskussionen zur Verständigung über diese Frage folgende Position an: Luxus sind über das Notwendige hinausgehende Ansprüche an die Qualität und/oder Quantität der Mittel (Güter und Leistungen) zur Befriedigung von Bedürfnissen. Solche Ansprüche wirken positiv auf schöpferische Ideen für Neuerungen und Verbesserungen der Angebote. Luxus ist aber auch ein weit über den Durchschnitt reichendes Maß der Befriedigung von Bedürfnissen. Insofern ist er ein Kriterium für Stufen der sozialen Unterschiede zwischen Reichtum und Armut. Ein Aspekt des Strebens nach Luxus ist der "Geltungskonsum", bei welchem – einem Witzwort zufolge – "mit dem Gelde, das man nicht hat, Dinge gekauft werden, die man nicht benötigt, um denen zu imponieren, die man nicht mag." (Hollitscher 1980: 51)
Aber alle Argumente gegen den Luxus bleiben wirkungslos bzw. erzeugen heftigen Widerspruch, weil der Wunsch nach Luxus – was immer darunter verstanden wird – in allen Bevölkerungsschichten besteht und reproduziert wird. Vernunft bleibt in der Regel machtlos gegen Wünsche. Vernünftige Wünsche (oder "vernünftige Bedürfnisse") bleiben eine Forderung in theoretischen Erörterungen, die im Massenbewußtsein als äußere Einmischung in die persönliche Freiheit reflektiert wird. Auch in der sozialpolitischen Praxis der DDR gab es im Lauf der siebziger Jahre eine indirekte Akzeptanz für die Wünsche nach Luxus. Mit dem Schritt vom Einheitspreisniveau zu einem Dreistufenpreisniveau für Nahrungs- und Genußmittel, Bekleidung und Industriewaren sollte, den differenzierten Leistungen im Arbeitsprozeß entsprechend, auch eine individuelle Differenzierung im materiellen Lebensniveau gefördert werden.

---

2   Da, dem Anliegen dieses Beitrags gemäß, materielle Bedürfnisse für alternative Ökonomie relevant sind, bleiben die Spezifik der geistigen Bedürfnisse und die Bedingungen für deren Befriedigung hier unberücksichtigt.

Ausführlichere Argumentationen zum Luxus waren in der Literatur nur bei Wolf-Dieter Hartmann/Gert Wilde zu finden. Sie fragen nicht, ob es ein Bedürfnis nach Luxus gibt, sondern sprechen über die Funktion von Luxusbedürfnissen.

"Luxusbedürfnisse und die sie befriedigenden Luxusgüter nahmen über Jahrtausende eine beherrschende Stellung ein. So sehr sie einerseits zum Ausdruck sozialer Ungerechtigkeit wurden, darf man andererseits auch nicht übersehen, daß sie über einen langen Zeitraum eine progressive Rolle bei der Stimulierung des Handwerks spielten ... Mit der ersten industriellen Revolution jedoch wurde die Exklusivität der Luxusgüter für die Ausdehnung der kapitalistischen Industrie zu einer Fessel, die gesprengt wurde. In der Tat nahm mit dem Übergang zum 19. Jahrhundert die Ausbreitung der Bedürfnisse und mit ihr die Umwandlung von Luxus- in notwendige Güter historische Dimensionen an. Begonnen hatte dieser Prozeß bei der Kleidung. ... einen seiner großen Höhepunkte erreichte er in der jüngeren Vergangenheit bei der Verwandlung des Autos aus einem Luxus- in ein Massengut." (Hartmann /Wilde 1982: 112f.)

Auch bei der Akzeptanz dieser Auffassung bleiben für aktuelle Erfordernisse und weitere Überlegungen folgende Fragen offen:
- Ist die Unterscheidung von Grundbedürfnissen einerseits und Luxusbedürfnissen andererseits berechtigt?
- Ist die Auffassung richtig: Was heute Luxus ist, kann morgen Bedürfnis sein?
- Ist Luxus ein Bedürfnis oder ein Grad bzw. eine Art und Weise der Befriedigung von Bedürfnissen?
- Ist Luxus ein notwendiger Begriff für Wohlstand mit der Alternative: kein Luxus bedeutet Armut?

Luxus ist nicht nur ein gehobener Bedarf nach dem Slogan: "Es war schon immer etwas teurer, einen guten Geschmack zu haben", sondern auch eine Demonstration von materiellem Reichtum (Verschwendung). Auch ein solches sorgloses bzw. gleichgültiges Verhalten gegenüber natürlichen Ressourcen und ökonomischen Bedingungen, aber auch verantwortungslos gegenüber sozialen Erfordernissen, will sich als "Bedürfnis nach Luxus" legitimieren.

Beachtenswert ist eine paradoxe Situation: In der Tendenz wurden Luxusgüter von gestern Massenware von heute. Zugleich aber wird die Befriedigung von Grundbedürfnissen, z. B. Gesundheit und Wohnen, aber auch Bildung, Kultur, für immer mehr Menschen zu einem unerreichbaren Luxus.

Eine Erkenntnis nachdenklicher "NeubürgerInnen" aus dem "Beitrittsgebiet" soll hier dem Problem "Luxus" zugeordnet werden: In der heutigen Welt ist es ein Luxus, Bedürfnisse zu haben, die nicht mit marktgängigen Warenangeboten (besonders Billigangeboten) befriedigt werden können.

Gibt es spezifische Bedürfnisse der Frauen?

Wir haben für das Anliegen dieses Beitrags einige Frauen aus dem Beitrittsgebiet mit großer Lebenserfahrung und hohem Bildungsniveau in das Gespräch über diese Frage einbezogen und sind zunächst auf Verwunderung, ein wenig Ratlosigkeit bis hin zu Desinteresse gestoßen. Nach Erläuterung unseres Anliegens wurden schließlich biologische Besonderheiten der Frauen, Verantwortung für die Kinder und die Familie, stärker ausgeprägtes Harmoniebedürfnis als bei Männern, Probleme der beruflichen Stufenleiter und der Frauen als Zielgruppe der Werbung genannt. Das sind zwar Hinweise für die Suche nach spezifischen Bedürfnissen der Frauen, aber keine Antwort auf die Frage, ob es solche spezifischen Bedürfnisse überhaupt gibt. Die Grundtendenz der Gespräche war mehr verneinend als bejahend, überschattet von den Erfahrungen aus jüngster Zeit, nach welchen Frauen in der heutigen Gesellschaft keine Lobby haben, obwohl viel über Gleichstellung geredet wird.

Eine Aussage über die vor allem Frauen betreffenden Erfahrungen soll hier aus jüngster Literatur zitiert werden:

"Zu den großen Schocks nach dem Beitritt gehört der sogenannte Wendeknick. Die Zahl der Babies ist innerhalb eines Jahres um über die Hälfte zurückgegangen. Inzwischen hat Ostdeutschland die mit größtem Abstand niedrigste Geburtenrate der Welt. Mehr als alle Meinungsumfragen überzeugt diese Zahl, wie sehr den Ostdeutschen der Schreck in die Glieder gefahren ist." (Dahn 1996: 155)

Daß diese Tatsache die Bedürfnisse der Frauen berührt und ihre Meinung über Bedürfnisse beeinflußt, dürfte unbestreitbar sein. Offensichtlich haben die Frauen aus dem Beitrittsgebiet auch Schwierigkeiten, sich mit den für westdeutsche Frauen selbstverständlichen Auffassungen über die Rolle der Frau und die daraus abgeleiteten Interessen, Wünsche und Bedürfnisse zu identifizieren.

Eine prinzipielle Antwort auf die Frage nach spezifischen Bedürfnissen der Frauen, im Unterschied zu Männern, ist mindestens von folgenden Voraussetzungen abhängig:

- Von der jeweiligen Auffassung über Bedürfnisse (und Bedarf);
- von der Auffassung über die Rolle der Frau im öffentlichen und persönlichen Leben;
- von Auffassungen über Unterschiede zwischen Männern und Frauen in der Rangfolge ihrer Bedürfnisse.

Bekanntlich gibt es Projekte, Vereine, Zeitschriften, Rundfunk- und Fernsehsendungen, Bekleidung und andere Warenangebote usw. speziell für Frauen.

Geht man vom Allgemeinverständnis aus, d. h. der weitgehenden Identifizierung von Bedürfnissen mit dem Bedarf nach bestimmten Gütern und Leistungen, gibt es zweifelsfrei spezifische Bedürfnisse der Frauen. Trotzdem bleibt die Frage offen, ob mit den Angeboten Bedürfnisse aller Frauen bzw. alle Bedürfnisse der Frauen befriedigt werden können.

Bei einer strengen Unterscheidung (nicht Trennung) zwischen Bedürfnissen, Bedarf und Interessen gewinnt man andere praktikable Ansatzpunkte. Bezogen auf die Grundbedürfnisse sind zwischen Männern und Frauen, wie auch zwischen jung und alt, Stadtbevölkerung und Landbevölkerung usw., keine Unterschiede in den Bedürfnissen, wohl aber in den Interessen bezüglich der Mittel (Bedarf) und der Art und Weise der Befriedigung von Bedürfnissen erkennbar. Die empirischen Ergebnisse unserer soziologischen Untersuchungen zu diesen Unterschieden vor der "Wende" (1987 bis 1989) sind heute nicht mehr relevant. Die theoretischen Überlegungen erlauben aber, folgende Positionen für weitere Diskussionen anzubieten:

Die Interessen verbinden die Bedürfnisse mit dem Bedarf an Mitteln (Güter und Leistungen) zur Bedürfnisbefriedigung. Sie richten sich auf die Aneignung der Mittel zur Bedürfnisbefriedigung durch produktive und konsumtive Tätigkeiten aller Art. Unterschiede in den Interessen ergeben sich aus den Unterschieden in der sozialen Hierarchie, der demographischen Struktur der Bevölkerung, im Bildungsniveau, in den Gewohnheiten, in nationalen und kulturellen Besonderheiten usw.

Unter diesen Aspekten gibt es spezifische Interessen der Frauen bezüglich der Mittel und der Art und Weise der Befriedigung ihrer Bedürfnisse. Spezifische Bedürfnisse der Frauen sollen damit nicht ausgeschlossen werden (möglicher Gegenstand weiterer Untersuchungen), sind in der Literatur und im Alltagsverständnis aber nur nachzuweisen, wenn die Bedürfnisse mit den Mitteln ihrer Befriedigung (Bedarf) identifiziert werden.

Positionen zu Bedürfnissen und Bedarf in der recherchierten Literatur (DDR 1970 bis 1989)

Einen Überblick über unterschiedliche bis kontroverse Positionen bietet die Anlage. Hier soll auf übergreifende Tendenzen hingewiesen werden.

Vor allem in der ökonomischen Literatur wurde zwischen produktiven und konsumtiven Bedürfnissen unterschieden als Ausgangspunkt für die Planung des Bedarfs für Produktion (Akkumulation, Investition) und Konsumtion (Bedarf der Bevölkerung an Konsumgütern und Dienstleistungen). Hier zeigt sich die häufiger implizite als explizite Gleichsetzung von Bedürfnissen und Bedarf. In der philosophischen und soziologischen Literatur ist eine Tendenz zur Identifizierung von Persönlichkeitsentwicklung mit Bedürfnisentwicklung erkennbar, wobei der Begriff Bedürfnisse oft so weit gefaßt ist, daß er Persönlichkeitsentwicklung einschließt bzw. von dieser kaum unterschieden wird. Daraus ergeben sich auch Konsequenzen für den Begriff Bedarf, in den unter diesem Aspekt nicht nur die Mittel zur Befriedigung von Grundbedürfnissen oder die kauffähige Nachfrage nach Konsumgütern und Dienstleistungen, sondern alle gesellschaftlichen (sozialen, ökonomischen) und natürlichen Bedingungen für die individuelle Entwicklung der Menschen, ihrer jeweils spezifischen Persönlichkeit, einfließen.

Für die Sozialpolitik in der DDR waren pragmatische Aspekte des Verhältnisses von Bedürfnissen und Bedarf sowie eine Rangfolge in der Befriedigung der Bedürfnissen von Interesse. In der Rangfolge hatte das Bedürfnis Wohnung langjährig Vorrang bei gleichzeitig notwendiger Befriedigung der Bedürfnisse Nahrung und Kleidung, dies auf durchschnittlich relativ bescheidenem Niveau, den volkswirtschaftlichen Potenzen entsprechend. Diese Rangfolge wurde in der Literatur fast ausschließlich akzeptiert, obwohl auch Positionen vertreten wurden, nach denen es auf Dauer nicht möglich sei, eines der Grundbedürfnisse zu befriedigen durch Vernachlässigung der Befriedigung anderer Grundbedürfnisse.

Ein Anliegen der Diskussion damals bestand darin, der an sich selbstverständlichen Erkenntnis Geltung zu verschaffen, daß es beim Bedarf zur Befriedigung der Grundbedürfnisse keine Rangfolgen gibt, weil zum Beispiel Kleidung nicht durch Nahrung oder Wohnung ersetzt werden kann. Das erscheint aus heutiger Sicht simpel, war aber für Entscheidungen in der zentral geplanten Versorgung ein beachtenswertes Problem. Andere Diskussionen bemühten sich um den Nachweis, daß die Produktion nur Mittel zum Zweck der Bedürfnisbefriedigung ist und nicht selbst Träger von Bedürfnissen sein kann. Auch dieses Anliegen hatte kritische Akzente, gerichtet gegen Tendenzen, der Produktion Vorrang vor der Konsumtion zu geben. Es wurde in der zentralen Planung teilweise akzeptiert durch Auflagen für alle Betriebe zur erweiterten Konsumgüterproduktion. Trotzdem blieb die Konsumtion das "Sorgenkind" der DDR und der Anlaß für permanente Kritik aus der Bevölkerung.

Bedürfnisse und Bedarf in Publikationen (und Diskussionen) nach der "Wende" und Vereinigung

Offensichtlich wurden mit der "Wende" und dem Beitritt der jetzt neuen Bundesländer die Probleme der Bedürfnisse und des Bedarfs zur Befriedigung der Bedürfnisse durch den Übergang von der zentralisierten Planwirtschaft zur freien Marktwirtschaft als gelöst betrachtet, die nach dem Grundgesetz und nach den Wünschen der Menschen eine soziale Marktwirtschaft sein soll, aber nach den jüngsten Sparprogrammen kaum noch zu finanzieren ist.

Kritik an der "Konsumgesellschaft" war vor der "Wende" verpönt, wurde als Rechtfertigung von Konsumverzicht mißverstanden. Auch jetzt ist kaum mit Verständnis für eine solche Kritik zu rechnen, weil Konsum das erstrebenswerte Ziel geblieben ist. Zu kurz ist der Abstand zur Zeit der Versorgungslücken, und relativ unbefriedigt ist der "Nachholbedarf".

Vor der "Wende" gab es in der DDR, beginnend mit den siebziger Jahren, eine deutlich zunehmende Tendenz in Forschungen, Publikationen und Diskussionen: Sozialpolitische und/oder wirtschaftliche Konzepte konnten den Bedarf und die Bedürfnisse nicht mehr ignorieren. Ob formal, nur verbal, mit theoretischem Anspruch oder nur konkreten praktischen Anforderungen folgend, drängten sich Bedarf und Bedürfnisse über soziale Sicherheit, Lebensniveau, Lebensqualität und Lebensweise in den Vordergrund der Erörterungen – auch im Alltagsverständnis. Umso verblüffender ist das Ergebnis der Suche nach diesem "Thema" in Dokumenten und Publikationen der "Wendezeit" bis zur Vereinigung und später. Es hat den Anschein, als könnte man allein mit einer Hinwendung zu Begriffen wie Bedürfnisse und Bedarf in den Verdacht von DDR-Nostalgie geraten. Das ist unverständlich, weil die massenhafte Zustimmung zur "Wende" und zur Vereinigung vor allem von dem Wunsch nach besserer Versorgung (Bedarf) und besserer Befriedigung der Bedürfnisse getragen wurde (neben dem Wunsch nach Freiheit, verstanden vor allem als Freiheit von Beschränkungen).

Positionen in Programmen der "Wendezeit"

Recherchiert wurden zunächst die Programme und programmatischen Erklärungen aller Parteien und politischen Vereinigungen, die am 18. März 1990 in die erste (und letzte) frei gewählte Volkskammer der DDR gewählt wurden (16 Parteien und politische Vereinigungen) ("Wahltreff 90" – Zentrum für politikwissenschaftliche Information und Dokumentation 1990). Enthalten sind in jedem Programm soziale Netze, soziale Forderungen, Grundrechte, Gesundheitsfürsorge, z. T. auch gesunde Ernährung und Umweltschutz. Daraus könnten Schlußfolgerungen für Bedürfnisse und Bedarf gezogen werden, die aber dort nicht erwähnt sind. Aus den insgesamt 276 Seiten der Dokumentation konnten nur folgende explizit erwähnte Hinweise auf Bedürfnisse ermittelt werden:

"Ein ausreichender Wettbewerb ist auch notwendig im Interesse der Verbraucher. Ein weitgefächertes Angebot von Produkten und Dienstleistungen, für uns jetzt erst ein Traum, in der Bundesrepublik Deutschland aber schon Wirklichkeit, entspricht der Vielfalt menschlicher Bedürfnisse am besten. Jede den Wettbewerb mindernde Konzentration in Staatsmonopolen schränkt diese Vielfalt und die Wahlfreiheit des Konsumenten ein." (Deutsche Soziale Union, Grundsatzprogramm, ebd.: 140)

"Gegen konsumorientierte Lebensweise setzen wir auf die Vielfalt individueller Bedürfnisse, wozu die Gesellschaft bestmögliche Voraussetzungen schaffen muß." (Grüne Partei, ebd.: 180)

"Bewahrung der natürlichen Lebensgrundlagen ... Wertvorstellungen, Bedürfnisse und Lebensstil müssen sich an einer gesunden und schönen Umwelt orientieren, um sie auch für nachfolgende Generationen zu erhalten."

Bezogen auf die Marktwirtschaft, die hohe ökonomische Effektivität ermöglicht, wird festgestellt: "Insofern ist sie das entscheidende Mittel, um hohe Leistungen zu stimulieren und auf effektive Weise Bedürfnisse der Produzenten und Konsumenten zu befriedigen und den wachsenden sozialen Ansprüchen zu genügen." (Beide Zitate: Partei des Demokratischen Sozialismus, ebd.: 202f.)

"Doch es ist unser Bestreben, so weit als möglich alle entscheidenden Aspekte der gesellschaftlichen Entwicklung in den Blick zu bekommen und angemessen zu berücksichtigen. Deshalb suchen wir die Bedürfnisse und Interessen sowohl der einzelnen als auch der Gesamtheit wahrzunehmen, ihnen zu ihrem Recht zu verhelfen und den Ausgleich zwischen ihnen zu fördern." (Sozialdemokratische Partei Deutschlands, damals noch DDR, ebd.: 222)

Eingeordnet in "Staatseigentum muß Volkseigentum werden" steht folgende Position: "So wird sich in der Perspektive auch die Möglichkeit einer ökonomisch gerechtfertigten Planung volkswirtschaftlicher Proportionen eröffnen, die den differenzierten gesellschaftlichen Bedürfnissen und ökologischen Notwendigkeiten endlich Rechnung trägt." (Vereinigte Linke, ebd.: 259)

Soweit die Programme. Die Entwicklung der Realität hat diese Programme durch den Beitritt der DDR zur Bundesrepublik Deutschland überholt.

Vereinigung ohne Bedürfnisorientierung?

Der Einigungsvertrag, der vollständige Text mit allen Ausführungsbestimmungen und Erläuterungen, verzichtet auf Aussagen über die Bedürfnisse und den Bedarf der Bevölkerung des Beitrittsgebiets.

Eine Sammlung von Artikeln: "Aufbruch in eine andere DDR. Reformer und Oppositionelle zur Zukunft ihres Landes" (1990), enthält Artikel von 32 Autorinnen und Autoren auf insgesamt 319 Seiten. Keiner davon hat Bedürfnisse und/oder Bedarf zum Thema, und auch in den einzelnen Artikeln gibt es weder Hinweise noch Aussagen hierzu.

Vom "Sozialwissenschaftlichen Forschungszentrum Berlin-Brandenburg e. V." (SFZ), gegründet nach der Vereinigung von SozialwissenschaftlerInnen aus Ost und West, wurde eine aperiodisch erscheinende Schriftenreihe – Umbruch – herausgegeben.

In acht Heften mit insgesamt 45 Beiträgen von 61 Autorinnen und Autoren aus Ost und West ist kein Artikel zu Bedürfnissen und/oder Bedarf zu finden. Auch in den Artikeln gibt es wiederum keine Positionen zu diesem "Thema".

Vom selben Forschungszentrum wird auch ein Sozialreport herausgegeben – auf der Grundlage von seit 1990 regelmäßig durchgeführten Befragungen zu "Leben in Ostdeutschland". Im Sozialreport III/1994 werden Ergebnisse der Befragung zur allgemeinen Zufriedenheit mit dem Leben in Ostdeutschland mitgeteilt, aus denen indirekt auf den Grad der Zufriedenheit mit der Bedürfnisbefriedigung geschlossen werden kann. Dort heißt es:

Nach den Befragungsergebnissen "werden die ostdeutschen Bürger und Bürgerinnen von Jahr zu Jahr immer zufriedener. In der letzten Befragung, im Mai 1994, war eine deutliche Mehrheit (57%) der Bevölkerung in den neuen Bundesländern (einschließlich Ostberlin) mit ihrem Leben – 'alles in allem' – sehr zufrieden oder zufrieden (1990: knapp 30%)." (Dokumente 3 1995: 21)

Weitere Befragungsergebnisse aus derselben Quelle zeigt die nachfolgende Tabelle. Sie zeigt zumindest Ansatzpunkte für die Unterschiede in der Zufriedenheit, bezogen auf Lebensbereiche, die differenzierten Bedürfnissen entsprechen (ebd.: 23).

Ob die Einheit als Gewinn oder Verlust empfunden wird, erlaubt indirekt auch Rückschlüsse auf die Befriedigung der Bedürfnisse. So wird u. a. festgestellt:

"Es ist nicht verwunderlich, daß das Pendel vor allem bei Arbeitslosen und ABM-Beschäftigten sehr deutlich in Richtung Verlust ausschlägt, während es bei Spitzenverdienern und Selbständigen in die andere Richtung weist. Deutliche Unterschiede zeigen sich auch zwischen Männern, die die Entwicklung der

Zufriedenheit nach Lebensbereichen - in Prozent -							
	1991		1992		1993		1994	
	zufrieden*	unzufrieden**	zufrieden*	unzufrieden**	zufrieden*	unzufrieden**	zufrieden*	unzufrieden**
Öffentliche Verwaltung	7	51	14	41	16	37	19	32
Wohnung	66	9	67	9	72	9	73	9
persönliche Sicherheit	-	-	-	-	37	29	37	28
Partnerschaft	77	2	81	2	78	2	75	2
Bildung	32	18	45	11	40	11	36	10
soziale Sicherheit	12	49	20	35	25	35	25	33
Arbeit	48	12	49	11	40	9	41	8
Freizeit	47	16	50	14	66	8	63	8
Gesundheitswesen	33	22	58	9	59	10	57	11
Umwelt	4	69	11	49	18	41	25	32
Lohn/Preis	3	79	6	64	9	57	10	53
Kinder	50	7	44	10	48	14	40	17
Demokratie	-	-	-	-	-	-	17	32

*) sehr zufrieden/zufrieden
**) unzufrieden/sehr unzufrieden

Quelle: sfz/leben '91, '92, '93, '94

letzten Jahre zu immerhin 23% vor allem als Gewinn verbuchten, während dies nur 14% der Frauen taten." (ebd.: 24).

"In den neuen Bundesländern hat in den letzten Jahren zweifelsohne ein Prozeß der Desillusionierung, Enttäuschung und Ernüchterung stattgefunden. Dies geht durchaus einher mit teilweise 'nostalgischen Rückerinnerungen an DDR-Zeiten', deren 'ostalgische' Qualität sich aber auf sehr klar und eng begrenzte Belange – wie insbesondere soziale Sicherheit, Recht auf Arbeit, Vereinbarkeit von Familie und Beruf, aber auch die Qualität zwischenmenschlicher Beziehungen – beschränkt." (ebd.: 24f.).

Aber: "Ernstzunehmende restaurative Neigungen oder gar Bestrebungen gibt es in Ostdeutschland nicht." (ebd.: 25).[4]

---

4   Die Zitate stammen aus den "Nachbemerkungen" von Ingrid Kurz-Scherf, Westberlin, Mitbegründerin des SFZ, zum Sozialreport 1994.

Im Zitat aus diesen Nachbemerkungen zum Sozialreport 1994 ist hier beachtenswert, daß die als "engbegrenzte Belange" bezeichneten Bedürfniskomplexe in Wirklichkeit wichtige Bereiche der Lebensqualität und Lebenserfahrung von Ostdeutschen darstellen, von denen ausgehend die Möglichkeiten der Bedürfnisbefriedigung nach der Vereinigung bewertet werden.

Vergleiche mit indirekter Bezugnahme auf Bedürfniskomplexe

"Der Spiegel" (27/1995) veröffentlichte Ergebnisse einer Umfrage, in der u. a. auch Einschätzungen zur Überlegenheit im Vergleich zwischen der DDR und der Bundesrepublik enthalten sind, die Rückschlüsse auf Probleme der Bedürfnisbefriedigung zulassen. Gegenübergestellt wurden Einschätzungen aus dem Jahr 1995 denen aus dem Jahr 1990.

Meinungen zur Überlegenheit im Vergleich zwischen der BRD und der DDR				
Gebiete	überlegen (1990)		überlegen (1995)	
	BRD	DDR	BRD	DDR
Lebensstandard	91	2	85	8
Schutz vor Verbrechen	13	62	4	88
Gleichberechtigung der Frau	10	67	3	87
Wissenschaft und Technik	87	2	63	6
Soziale Sicherheit	16	65	3	92
Schulbildung	36	28	11	64
Berufsausbildung	36	33	12	70
Gesundheitswesen	65	18	23	57
Versorgung mit Wohnungen	34	27	21	53

Quelle: Untersuchung durch das Bielefelder Emnid-Institut im Auftrag des Nachrichtenmagazins "Der Spiegel", repräsentativ für die erwachsene Bevölkerung in den neuen Bundesländern. (Dokumente 3 1995: 20)

Die "Welt am Sonntag" vom 4.10.1992 berichtete über Unterschiede zwischen West und Ost in der Befriedigung von Bedürfnissen, bezogen auf Ostdeutsche:

"Sie kaufen weniger Aktien und weniger Hundefutter, essen weniger Käse und trinken seltener Champagner. Dafür rauchen sie häufiger Zigaretten, trinken öfter Likör und essen mehr Quark. Abgesehen von solchen Kleinigkeiten legen die Verbraucher in den neuen Ländern ein hohes Tempo vor, um dieselben Gewohnheiten anzunehmen, wie die Konsumenten im Westen." (ebd.: 13). Die Volkssolidarität Bundesverband e. V. (mit langjährigen Traditionen in der DDR) gab für ihren "Verbandstag 1996" eine Studie in Auftrag, die vom SFZ erarbeitet wurde. In der Befragung wurden Senioren über 50 Jahre erfaßt, repräsentativ für die Volkssolidarität, die 512.873 Mitglieder hat. Von den Befragten waren 904 (76 %) weiblich und 285 (24 %) männlich. Die Befragung gibt u. a. Aufschluß über Meinungen zu den Gewinnen und Verlusten im Vergleich vor und nach der Vereinigung.

Sie erlaubt zugleich Rückschlüsse darüber, in welchen Lebensbereichen wichtige Bedürfnisse weitgehend unbefriedigt bleiben, wie folgende Tabelle zeigt:

Ergebnisse einer Befragung (1. Halbjahr 1996) über Gewinne und Verluste der deutschen Einheit

Bereiche	Gewinne	Verluste
Waren/ Dienstleistungen	72	2
Reisen	64	4
persönliche Freiheit	28	11
Umwelt	22	25
Wohnen	17	27
Vereinsvielfalt	16	15
Familie	9	16
Gesundheit	9	23
Kultur	9	33
persönliche Sicherheit	7	60
soziale Beziehungen	5	25
Mitspracherecht	4	30
Behördengang	3	50
soziale Sicherheit	3	67
Politik	2	32

(Befragte der Altersgruppen 50 bis 60 Jahre, Angaben in Prozent) (Informationsmaterial zur Mitglieder-befragung der Volkssolidarität Bundesverband e. V. – 1. Halbjahr 1996)

Wir haben hier die Altersgruppe 50- bis 60jährige ausgewählt, weil sie sich in besonders komplizierter Lebenssituation befindet: Sie ist für die Rente zu jung und für die Arbeit zu alt. Das ist eine Lebenserfahrung, die für alle Beteiligten neu ist und in der Regel große Einschränkungen in den Möglichkeiten der Bedürfnisbefriedigung zur Folge hat.

In den recherchierten Bibliotheken endet die zu den Stichworten Bedürfnis und/oder Bedarf erfaßte Literatur mit dem Jahr 1989. Aufschlußreich ist auch die Tatsache, daß diese Literatur vor unserer Recherche letztmalig 1989 (selten 1990) ausgeliehen wurde. Bei Rückgabe der Bücher fiel seitens der Bibliothekarin die Bemerkung, daß diese jetzt sowieso aussortiert würden.

Aus der Zeit nach der "Wende" und Vereinigung war in den uns kurzfristig zugänglichen Bibliotheken keine Literatur zu den Stichworten Bedürfnis und/oder Bedarf registriert.

Theoretische Reflexionen aus heutiger Sicht

Da die uns zugängliche Literatur (ostdeutsche Quellen) aus jüngster Zeit keine repräsentative Analyse von Bedürfnissen und Bedarf enthält, sollen unsere Überlegungen zu erkennbaren Veränderungen in den Bedürfnissen und deren Reflexion im Alltagsverständnis hier einbezogen werden.

Unsere eigenen soziologischen Untersuchungen (von 1980 bis 1989) zu vielseitigen Problemen der Lebensweise und des Lebensniveaus (Lebensqualität) in den damaligen Bezirken Frankfurt/ Oder, Cottbus und Erfurt (heutige Länder Brandenburg und Thüringen), durchgeführt in Großbetrieben, waren repräsentativ in bezug auf kritische Meinungen zur Versorgungslage, Erwartungen und offene Wünsche. Diskussionen in den Arbeitskollektiven während der Befragungen und über die dort mitgeteilten Ergebnisse der Untersuchung erlauben eine Aussage über damals vorrangige Wünsche, verstanden als unbefriedigte Bedürfnisse: unbehinderte Reisefreiheit (Männer und Frauen); ein Auto (vorwiegend Männer); mehr Freizeit zur individuellen Lebensgestaltung und für familiäre Interessen (vorwiegend Frauen). Ein Bedürfnis nach Erwerbsarbeit wurde nicht reflektiert, weil vollständig befriedigt. Offene Wünsche bezogen sich hierzu auf notwendige Verbesserungen der Arbeitsbedingungen.

Vergleichbare Untersuchungen für die Zeit nach der "Wende" und Vereinigung sind aus den bekannten Gründen nicht mehr möglich: Das Untersuchungsfeld (Großbetriebe) existiert nicht mehr. Es existieren aber noch die Menschen, ihre Bedürfnisse und heutigen Wünsche. Aus Erfahrung und beteiligter Beobachtung sind folgende Veränderungen abzuleiten:

Das Bedürfnis nach Freizeit ist nur noch bei Erwerbstätigen als Wunsch nach Verminderung der Arbeitsbelastung indirekt erkennbar. Es wurde ersetzt durch das Bedürfnis nach Erwerbsarbeit – wegen massenhafter Arbeitslosigkeit – als Voraussetzung für die Befriedigung aller andern Bedürfnisse. Dies betrifft Frauen in gleichem Maße wie Männer aus langjähriger Lebenserfahrung in der DDR.

Alle andern Bedürfnisse treten in den Hintergrund, solange die finanziellen Mittel zur alltäglichen Versorgung ausreichen, mit einer Ausnahme: Immer stärker drängt sich das Bedürfnis nach Wohnung (Obdach) in den Vordergrund wegen der ständig steigenden Mieten und der drohenden Gefahr der Obdachlosigkeit. Wer wagt es unter dem Druck dieser praktischen Erfahrungen in den neuen Bundesländern repräsentative Untersuchungen über Bedürfnisse und Bedarf durchzuführen?

Überlegungen zum Problem "alternative Ökonomie"

Grundlagen gegenwärtiger und künftiger Wirtschaftsstruktur (auch ohne Berücksichtigung des Kapitals und seiner Verwertungsbedingungen) sind hochgradige Arbeitsteilung (national und international) mit entsprechender Spezialisierung sowie hochentwickelte Technik und Technologien.

Als Voraussetzung für alternative Projekte (alternative Ökonomie) sind zunächst mindesten folgende Fragen zu beantworten:

- Welche Bedürfnisse bzw. welcher Bedarf für wünschenswerte Lebensqualität werden von der heute dominanten Wirtschaftsstruktur nicht erfaßt und könnten (müßten) deshalb Anliegen (Gegenstand) alternativer Projekte sein – und aus welchen Quellen kommen die für solche Projekte erforderlichen finanziellen und materiellen Mittel?
- Sollen hochentwickelte Arbeitsteilung, Technik und Technologien durch alternative Projekte beseitigt oder ergänzt werden?
- Welche realen Möglichkeiten, "am Profitmarkt vorbeizuwirtschaften", sind hier und heute tatsächlich gegeben?
- Sollen alternative Projekte für die Beteiligten die Erwerbsarbeit ersetzen oder nur ergänzen?
- Bieten solche Projekte eine Garantie, den Lebensunterhalt ohne Erwerbsarbeit zu bestreiten?

Auf diese und ähnliche prinzipielle Fragen gibt es vorerst keine konsensfähigen Antworten. Auch in der relativ umfangreichen Literatur zur Kritik der modernen Industriegesellschaft aus den fünfziger und sechziger Jahren sind vorwiegend

Zustandsanalysen, aber keine Alternativen zu finden. Ein Zurück zur vorindustriellen Wirtschaftsstruktur ist bestenfalls eine wünschenswerte Illusion ohne Chancen für praktikable Konzepte. Alternativen können nur auf Zukunft orientiert sein. Anregungen aus Wirtschaftsstrukturen und Lebensweisen vergangener Zeiten sind auf massenhafte Akzeptanz angewiesen. Sie bleiben sonst bestenfalls Leitbilder für individuelle Lebensgestaltung (bei finanzieller Rückendeckung) oder für Aussteiger-Projekte, die keine Chance auf Verallgemeinerungen haben.

Dies sollen keine Argumente gegen alternative Projekte sein, sondern Hinweise auf Denkansätze zur Vermeidung von Irrwegen. So ist zum Beispiel die familiäre und gesellschaftliche Stellung der Frauen in der vorindustriellen Produktions- und Lebensweise offensichtlich nicht geeignet, als Leitbild heutiger feministischer Initiativen für alternative Wirtschaftsprojekte zu fungieren.

Man kann auch sechs Jahre nach der Vereinigung beliebig viele Unterschiede in der Produktions- und Lebensweise zwischen der gegenwärtigen Bundesrepublik und der damaligen DDR ermitteln. Aber das "inoffizielle Netz zur Bedarfsdeckung", das es in der DDR gab, kann kein Modell für alternative Wirtschaftsprojekte sein. Es war keine Alternative, sondern eine auf individueller Initiative basierende Ergänzung zur planwirtschaftlich organisierten Versorgung, die es hier und heute bekanntlich nicht gibt.

Da sich auch die staatliche Planwirtschaft, als Alternative zur Kapitalwirtschaft gestartet, geschichtlich als nicht überlebensfähig erwiesen hat, haben offensichtlich nur basisdemokratisch organisierte Projekte für alternative Ökonomie realistische Chancen, wenn sie materielle und finanzielle Potenzen haben, die zumindest ihre Existenz und Funktionsfähigkeit garantieren. Das ist das entscheidende Problem in einem marktwirtschaftlich funktionierenden Umfeld. Im historischen Kontext haben sich Genossenschaften als relativ beständige und funktionsfähige Organisationsformen für vielfältige Varianten alternativer Ökonomie erwiesen. Sie haben auch im marktwirtschaftlich dominierten Rechtssystem eine gesellschaftliche Akzeptanz und deshalb realistische Überlebens- und Entwicklungschancen. Andere Organisationsformen haben nur Bestand, wenn sie im Dschungel der Genehmigungspflichten, Steuern, Abgaben usw. einen Weg finden, der ihre Funktionsfähigkeit gewährleistet. Es ist sehr fraglich, ob Forderungen nach Veränderung der geltenden gesetzlichen Rahmenbedingungen zugunsten von alternativen Projekten (für bedarfsorientiertes statt profitorientiertes Wirtschaften) Aussicht auf Erfolg haben.

Bereits bestehende, bewährte Projekte für bedarfsorientiertes bzw. gemeinwesenorientiertes Wirtschaften sowie Konzepte für neue Projekte können Erfahrungen über Ursachen für Erfolge und Mißerfolge vermitteln. So gewinnen wir auch neue Einsichten in alternative Möglichkeiten zur Befriedigung der Bedürfnisse der Menschen, für menschenwürdige Lebensbedingungen und erstrebenswerte Lebensqualität.

Anlage

Ausgewählte Textstellen
aus der recherchierten Literatur

Die Auszüge aus der recherchierten Literatur sind nach chronologischen Gesichtspunkten geordnet. Sie geben einen Überblick über den Stand der Forschungen und Diskussionen in der DDR zum Thema Bedürfnisse und Bedarf.

Döbler, Martin 1969: Triebkraft Bedürfnis. Zur Entwicklung der Bedürfnisse der sozialistischen Persönlichkeit, Berlin (Ost)

Bezugnehmend auf H. Taut vertritt Martin Döbler den Standpunkt, "daß die Kategorie Bedürfnis nur auf den Menschen anwendbar ist". (56)
"Das Bedürfnis als ein wesentliches, allgemeines, notwendiges und – bei aller historischen Konkretheit und Veränderlichkeit – relativ beständiges Verhältnis stellt einen Knotenpunkt im System der Beziehungen des Menschen zu seiner natürlichen und gesellschaftlichen Umwelt und – auf dem Weg der Auseinandersetzung mit dieser Umwelt – auch zu sich selbst dar." (56)
Bezogen auf objektive und subjektive Aspekte im Bedürfnis vertritt Martin Döbler den Standpunkt, "daß das Bedürfnis in zweierlei Hinsicht Doppelcharakter trägt: zum einen als Einheit von Aktivem und Passivem im Verhältnis des Menschen zu seiner natürlichen und gesellschaftlichen Umwelt; zum anderen – und darauf kommt es an dieser Stelle an – als dialektische Einheit von Objektivem und Subjektivem im Menschen selbst". (58)
Zusammenfassend kennzeichnet Martin Döbler das Bedürfnis als Kategorie, "der ein allgemeines, wesentliches und notwendiges, dabei relativ beständiges dialektisches Verhältnis des Menschen zu seiner natürlichen und sozialen Umwelt zugrunde liegt. Dieses Verhältnis ist – im Unterschied zum Erfordernis – auf die Aneignung dieser Umwelt durch aktive Auseinandersetzung mit ihr gerichtet und findet in der dadurch erzielten Bestätigung des Menschen als Subjekt dieses Prozesses seine mehr oder weniger vollständige Befriedigung. Die Aktion zur Befriedigung des Bedürfnisses reproduziert in der Dialektik von Konsumtion und Produktion zugleich das Bedürfnis selbst in veränderter bzw. entwickelter Gestalt." (61)

Rohrberg, Peter 1974: Bedürfnisse und Volkswirtschaftsplanung, Berlin (Ost)

"Der Inhalt der Bedürfnisse wird durch die ihnen objektiv zugrunde liegenden Erfordernisse bestimmt. Diese resultieren aus den Wechselbeziehungen zwischen dem Menschen und seiner natürlichen und gesellschaftlichen Umwelt. Sie sind dementsprechend auf die Ausübung bestimmter Tätigkeiten gerichtet wie essen, trinken, kleiden, schlafen, Sport treiben, sich bilden, kulturell betätigen. Diese Tätigkeiten setzen im allgemeinen bestimmte materielle Güter voraus, die entweder verbraucht oder benutzt werden oder als Bedingung vorhanden sein müssen. Oft werden die Bedürfnisse selbst auf diese materiellen Güter oder Leistungen bezogen. Man spricht vom Bedürfnis nach Personenkraftwagen; aber in Wirklichkeit handelt es sich um das Bedürfnis nach Ortsveränderung, nach Personenverkehr. Der Personenkraftwagen ist eine materielle Bedingung für die Befriedigung des Bedürfnisses. Das Bedürfnis nach ihm ist ein abgeleitetes, sofern man diesen Begriff überhaupt auf die Bedingungen der Bedürfnisbefriedigung anwenden kann. Das abgeleitete Bedürfnis hängt nicht nur vom eigentlichen Bedürfnis ab, das ihm zugrunde liegt, sondern in starkem Maße von den Formen seiner Befriedigung und von den Verbrauchsgewohnheiten.

Entsprechend wäre es auch nicht richtig, ausgehend von der Einteilung in materielle und kulturelle Bedürfnisse, all diejenigen Bedürfnisse als materielle zu bezeichnen, die als abgeleitete Bedürfnisse auf die Aneignung und den Verbrauch materieller Güter und Leistungen gerichtet sind. Das Kriterium dafür, ob ein Bedürfnis materiell oder geistig ist, kann nicht darin bestehen, ob die Bedingung zu seiner Befriedigung materieller oder geistiger Natur ist. Viele Bedürfnisse erfordern sowohl materielle als auch ideelle Bedingungen; zum Beispiel befriedigt ein Fernsehapparat als materieller Gegenstand kulturelle Bedürfnisse.

Es wäre daher angebracht, unter materiellen Bedürfnissen diejenigen zu verstehen, welchen die physischen Erfordernisse des Menschen zugrunde liegen." (29)

Das materielle und kulturelle Lebensniveau des Volkes und seine volkswirtschaftliche Planung 1975. Autorenkollektiv, Leitung: Günter Manz, Berlin (Ost)

Der Stellenwert von Bedürfnissen und Bedarf im und für das Lebensniveau der Menschen bildet den übergreifenden Rahmen der dargestellten Positionen und Schlußfolgerungen des Autorenkollektivs.

"Das Bedürfnis ... bringt ein allgemeines, wesentliches und notwendiges, relativ selbständiges Verhältnis des Menschen zu seiner natürlichen und gesellschaftlichen Umwelt zum Ausdruck. Dieses Verhältnis ist auf die Aneignung der Umwelt durch aktive Auseinandersetzung mit ihr gerichtet und findet in der dadurch erzielten Bestätigung des Menschen als Subjekt dieses Prozesses seine mehr oder weniger vollständige Befriedigung." (67f.)

Verwiesen wird auf die noch sehr jungen wissenschaftlichen Erkenntnisse zur "Kategorie der Bedürfnisse der Bevölkerung", die auch noch andere Aspekte für die Definition erwarten lassen. (68, Anmerkung 8)

"Die individuellen Bedürfnisse der Bevölkerung ... können von folgenden Aspekten aus betrachtet werden:
- nach den Bedürfnissen der Klassen und Schichten der Bevölkerung,
- nach der Dringlichkeit der sich entwickelnden Bedürfnisse der Bevölkerung und
- nach der Gliederung in allgemeine Bedürfnisse und Einzelbedürfnisse." (77f.)

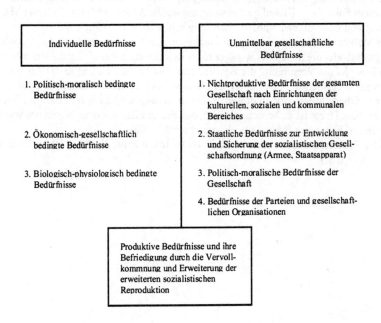

Nach allgemeinen Überlegungen zur Entwicklung der Bedürfnisse wird festgestellt: "Eng damit verbunden sind die wachsenden Bedürfnisse nach Konsumgütern und nach umfassenden Dienstleistungen, insbesondere nach solchen Konsumgütern, die einen hohen Verarbeitungs- und Veredelungsgrad besitzen (hochwertige Lebensmittel, pflegeleichte Bekleidung), sowie nach komplexen Lösungen des Wohnens, der Erholung der Ernährung usw." (95)

Hier vollzieht das Autorenkollektiv ohne Begründung einen Übergang von den Bedürfnissen zu den Mitteln ihrer Befriedigung bzw. einen Schritt zur Gleichsetzung von Bedürfnissen und Bedarf, indem gesagt wird: "Im Prozeß der Bedürfnisbefriedigung ist festzustellen, daß ein Teil der Mittel der Bedürfnisbefriedigung, Konsumgüter und Dienstleistungen, durch eine preisliche und tarifliche Gestaltung und über individuelle Geldfonds der Bevölkerung auf dem Markt zum Verbrauch und Gebrauch realisiert wird. Dieser Teil der Bedürfnisbefriedigung wird als Bedarf der Bevölkerung bezeichnet." (105)

Es folgt die Definition des Bedarfs:
"Der Bedarf der Bevölkerung umfaßt die durch die Bedürfnisse strukturell bestimmte kaufkräftige Nachfrage nach Konsumgütern und Dienstleistungen." (105)
"Der Bedarf ist eine ökonomische Kategorie der sozialistischen Warenzirkulation." (105)
"Die übrigen Mittel der Bedürfnisbefriedigung werden der Bevölkerung unmittelbar, ohne Einschaltung des Marktes, zur Verfügung gestellt. Das bedeutet jedoch nicht, daß in diesem Fall eine vollständige Befriedigung der Bedürfnisse besteht." (106) (Abhängigkeit von den volkswirtschaftlichen Möglichkeiten und Erfordernissen.)
"Das Maß der Bedürfnisbefriedigung sind bestimmte Normen, die durch den Staat festgelegt sind oder die mehr oder weniger historisch entstanden sind. Solche Normen sind zum Beispiel die Versorgung der Bevölkerung mit Ärzten, die Länge der Arbeitszeit, die Anzahl der Schüler pro Lehrer und Klasse in den allgemeinbildenden polytechnischen Oberschulen usw. In diesem Zusammenhang wird auch sehr oft vom Bedarf gesprochen. Dabei ist zu berücksichtigen, daß dieser nicht mit dem Wesen der vordem definierten Kategorie Bedarf gleichgesetzt wird." (106)

Die Planungsstruktur nach Bedürfniskomplexen zeigt die Abb. 19 im Buch der Autoren (s.n.S.)

Abbildung 19. Planung nach Bedürfniskomplexen (vereinfachtes Schema)

A. Bedürfniskomplexe und Unterkomplexe	B. Mittel der Bedürfnisbefriedigung			
	Konsumgüter		Dienstleistungen	
	Individuell bezahlt	aus gesellschaftlichen Fonds finanziert	Individuell bezahlt	aus gesellschaftlichen Fonds finanziert
1. Arbeit (Arbeitsbedingungen) darunter: Arbeitsschutz; Arbeiterversorgung, Arbeitsumwelt				
2. Ernähren darunter: Verbrauch im Haushalt, gesellschaftliche Speisenwirtschaft	Warenfonds des Einzelhandels in Handelsnomenklatur	Subventionen für Nahrungsgüter	Gaststätten, Werkküchen, Schulspeisung	Zuschüsse der Betriebe, Zuschüsse aus dem Staatshaushalt
3. Bekleiden darunter: Kinderbekleidung				
4. Wohnen darunter: Wohngebiet, Wohnungsgröße, Ausstattung				
5. Bildung, Erziehung darunter: allgemeine Schulbildung, Hoch- und Fachschulen				
6. Kultur darunter: Fernsehen, Theater, Kino, kulturelle Selbstbetätigung				
7. Gesunderhaltung Körperpflege darunter: Gesundheitswesen, Sport, Naherholung, Urlaubserholung				
8. Kommunikation darunter: Verkehr, Post, Fernmeldewesen				

Haustein, Heinz-Dieter/ Manz, Günter 1976: Bedürfnisse, Bedarf, Planung, Berlin (Ost)

"Die Bedürfnisse der Menschen stehen im engen Zusammenhang mit dem Bewußtsein des Menschen. Das menschliche Bewußtsein ist ein aktiver Prozeß der ständigen geistigen Aneignung der Umwelt durch den Menschen. Es besitzt eine relative Selbständigkeit, die sich in vielfältigen Rückwirkungen auf die materielle Welt äußert; es besitzt eine relative Eigengesetzlichkeit seiner Entwicklung ...
Darüber hinaus ist den Bedürfnissen der Menschen das Streben nach Aneignung seiner Umwelt und nach Bestätigung als Subjekt objektiver Prozesse wesenseigen. In diesem Prozeß zeigt sich vor allem die auf Veränderung und Beherrschung der Umwelt gerichtete Rolle der Bedürfnisse der Menschen." (26)

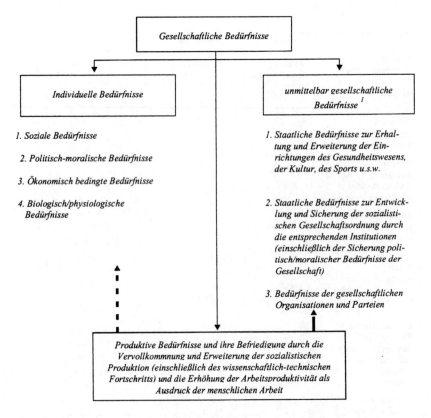

Abbildung 1　　　Die Einordnung der individuellen Bedürfnisse unter dem Aspekt der individuellen und unmittelbar gesellschaftlichen Bedürfnisse

Stiehler, Gottfried 1978: Über den Wert der Individualität im Sozialismus, Berlin (Ost)

Ausgehend von dem Ziel der Erhöhung des materiellen und kulturellen Lebensniveaus schreibt G. Stiehler:
"Das bedeutet, daß die Entfaltung der Individualität eng mit dem Problem der Bedürfnisse, ihrer Befriedigung und ihrer Entwicklung zusammenhängt. Die Bedürfnisse des Menschen sind vielfältiger Art, sie reichen von physiologisch-körperlichen bis zu kulturell-geistigen und politischen Bedürfnissen und schließen das Streben des Menschen nach einem sinnerfüllten Leben, nach Selbstverwirklichung ein. Ein Bedürfnis resultiert aus dem Bewußtwerden einer Differenz zwischen dem Subjekt und dem Objekt (oder aus einer Differenz innerhalb des Subjekts). Es hat das Streben des Individuums zum Inhalt, von einem bestimmten Zustand in einen anderen überzugehen, sich in jeweils spezifischer Weise mit der Umwelt, mit den anderen Menschen in Beziehung zu setzen ... Die Bedürfnisse werden durch die gesellschaftlichen und individuellen Lebensbedingungen beeinflußt, teilweise werden Bedürfnisse erst durch sie geweckt ... Bedürfnisse können dem Individuum nicht 'aufgepfropft', wohl aber vermittelt, anerzogen werden. Dabei spielt neben den gesellschaftlichen und den individuellen Lebensbedingungen auch Eigenaktivität eine Rolle." (119f.)
"Die allseitige Entwicklung des Individuums ist nicht möglich, ohne die grundlegenden materiellen Existenzbedürfnisse des Einzelnen zu befriedigen." (129)

Autorenkollektiv unter Leitung von N. G. Kristosturjan 1978, Merkmale sozialistischer Lebensweise, Berlin (Ost)

Zur Einordnung der Bedürfnisse in Konzepte zur Entwicklung der Produktion und der "sozialistischen Lebensweise" wurden auch Anregungen aus Forschungen in der UdSSR berücksichtigt.
"Unmittelbare materielle Grundlage des Prozesses der Herausbildung und Entwicklung des neuen Menschen und seiner Lebensweise sind das Wachstum des persönlichen Konsums materieller Güter, die ihm gegebenen Möglichkeiten, Dienstleistungen der sozialen und kulturellen Betreuung zu nutzen, sowie die Erweiterung des Wohnraumfonds, des Netzes der Schulen, der Krankenhäuser und der sonstigen Grundfonds der nichtproduktiven Sphäre." (49)
"Die Nutzung der materiellen Güter des Lebens beschränkt sich in der sozialistischen Gesellschaft keineswegs lediglich auf die Befriedigung materieller Bedürfnisse ... Das Wachstum der sozialistischen Produktion ist für eine optimale Befriedigung sowohl der materiellen, als auch der geistigen Bedürfnisse notwendig, und die Konsumstruktur verändert sich mit der Zunahme der zahlungsfähigen Nachfrage, aber auch mit dem Kulturniveau der Bevölkerung." (49)
"Im Sozialismus ist der Konsum niemals lediglich als Mittel zur Aufrechterhaltung und Reproduktion der Arbeitskraft betrachtet worden. Er ist sowohl eine Bedingung zur Festigung und Vervollkommnung aller gesellschaftlichen Beziehungen, zur Stärkung der sozialökonomischen und moralischen Grundlagen der sozialistischen Lebensweise. Im Prozeß der Befriedigung der materiellen und geistigen Bedürfnisse durch die

Menschen und in Abhängigkeit vom Grad ihrer Befriedigung gestaltet sich weitgehend die Einstellung der Menschen zur Gesellschaft, bilden sich Interessen, Bestrebungen, Anschauungen, der Typus des Verhaltens heraus." (ebd.)

Steitz, Lilo, 1979: Freizeit – freie Zeit? Berlin (Ost)

"Die eng miteinander verbundenen Tätigkeiten und Aktivitäten in der Freizeit sind voneinander zu unterscheiden, wenn man sie nach folgenden objektiven Kriterien differenziert:
Erstens Freizeitverhalten, das von notwendigen Bedürfnissen bestimmt ist, z. B. die Versorgung der Familie o. ä. Der Zeitaufwand ist abhängig von den objektiven Bedingungen, die sich aus dem gesellschaftlichen Entwicklungsstand von Produktion, Handel, Verkehr, Wohnverhältnissen, sozialen Einrichtungen und Dienstleistungen ergeben. Die zur Befriedigung dieser Bedürfnisse erforderlichen Aktivitäten sind *notwendige Arbeit in der Freizeit*, die durch Weiterentwicklung der gesellschaftlich organisierten Arbeit den belastenden Akzent verlieren werden. Auch der für den Arbeitsweg erforderliche Zeitaufwand wird von diesem Kriterium erfaßt.
Zweitens Freizeitverhalten, das den Grundbedürfnissen der einfachen physischen Reproduktion der menschlichen Lebensfunktionen dient (z. B. Essen, Schlafen, persönliche Hygiene usw.). Sie sind als biologische Notwendigkeit eine spezifische Form der menschlichen Lebensäußerung. Der Zeitaufwand für die Befriedigung dieser Bedürfnisse wird minimal von der Erhaltung der Arbeits- und Lebensfähigkeit und maximal vom gesellschaftlichen Entwicklungsstand und den wissenschaftlich begründeten Maßstäben für eine gesunde Lebensweise bestimmt.
Drittens Freizeitverhalten, das der Befriedigung von Bedürfnissen dient, die *vorwiegend gesellschaftlichen* Charakter haben, z. B. fachliche und politische Qualifizierung, gesellschaftliche Funktionen und Aktivitäten sowie die Erziehung der Kinder. Der dafür erforderliche Zeitaufwand ist variabel und wird vor allem vom Entwicklungsstand der Persönlichkeit, vom politischen Verantwortungsbewußtsein sowie von aktuellen gesellschaftlichen Erfordernissen bestimmt. Die Betonung des gesellschaftlichen Charakters dieser Bedürfnisse soll kein Gegensatz zu ihrer Bedeutung für die Persönlichkeitsentwicklung darstellen, sondern die darin zum Ausdruck kommende unmittelbare Verbindung von persönlichen und gesellschaftlichen Interessen hervorheben.
Viertens Freizeitverhalten, das der Befriedigung von Bedürfnissen dient, die *vorwiegend individuellen Charakter* haben, z. B. alle Formen der Bildung, der geistigen Arbeit und kulturellen Tätigkeit, die von persönlichen Neigungen bestimmt werden, auch Basteln, Handarbeiten, Wandern, Lesen, Fernsehen usw., d. h. alle 'Hobbys' sowie alle Formen der Erholung. Der Zeitaufwand für diese Tätigkeiten ist von der Vielseitigkeit bzw. Intensität der Interessen abhängig. Auch die individuellen Partnerbeziehungen in der Liebe und in der Ehe können sich nur durch sinnvolle Aufteilung der Pflichten in der Freizeit und die dadurch gewonnene frei verfügbare Zeit für gemeinsame Interessen und Erlebnisse entfalten. Häufig zu beobachtende und auch durch soziologische Untersuchungen nachgewiesene Extreme sind: Zu wenig oder keine Zeit für persönliche

Interessen bzw. Verwendung von Zeit für persönliche Interessen auf Kosten der Befriedigung notwendiger Bedürfnisse (z. B. verkürzter Schlaf) oder auch durch nichterfüllte Pflichten. Die Betonung des individuellen Charakters dieser Bedürfnisse soll ihre Spezifik in der Gesamtheit der die Freizeit bestimmenden Bedürfnisse sichtbar machen. Die Befriedigung dieser Bedürfnisse ist auch gesellschaftlich bedeutsam, weil sie großen Einfluß auf die Allseitigkeit der Persönlichkeitsentwicklung und damit auch auf die Vielseitigkeit der sozialistischen Lebensweise und des geistigen Lebens im Sozialismus haben. Alle Kriterien sind historisch konkret, das heißt vom gesellschaftlichen Entwicklungsstand abhängig und in sich variabel. Sie erfassen die Bedürfnisse, die das Freizeitverhalten determinieren, die Möglichkeiten und Grenzen der individuellen Entscheidungen über die Nutzung der freien Zeit bestimmen. Sie können deshalb auch als objektive Struktur der Freizeit bezeichnet werden." (79f.)

Hanke, Helmut 1979: Freizeit in der DDR, Berlin (Ost)

Eingeordnet in kultursoziologische Untersuchungen zum Zeitbudget und zum differenzierten Freizeitverhalten sowie zur Befriedigung kulturelle Bedürfnisse in der Freizeit (Freizeitinteressen und -aktivitäten) ist folgende Position aufschlußreich für Überlegungen zu Bedürfnissen und Bedarf:

"Für die Entwicklung und Befriedigung kultureller Bedürfnisse erscheint die Beachtung der unterschiedlichen Lebensalter der Generationen wesentlich ... Die verschiedenen Generationen in der DDR haben durchaus unterschiedliche Erfahrungen im Umgang mit den Künsten, in der Teilnahme am kulturellen Leben, in der Aneignung der Wissenschaft. Die kulturellen Bedürfnisse der Älteren sind stärker an bestimmten Traditionen orientiert, für Neues zeigt die Jugend eine größere Aufgeschlossenheit. Das höhere allgemeine Bildungsniveau der jüngeren Generation macht sich auch in den Kunstbedürfnissen bemerkbar. Junge Leute lesen im Durchschnitt mehr und bessere Literatur als Ältere, sie sind ihren Eltern und Großeltern in der Kenntnis und im Verständnis von Beat- und Rockmusik weit überlegen, sie gehen mit den Massenmedien und den modernen Aufzeichnungs- und Wiedergabegeräten mit größerer Selbstverständlichkeit um usw." (89f.)

"Eng verbunden mit den Besonderheiten der Generationen sind die Unterschiede im Freizeitverhalten verschiedener Familientypen. Hier sind mindestens folgende zu nennen:
- Junge Familien ohne Kinder
- Familien mit einem oder mehreren Kindern (vom Säugling bis zum EOS-Schüler)
- Familien mit Kindern, die eine weiterführende Ausbildung erhalten oder bereits berufstätig sind
- Eheleute, deren Kinder das Elternhaus verlassen haben und die wieder allein leben." (91)

"Auch heute haben wir es hier mit Bedürfnissen arbeitender Menschen zu tun, die ihre Freizeit benötigen, um ihre Persönlichkeit zu entwickeln und ihre Arbeitskraft zu reproduzieren, gesellschaftlich tätig zu sein und der Ruhe und Muße zu pflegen, die Früchte ihrer Arbeit zu genießen, in der Natur Erholung und Lebensfreude zu gewinnen und neue Kräfte zu sammeln." (104)

Tolstych, Walentin I. 1979: Eine neue Lebensweise – utopisch oder real?, Berlin (Ost)

Walentin Tolstych bezieht sich auf die Politik zur Erhöhung des Wohlstands der Werktätigen und stellt fest, daß diese von folgenden prinzipiellen Thesen ausgehe: "Anerkennung der Priorität der kollektiven (gesellschaftlichen) Bedürfnisse gegenüber den individuellen als notwendige Bedingung für die Reproduktion wirklich sozialistischer Formen des Zusammenlebens und menschlicher Beziehungen sowie der Stimulierung der gesellschaftlichen Tätigkeit der Persönlichkeit; Schaffung eines solchen Systems der Bedürfnisse und eines solchen Konsumtionsmodells, welches dem Prinzip der sozialen Gleichheit entspricht und verhindert, daß die Konsumtion zum 'Selbstzweck' wird und eine 'Konsumtion um der Komsumtion willen' entsteht; ständiges Anwachsen der Bedürfnisse und ihre Veredelung mit dem Ziel, die Grenzen des Lebens zu erweitern, die schöpferischen Kräfte und Fähigkeiten der Menschen zu entfalten und ihre Persönlichkeit allseitig zu entwickeln." (200)

Heinrichs, Wolfgang / Kapustin, Jewgeni (Hrsg.) 1980: Ökonomische Aspekte der sozialistischen Lebensweise, Berlin (Ost)

Einbezogen in die Darstellung von Kriterien für die Entwicklung der Lebensweise werden folgende Kriterien der Gruppierung nach Bedürfnissen zugeordnet:
"2.   Sozialistische Lebensweise und ihre Entwicklung
2.1.   Bedürfnisse
2.1.1.   Konsumtionsstruktur (Anteil der verbrauchten materiellen Güter und Leistungen an den Gesamtausgaben; nach Klassen, sozialen Gruppen, Stadt und Land sowie Familiengruppen der Werktätigen, differenziert nach Einkommensniveau).
2.1.2.   Persönliches Eigentum der Bürger und seine Struktur (nach sozialen Gruppen und Territorien, Stadt und Land).
2.1.3.   Erreichen der wissenschaftlich begründeten Verbrauchsnormen bei materiellen Gütern (Vergleich des tatsächlichen Verbrauchs mit den wissenschaftlich begründeten Normen, nach Gütergruppen sowie nach sozialen Bevölkerungsgruppen, Stadt und Land, Landesgebieten).
2.1.4.   Bedürfnisse an Bildung, Berufsausbildung und ihre Befriedigung (Bildungsniveau nach Klassen und sozialen Gruppen, Stadt und Land, Landesgebieten; Kennziffern für die Zufriedenheit mit der erreichten Bildung beziehungsweise mit dem Beruf).
2.1.5.   Struktur und Effektivität der Verwendung der arbeitsfreien Zeit (nach sozialen Gruppen, nach Geschlecht und Alter, Stadt und Land, Landesgebieten).
2.1.6.   Formen der Bedürfnisbefriedigung (individuelle und kollektive).
2.1.7.   Geldakkumulation der Bevölkerung (nach Klassen und sozialen Gruppen, Stadt und Land)." (236)

Nick, Harry 1980: Arbeitsproduktivität und Lebensweise, Berlin (Ost)

Harry Nick über den Zusammenhang von ökonomischer Entwicklung und Bedürfnissen:
"Der letzte und tiefste Grund für die Notwendigkeit stetiger Steigerung der Arbeitsproduktivität ist das Wachsen unserer materiellen und geistig-kulturellen Bedürfnisse. Wer die Frage stellt, wie lange die Arbeitsproduktivität noch steigen soll, muß sich zuerst selbst befragen, wann er sich mit dem erreichten Lebensniveau bescheiden will. Er darf auch diejenigen nicht vergessen, die noch nicht so gut leben, und diejenigen Völker, in denen der Hunger noch eine Massenerscheinung ist und denen unsere Solidarität gehört. Der Zeitpunkt, da die Produktivität 'hoch genug' sein wird, kann niemals eintreten." (39)

Hartmann, Wolf D. / Wilde, Gert 1982: Wie man reich wird. Nachdenken über Bedürfnisse, Leipzig, Jena, Berlin (Ost)

Nach einer Darstellung historischer Aspekte der Bedürfnisse und ihrer Entwicklung gelangen die Autoren zu folgender Sichtweise für die allgemeine Bestimmung der Bedürfnisse:
"Die Bedürfnisse sind also in allen Epochen der Menschheitsentwicklung die tiefste Ursache, die allgemeinste Triebkraft des menschlichen Handelns. Sie stellen damit Zwecke dar, auf die hin menschliches Handeln erfolgt." (74)
Hartmann/Wilde stellen auch die Frage nach dem Unterschied zum Bedarf und zu den Interessen und beantworten diese wie folgt:
"Die Begriffe 'Bedürfnisse', 'Bedarf' und 'Interessen' sind derart in die Umgangssprache eingebürgert, daß jeder Mensch eine Vorstellung über ihren Inhalt hat oder aber zu haben glaubt. Angenommen, Sie meinen, Bedürfnisse seien Bücher, Schallplatten, Fernsehempfänger, Autos, Waschmaschinen usw., dann ist diese Antwort falsch. Warum? Hier wird das Bedürfnis mit dem Gegenstand, durch den es befriedigt wird, verwechselt." (59)
Die Autoren verweisen auf Meyers Lexikon "vor fast hundert Jahren" (leider ohne Angabe des Stichworts und Erscheinungsjahrs), in dem bereits beklagt wurde: 'Alles, was erforderlich ist, um die Bedürfnisse zu befriedigen, nennt man Bedarf, ... wobei jedoch oft die Begriffe Bedürfnis und das zur Befriedigung desselben erforderliche Gut verwechselt werden, ... was durchaus unzulässig ist.' (Soweit das Lexikon)
Hartmann/Wilde vermerken aber, daß diese Unterscheidung zwischen Bedürfnis und Bedarf zwar wichtig, aber nicht ausreichend sei, den Bedarf zu bestimmen. Ergänzend betonen sie :
"Die Mittel der Bedürfnisbefriedigung leiten sich aus dem Bedürfnis ab und sind daher nicht von ihm zu trennen. Bedarf orientiert auf die Seite der Befriedigung von Bedürfnissen, hinter der Kauf durch Geld steht." (59)
"Daher wird der Bedarf allgemein als die durch Geldfonds fundierten Bedürfnisse der gesellschaftlichen und individuellen Konsumenten nach Konsumtionsmitteln definiert. Der Bedarf erscheint auf dem Markt als die durch Kaufkraft abgedeckte Nachfrage nach Waren, Dienstleistungen im gesellschaftlichen konsumtiven wie produktiven Bereich." (60)

Ausgehend von Überlegungen zum konkret-menschlichen und allgemein-menschlichen Merkmal der Bedürfnisse stellen Hartmann/Wilde fest:
"So gesehen gibt es eine Grundstruktur der Bedürfnisse, zu der neben Ernähren, Kleiden, Wohnen unbedingt die schöpferisch-produktive Tätigkeit, Kommunikation und Bildung zählen, aber in der Gegenwart auch die Friedensbewahrung und das Bedürfnis nach sozialökonomischer Sicherheit. Bedürfnisse nach Reisen, kollektiven Kontakten, Kultur, Sport, Unterhaltung und Liebe sind ohne die Befriedigung der anderen allgemein-menschlichen Bedürfnisse nicht zu entfalten." (103)
Die Autoren verweisen auf die Schwierigkeiten bei der Bestimmung der Kategorie Bedürfnisse, "wobei es merkwürdigerweise leichter zu sagen ist, was Bedürfnisse sind, als zu erklären, was sie darstellen." (61)
Ausgehend von der widersprüchlichen Existenz des Menschen (Individuum, Gesellschaft, Natur) entscheiden sich Hartmann/Wilde für folgende Definition:
"Bedürfnisse sind die den Menschen wesenseigenen, innerlichen Antriebe ihrer Tätigkeiten." (63)
Die Autoren beziehen auch Position zu Luxus bzw. zu Luxusbedürfnissen:
"Luxusbedürfnisse und die sie befriedigenden Luxusgüter nahmen über Jahrtausende eine beherrschende Stellung ein. So sehr sie einerseits zum Ausdruck sozialer Ungerechtigkeit wurden, darf man andererseits auch nicht übersehen, daß sie über einen langen Zeitraum eine progressive Rolle bei der Stimulierung des Handwerks spielten ... fast alle kunsthandwerklichen und künstlerischen Berufe basierten lange Zeit vornehmlich auf Luxusbedürfnissen ... In der Tat nahm mit dem Übergang zum 19. Jahrhundert die Ausbreitung der Bedürfnisse und mit ihr die Umwandlung von Luxus- in notwendige Güter historische Dimensionen an. Begonnen hatte dieser Prozeß bei der Kleidung ... einen seiner Höhepunkte erreichte er in jüngerer Vergangenheit bei der Verwandlung des Autos aus einem Luxus- in ein Massengut." (112f.)
"Mit der Umwandlung der Luxus- in Massengüter werden die notwendigen Bedürfnisse zum Antrieb der industriellen Produktion: Die Entstehung neuer Erzeugnisse resultiert nicht mehr aus dem Wechselspiel zwischen Luxusbedürfnissen und Handwerk, sondern zwischen Massenbedürfnissen und Industrie." (113)

Bedürfnisse und Interessen als Triebkräfte unseres Handelns 1984. Autorenkollektiv, Leitung: Lilo Steitz, Berlin (Ost)

"Die Bedürfnisse sind immer dem Menschen eigen. Sie entstehen, entwickeln und modifizieren sich historisch als Bedürfnisse seiner Lebenstätigkeit, der Erhaltung und Entwicklung seines Lebens." (14)
"Das Bedürfnis selbst resultiert aus dem objektiv bestimmten Verhältnis der Menschen zu den natürlichen und gesellschaftlichen Bedingungen ihrer Existenz und Entwicklung, das heißt, zu ihren Lebensbedingungen. Es ist somit eine Beziehung des Subjekts zum Objekt seiner Lebenstätigkeit, in deren Mittelpunkt die Arbeit zur Erhaltung und Entwicklung des Lebens und der Lebensbedingungen steht. Die Lebenstätigkeit selbst ist ein ständiger Prozeß der Befriedigung von Bedürfnissen, der sowohl die Er-

zeugung, die Produktion von Mitteln zum Leben als auch deren Aneignung, das heißt den Prozeß des Erwerbs und deren aktive Nutzung für die Erhaltung und Entwicklung des Lebens des Subjekts, erfaßt." (14f.)

"Die Bedürfnisse der Gesellschaft (gesellschaftliche Bedürfnisse) sind zugleich wesentliche Bedürfnisse aller ihrer Mitglieder und in diesem Sinne auch individuelle Bedürfnisse, die aber nur im Maßstab der ganzen Gesellschaft befriedigt werden können." (19f.)

"Individuelle Bedürfnisse (das Individuum als Subjekt von Bedürfnissen) sind folgende:
- Bedürfnis nach Nahrung (Essen und Trinken), dessen Befriedigung lebensnotwendig ist (untere Grenze der Befriedigung: das Existenzminimum, obere Grenze: die Erhaltung der Gesundheit);
- Bedürfnis nach Wohnung (Behausung) – ein lebensnotwendiges Bedürfnis, da die Naturbedingungen ein Leben des Menschen ohne Behausung nicht ermöglichen (untere Grenze: eine "Schlafstelle", obere Grenze: das historisch entstandene allgemeine Kulturniveau des Wohnens, was darüber liegt, ist Luxus);
- Bedürfnis nach Kleidung – ein lebensnotwendiges Bedürfnis, da die Naturbedingungen dem Menschen ein Leben ohne Bekleidung nicht erlauben (untere Grenze: ist abhängig von den klimatischen Bedingungen des Aufenthaltorts, die obere Grenze: entspricht dem historisch entstandenen allgemeinen Kulturniveau der Bekleidung, was darüber hinaus geht, ist Luxus);
- Bedürfnis nach Arbeit, weil der Mensch ohne Arbeit im Sinne von zweckmäßiger Betätigung seiner schöpferischen Kräfte nicht leben kann, auch ohne die produktive Arbeit anderer könnte er nicht leben ...;
- Bedürfnis nach Erholung von der Tätigkeit, nach Reproduktion der Arbeitsfähigkeit (Schlaf, Entspannung, körperliche und geistige Reproduktion), oft auch als Bedürfnis nach Freizeit bezeichnet (wobei Freizeit aber als Bedingung für die Befriedigung des Bedürfnisses nach Erholung zu verstehen ist wie auch als Bedingung für die Befriedigung anderer Bedürfnisse);
- Bedürfnis nach Erkenntnis (Aneignung von Wissen durch Bildung sowie durch geistige Beziehung zu Natur und Gesellschaft, die sich vorwiegend in praktischer Tätigkeit realisiert) und nach Aneignung der Errungenschaften der materiellen und geistigen Kultur;
- Bedürfnis nach Gemeinschaft, nach sozialen Kontakten, nach Partnerschaft; der Mensch kann nicht ohne Beziehungen zu anderen Menschen leben;
- Bedürfnis nach Sicherheit und Geborgenheit in der Gemeinschaft.

Biologische Lebensfunktionen des Menschen (wie zum Beispiel Atmung, Fortpflanzung, Stoffwechsel), die in der Literatur oft zu den materiellen oder 'natürlichen' Bedürfnissen gezählt werden, sind unseres Erachtens von den Bedürfnissen zu unterscheiden. Die Befriedigung der Bedürfnisse dient der Erhaltung der Lebensfunktionen auf vielfältige Weise, ohne auf diese reduziert werden zu können." (20f.)

"Aus der Notwendigkeit, die Bedürfnisse zu befriedigen, ergibt sich objektiv ein Bedarf an Mitteln, die diesem Zweck dienen. Diese Mittel sind Erzeugnisse und Leistungen, aber auch objektive Bedingungen, für die ökonomische Leistungen aufzubringen sind, die aber selbst nicht unbedingt als Erzeugnis oder Leistung auftreten, wie zum Beispiel die natürliche Umwelt, Zeit und Ruhe für Erholung und Entspannung, menschliche Beziehungen. Der enge Zusammenhang zwischen dem Bedarf an Mitteln zur Befriedigung der Bedürfnisse und den Bedürfnissen selbst darf nicht zu einer Identifizierung von Bedarf und Bedürfnissen führen. So kann beispielsweise ein Bedürfnis durch unterschiedliche

Adressen

von gemeinwesenorientiert wirtschaftenden Gruppen

Die Beschreibung der Gruppen und ihrer Aktivitäten beruht auf einer gekürzten Fassung der jeweiligen Selbstdarstellung.
Bearbeitung: Ina Volpp-Teuscher

agisra e.V. Köln

Niedrichstr. 6, 50668 Köln
Telefon: 0221/ 124019
Fax: 0221/ 1390194

Art des Projekts: Migrantinnenprojekt

Projekttyp: Frauenprojekt, gemeinnütziger Verein

Gründung: 1993

Beschreibung:
agisra (Arbeitsgemeinschaft gegen internationale sexuelle und rassistische Ausbeutung e. V.) ist eine bundesweite interkulturelle Frauenorganisation, die gegen den Ehe-Handel mit nichtdeutschen Frauen, gegen Prostitution und illegale Arbeit kämpft. Neben der Bundesgeschäftsstelle in Frankfurt gibt es regionale agisra-Beratungs- und Informationsstellen in Frankfurt, Köln, München und Ulm.
Bei agisra Köln arbeiten Frauen unterschiedlicher Nationalitäten zu den Arbeitsschwerpunkten:
- Informations- und Bildungsarbeit zu Rassismus, Sexismus, Ausbeutungs- und Gewaltverhältnissen, denen Migrantinnen immer wieder ausgesetzt sind.
- Beratung und Unterstützung von Migrantinnen und Flüchtlingsfrauen, insbesondere von Frauen, die sich in Gewaltverhältnissen befinden.
- Unterstützung der Selbstorganisation der Migrantinnen und Flüchtlingsfrauen und Zusammenarbeit mit diesen Frauengruppen.
Außerdem gibt es bei agisra Köln einen Arbeitskreis "Frauenflüchtlingshaus". Er arbeitet an dem Konzept und der Realisierung eines Frauenflüchtlingshauses in Nordrhein-Westfalen. Geplant ist, daß in diesem Haus nichtdeutsche Frauen Zuflucht finden können, die
- vor ihrem gewalttätigen Ehemann oder Zuhälter fliehen oder
- deren aufenthaltsrechtliche Situation in Deutschland noch nicht geklärt ist.

AKTIV
Erste Kölner Seniorengenossenschaft i. G.

Eifelstr. 12, 50677 Köln
Telefon: 0221/ 331220
Fax: 0221/ 9318499
Mo – Do 9 – 12 Uhr und 13 – 17 Uhr, Fr 10 – 12 Uhr

Art des Projekts: Seniorengenossenschaft

Projekttyp: gemischtes Projekt, Genossenschaft

Gründung: 1993

Beschreibung:
Die Kölner Seniorengenossenschaft AKTIV wurde gegründet, um SeniorInnen die
eigene Lebensführung möglichst lange zu erhalten, auch wenn sie hilfebedürftig sind.
Sie ist eine Solidargemeinschaft älterer Menschen, die sich in gegenseitiger Selbsthilfe unterstützen.
AKTIV arbeitet nach dem Grundsatz: "Heute helfen, damit mir morgen geholfen wird."
Das heißt, wer im Alter noch aktiv sein möchte, hilft anderen SeniorInnen, die bereits
Hilfe brauchen. Es gibt auf dieser Basis
- einen Besuchsdienst, z. B. für Gespräche, Vorlesen oder Spielen
- einen Begleitdienst, z. B. für Spaziergänge, Arztbesuche oder Einkäufe
- die hauswirtschaftliche Versorgung, z. B. für Einkaufen, Reinigen oder die Zube-
  reitung der Mahlzeiten.
Die aktiven Genossenschaftsmitglieder bauen sich dabei ein Stundenkonto auf. Nehmen
sie bei eigener Hilfsbedürftigkeit Angebote der Seniorengenossenschaft in Anspruch,
dann wird diese Zeit von ihrem Stundenkonto abgebucht.
Wer kein Stundenkonto hat, kann die Leistungen der Seniorengenossenschaft gegen
Bezahlung bekommen. Da die Seniorengenossenschaft als Mobiler Sozialer Dienst
anerkannt ist, besteht die Möglichkeit, daß das Sozialamt die Kosten übernimmt, wenn
SeniorInnen ein geringes Einkommen haben. Außerdem gibt es einen Kooperations-
vertrag zwischen AKTIV und einem Pflegedienst, der von der Pflegeversicherung
anerkannt ist.
Neben dem Betreuungsbereich gibt es einen "Treffpunkt". Dort können Kontakte
geknüpft und gemeinsame Aktivitäten vereinbart werden, z. B. Gesprächskreise,
Museumsbesuche oder Wanderungen.

Aktive Senioren Mannheim e. V.

Augartenstr. 69, 68165 Mannheim
Telefon: 0621/ 404746
Fax: 0621/ 742398
Mi und Do 9 – 12 Uhr; Treffen: Mi 15 Uhr in der Augartenstr. 69 (Hinterhaus)

Art des Projekts: Seniorengenossenschaft

Projekttyp: gemischtes Projekt, gemeinnütziger Verein

Gründung: 1992

Beschreibung:
Die Aktiven Senioren Mannheim e. V. knüpfen an den genossenschaftlichen Gedanken an: Wer sich heute aktiv einsetzt, hat Anspruch auf Hilfe, wenn er sie selbst benötigt. Die Ziele des Vereins sind:
- Älteren Menschen helfen, damit sie möglichst lange in ihrer Wohnung bleiben können.
- Kontakte zwischen älteren und jüngeren Menschen herstellen und pflegen.
- Aktiven Ruheständlern wieder eine Aufgabe bieten.
Um das zu erreichen, bieten die Aktiven Senioren Mannheim verschiedene Projektbereiche an: handwerkliche Hilfe oder kleine Reparaturarbeiten, Besuchsdienste und Begleitung bei Spaziergängen, Arztbesuchen und ähnlichem, Unterstützung nach Krankenhausaufenthalten in den ersten Tagen zu Hause, Näharbeiten, Mitarbeit bei Organisations- und Büroarbeiten sowie stundenweise Kinderbetreuung für Alleinerziehende und kinderreiche Familien.
Wer aktiv an diesen Projektbereichen mitarbeitet, bekommt eine Aufwandsentschädigung und eventuelle Fahrtkosten erstattet. Dazu gibt es für jede halbe Stunde aktiven Einsatzes eine Gutschrift von einem Zeitpunkt auf dem persönlichen Zeitpunktekonto. Die so erworbenen Punkte können im Fall eigener Hilfsbedürftigkeit wieder eingelöst werden.
In der Aufbauphase können die Mitglieder in begrenztem Umfang Hilfe erhalten, die kein Zeitpunktekonto aufbauen konnten.

Arbeitskreis Denkmalpflege e. V.

Burg Lohra, 99759 Großlohra
Telefon: 036338/ 61849
Fax: 036338/ 63697

Art des Projekts: Netzwerk

Projekttyp: gemischtes Projekt, gemeinnütziger Verein

Gründung: 1985/ 1990

Beschreibung:
Der Arbeitskreis Denkmalpflege versucht, in solidarischer Gemeinschaft Häuser mit Atmosphäre und Geschichte wieder instandzusetzen und sie zu Lebens- und Freiräumen werden zu lassen. Damit verknüpft sind: offene Kulturarbeit, Begegnungsmöglichkeiten, Zusammenarbeit mit Ausländern und ökologisches Handeln.
Der Arbeitskreis Denkmalpflege möchte andere Formen des Arbeitens, Nutzens und Lebens ermöglichen, die nicht kommerziell und konkurrenzorientiert sind. So hängen Gestaltungs-, Nutzungs-, Wohn- und Mitbestimmungsrechte nicht von Besitz oder vom Geldbeutel ab, sondern von den Ideen, der Verantwortungsbereitschaft und der Mitarbeit der Mitwirkenden und auch der Gäste. Getauscht werden kann beispielsweise Wohnraum gegen Arbeitsleistung.
Zu diesem Netzwerk gehören inzwischen etwa ein Dutzend Denkmale. Dazu zählen: die Burg Lohra in Nordthüringen, der Gutshof Burgheßler bei Naumburg, das Gutshaus Wolterslage bei Stendal und einige Fachwerkhäuser in Mecklenburg-Vorpommern.

Autofeminista e. V.

Prinzenallee 68, 13359 Berlin-West
Telefon: 030/ 4942597
Selbsthilfetag Mi 15 – 19 Uhr

Art des Projekts: Selbsthilfewerkstatt

Projekttyp: Frauenprojekt, gemeinnütziger Verein

Gründung: 1983

Beschreibung:
Autofeminista – "Verein zur Förderung von technischen Kenntnissen und Fähigkeiten von Frauen am Beispiel Auto" – so lautet der volle Name des Vereins, der 1983 von rund vierzig frauenbewegten und technikinteressierten Frauen gegründet wurde. Im Lern- und Arbeitszusammenhang mit anderen Frauen wollen sie – jenseits von männlichen Vorurteilen und Abwertungen – gemeinsam theoretische Kenntnisse und praktische Fähigkeiten erwerben, austauschen und an andere weitergeben.
Dies geschieht in einer komplett eingerichteten Kfz-Werkstatt in Berlin-Wedding. Die Vereinsfrauen können in dieser Selbsthilfewerkstatt jederzeit alle Reparatur- und Wartungsarbeiten an ihren Kraftfahrzeugen vornehmen. Allen anderen Frauen steht die Werkstatt – und bei Bedarf auch Rat und Hilfe – am Selbsthilfetag (jeden Mittwoch) zur Verfügung. Nach einem Blick unter das Auto oder einer Vorabdurchsicht vor einem TÜV-Termin fällt es vielen Frauen erheblich leichter, bei einer eventuell nötigen Reparatur dem Kfz-Mechaniker selbstbewußt klare Vorgaben zu machen.
Darüber hinaus bietet Autofeminista e. V. eine Reihe von Kursen für Frauen und Mädchen an, z. B. Alltagstechnik für Frauen, Autopannenhilfekurse, Kfz- und Motorrad-

kurse, Fahrradreparaturkurse und Technikkurse für Mädchen. Bei allen Kursen steht der Selbsthilfeaspekt im Vordergrund.

Mit all diesen Angeboten möchten die Vereinsfrauen von Autofeminista der Ausgrenzung von Frauen und Mädchen aus dem gewerblich-technischen Bereich entgegenwirken. Sie wollen

- Frauen und Mädchen Zugänge schaffen zum Umgang mit Werkzeugen, technischen Materialien und handwerklich-technischen Problemen
- das Vertrauen in die eigenen technisch-handwerklichen Fähigkeiten entwickeln und stärken
- versuchen, die starke Unterteilung von Männer- und Frauenberufen aufzuweichen.

AWO Markt
Austausch von Sachen, Service und Talenten

Pulverweg 23, 47051 Duisburg
Telefon: 0203/ 3095-543
Fax: 0203/ 3095-539
Mo – Do 8.30 – 16 Uhr, Fr 8.30 – 15 Uhr

Art des Projekts: Tauschring

Projekttyp: gemischtes Projekt, der Arbeiterwohlfahrt Kreisverband Duisburg e. V. angegliedert

Gründung: 1996

Beschreibung:
Die AWO Duisburg verfolgt mit dem Projekt AWO Markt (Austausch von Dienstleistungen ohne Geld) das Ziel, allen Menschen mit geringem Einkommen im Raum Duisburg Dienstleistungen zu ermöglichen, die sie vielleicht auf dem freien Markt nicht finanzieren könnten. Außerdem soll AWO Markt Menschen unterschiedlicher Bildung, Couleur und unterschiedlichen Alters einander näher bringen, die Selbsthilfepotentiale der DuisburgerInnen stärken und den Umweltschutz unterstützen.

Damit verbindet AWO Markt die Traditionen von Solidarität und Selbsthilfe mit aktuellen Bedürfnissen. Der Tauschring trägt zu einer Verbesserung der Lebensqualität der TeilnehmerInnen bei und bringt bislang ungenutzte Fähigkeiten hervor.

Um einen gerechten Austausch zu gewährleisten, werden die Transaktionen in der fiktiven Tauschring-Währung "AWO-Herzen" gebucht. Der Wert der Leistungen orientiert sich bei AWO-Markt am Zeitaufwand, d. h., sechs "AWO-Herzen" entsprechen einer Stunde Arbeit.

Batzen-Tauschring Leipzig

c/o Ökolöwe – Umweltbund Leipzig e. V.
Bernhard-Göring-Str. 152, 04277 Leipzig
Telefon: 0341/ 3065173 oder 3065180
Fax: 0341/ 3065179
Mo – Fr 9 – 17 Uhr

Art des Projekts: Tauschring

Projekttyp: gemischtes Projekt, dem Verein Ökolöwe – Umweltbund Leipzig
e. V. angegliedert.

Gründung: 1995

Beschreibung:
Der Batzen-Tauschring Leipzig möchte möglichst viele LeipzigerInnen mit interessanten
Fähigkeiten miteinander in Kontakt bringen und so den Austausch zwischen ihnen
ermöglichen. Für die Tauschringeinheit "Batzen" können Dienstleistungen und Sachen
getauscht werden.
Durch den Batzen-Tauschring Leipzig soll sich nicht nur Nachbarschaftshilfe entwickeln,
sondern er soll auch zum ökonomischen Umdenken anregen: Der Begriff "Arbeit" soll
neu bewertet werden, nämlich als sozial und bedürfnisorientiert. Außerdem bietet der
Batzen-Tauschring die Möglichkeit, alternative Wirtschaftsstrukturen zu testen, den
Umgang mit Geld zu überdenken und eine Diskussion zu Themen wie Geldtheorie und
alternative Ökonomie anzuregen.
Es ist geplant, daß die Tauschringteilnehmer auch ökologische Produkte für "Batzen"
erhalten können, etwa im Bioladen oder als Abonnent/in einer Gemüsekiste vom Biohof.

BEGINE
Kulturzentrum für Frauen

Potsdamer Str. 139, 10783 Berlin-West
Telefon: 030/ 2151414
Büro: Di – Fr 11 – 17 Uhr, Café: täglich 18 – 1 Uhr

Art des Projekts: Frauen-Kulturprojekt, Wohnprojekt

Projekttyp: Frauenprojekt, gemeinnütziger Verein

Gründung: 1986

Beschreibung:
Der Verein zur Entwicklung neuer Lebensqualitäten für Frauen ist Träger des Frauen-
kulturzentrums BEGINE, des dazu gehörenden Cafés und eines Wohnprojekts für

Frauen. Das selbstverwaltete Wohnprojekt befindet sich in einem ehemals besetzten Haus und dort probieren etwa 15 Frauen Formen des Zusammenwohnens aus.

Das Kulturzentrum BEGINE bietet ein monatlich wechselndes Kulturprogramm von und für Frauen an: Tanz, Konzerte, Theater, Kabarett oder Chansonabende. Außerdem finden im Veranstaltungsraum feministische Vortragsreihen und Diskussionen zu wechselnden Themenschwerpunkten, literarische Lesungen und Filmvorführungen statt. Das Frauenkulturzentrum BEGINE will ein Forum sein für Frauen aus dem Stadtteil, für Frauen, die politische oder kulturelle Aktivitäten planen möchten, und für Frauen, die ihre kreativen Ausdrucksformen ausprobieren und entwickeln wollen. Das Café und der Veranstaltungsraum stehen Arbeits- und Selbsthilfegruppen, Berufsverbänden und Vereinen offen. Frauen können hier eigenverantwortlich Workshops, Kurse und Veranstaltungen durchführen.

Bewohnerberatung e. V.

Zietenstr. 55, 28217 Bremen
Telefon: 0421/ 395470
Fax: 0421/ 3967032
9 – 13 Uhr

Art des Projekts:	Mietberatungsstelle, Projektberatung
Projekttyp:	gemischtes Projekt, gemeinnütziger Verein
Gründung:	1981

Beschreibung:
Die Bewohnerberatung e. V. berät und betreut Projekte, die im Bereich von Bauen und Wohnen neue Wege gehen. Die angebotenen Leistungen reichen dabei von der Konzepterarbeitung über die Moderation bis hin zur baulichen und sozialen Betreuung der Durchführung.
Die betreuten Projekte müssen folgende Kriterien erfüllen:
- innovative Ausrichtung
- die Partizipation der Betroffenen bzw. der künftigen BewohnerInnen
- es muß den Zielgruppen möglich sein, sich eigenverantwortlich für ihre Belange zur Sicherung oder Verbesserung ihrer Wohnsituation einzusetzen.
Neben der Projektberatung und -betreuung bietet der Verein auch eine Beratung in Mietrechtsfragen an.

bildwechsel
dachverband für frauen/medien/kultur

Rostockerstr. 25, 20099 Hamburg
Telefon: 040/ 246384
Fax: 040/ 246856
e-mail: bildwechsel@fenestra.comlink.de
Do 13 – 19 Uhr

Art des Projekts: Frauen-Kulturprojekt, Netzwerk

Projekttyp: Frauenprojekt, gemeinnütziger Verein

Gründung: 1979

Beschreibung:
bildwechsel ist ein Dachverband für Frauen/Medien/Kultur und versteht sich als Interessengemeinschaft von Künstlerinnen und Sympathisantinnen internationaler Kunst und Kultur von Frauen. bildwechsel arbeitet projektorientiert. Alle Mitarbeit ist freiwillig und wird von bis zu hundert Frauen – je nach Projekt – ehrenamtlich geleistet. Alle Angebote verstehen sich gleichzeitig als Aufforderung zur Mitarbeit und Kooperation.

Im Dachverband und in den Räumen von bildwechsel finden sich eine Reihe verschiedener und wechselnder Aktionsforen, Initiativen und Archive, wie z. B:
- weltnotiz, ein Veranstaltungsforum mit Ausstellungen, Aktionen Film/Videovorführungen und workshops vor Ort und unterwegs.
- Das künstlerinnenarchiv, Archiv, Bibliothek und Sammlungen für Materialien und Dokumente von und über internationale Künsterinnen aller Epochen.
- Die videokollektion, ein einzigartiges internationales Archiv für Videos, die von Frauen selbst produziert wurden.
- DINA4, eine Kopierschrift für Plagiat und Pseudonym, in der Frauen wiedergeben können, was sie woanders gelesen, gehört oder gesehen haben, ohne sich des Plagiats schuldig zu machen.
- Die infra-datei, eine Datenbank zur Infrastruktur von und für Frauen in Hamburg, aus der auch ein Frauenstadtplan erstellt wurde.
- Die mediendetektei, die bei der Recherche, beim Ausleihen und Beschaffen von Filmen und Videos hilft.
- külex, ein Computer-Lexikon, Bibliographie und Videographie zu internationalen Künstlerinnen.
- 2K, ein Künstlerinnenklub zur gegenseitigen Information, Unterstützung und zum Kennenlernen.

Der döMak Tauschring

Villa Jühling e. V.
Semmelweisstr. 6, 06120 Halle/Saale
Telefon: 0345/ 5511699
Fax: 0345/ 5508598
e@mail: doemak@top.east.de
Mo – Fr 7 – 17 Uhr

Art des Projekts: Tauschring

Projekttyp: gemischtes Projekt, dem gemeinnützigen Verein Villa Jühling e. V. angegliedert

Gründung: 1995

Beschreibung:
Der döMak Tauschring ist ein Projekt der evangelischen Jugendbildungsstätte Villa Jühling e. V. Hier wurde der Tauschring schon seit 1992 hausintern erprobt.
Der döMak Tauschring soll die Möglichkeit bieten, mit geldlosem Tausch und zinslosem Geld – der döMak – praktisch zu experimentieren und so neue Wirtschafts- und Arbeitsformen zu erproben. Der döMak Tauschring versteht sich als eine kritische Anfrage an das bestehende Steuer- und Geldsystem.
Inzwischen sind nicht nur Einzelpersonen und Familien Mitglieder im döMak Tauschring, sondern auch Kneipen, Jugendwerkstatt und Theater. Die döZentrale verrechnet alle Leistungen, die von den Tauschring-Mitgliedern erbracht werden, sie verwaltet deren döMak-Konten und sie sammelt und veröffentlicht die Angebote und Gesuche der TeilnehmerInnen.
Beim döMak Tauschring gibt es eine Regelung, die den Umlauf der döMak sichert und damit das Funktionieren des Tauschrings gewährleistet: An jedem Monatsersten wird vom aktuellen Saldo der Konten, egal ob Schulden oder Guthaben, 1% als Nutzungsgebühr abgezogen. Es wird somit das Zurückhalten der döMak vom "Wirtschaftskreislauf" bestraft. Die Tauschring-Mitglieder sind also bestrebt, ihr Konto immer wieder auszugleichen, d. h. sie nehmen Leistungen in Anspruch oder bringen selbst welche ein.

Die Schraubstelle

Frauen-Fahrrad-Selbsthilfe
Glashüttenstr. 112, 20357 Hamburg
Di und Do 16 – 19.30 Uhr

Art des Projekts: Selbsthilfewerkstatt

Projekttyp: Frauenprojekt, GbR

Gründung: 1988

Beschreibung:
Die Schraubstelle ist eine nicht-kommerzielle Fahrrad-Selbsthilfe-Werkstatt ausschließlich von und für Frauen. Hier können Frauen – ob mit oder ohne Fachwissen – ihr Rad reparieren oder auch ein neues zusammenbauen. Dafür zahlen sie einen Beitrag zu den Kosten, z. B. Miete. Die Schraubstelle-Frauen stellen dazu die Werkstatt, das Werkzeug, eine Ersatzteilsammlung und ihr Wissen zur Verfügung.

Die TauschtaktikerInnen

Tauschring Altona-Nord
Eckernförderstr. 4, 22769 Hamburg
Telefon und Fax: 040/ 8504323
Mi 18 – 19.30 Uhr, Fr 10 – 12 Uhr

Art des Projekts:	Tauschring
Projekttyp:	gemischtes Projekt, GbR
Gründung:	1996

Beschreibung:
Der Tauschring Altona-Nord – die TauschtaktikerInnen – ist eine Selbsthilfeinitiative zur Förderung von Nachbarschaftshilfe und lokaler Ökonomie. Er will Anonymität und Isolation entgegenwirken.
Es handelt sich um ein selbstverwaltetes Projekt, das auf kooperativen Umgangsformen und transparenten Strukturen basiert. Die Tausch-Zentrale bietet einen Informationsservice, durch den alle TauschtaktikerInnen Dienstleistungen und Waren zum gegenseitigen Nutzen zins- und profitfrei austauschen können. Die Tauschring-Währung heißt "Takte".

Die Zeitbörse

Jordanstr. 5, 34117 Kassel
Telefon: 0561/ 7288547
Fax: 0561/ 7288529
Mo 15 – 17 Uhr, Do 17 – 19 Uhr, sonst Anrufbeantworter

Art des Projekts:	Tauschring
Projekttyp:	gemischtes Projekt, dem Verein zur Förderung der Autonomie Behinderter als Projekt-Initiative angegliedert.
Gründung:	1995

Beschreibung:
Ziel der Zeitbörse ist eine gezielte Zusammenarbeit und Koordination. Dadurch sollen die Mitglieder ihre unterschiedlichen Erfahrungen, Fähigkeiten und Fertigkeiten so einsetzen können, daß sie den größten Nutzen für alle bringen, sinnvoll zum Einsatz kommen und jede/r dabei selbst profitiert.

Um das zu erreichen, bietet die Zeitbörse Tauschmöglichkeiten. Die Mitglieder können die Tätigkeiten und Fertigkeiten einbringen, die sie beherrschen und die ihnen Spaß machen, um sie gegen diejenigen Tätigkeiten zu tauschen, die sie nicht beherrschen, die ihnen keinen Spaß machen oder für die sie keine Zeit haben. Waren werden bei der Zeitbörse nicht getauscht.

Damit der Kontakt zwischen den TauschpartnerInnen hergestellt werden kann, gibt die Vermittlungszentrale regelmäßig eine Austauschliste mit den angebotenen Tätigkeiten heraus. Vergütet werden die erbrachten Leistungen mit der Tauschring-Währung "Talent". Dabei entspricht eine Stunde Tätigkeit zwanzig Talenten.

Elstertaler Tauschring

c/o Computerclub Gera
Friedrich-Engels-Str. 14, 07545 Gera
Telefon: 0365/ 8001379
Fax: 0365/ 881561
Mo – Fr 8 – 18 Uhr

Art des Projekts:	Tauschring
Projekttyp:	gemischtes Projekt, dem gemeinnützigen Verein Computerclub Gera e. V. angegliedert
Gründung:	1996

Beschreibung:
Der Elstertaler Tauschring soll die Abhängigkeit der Mitglieder vom Geld verringern, Hilfe zur Selbsthilfe sein und eine aktive Nachbarschaftshilfe sowie den Kontakt der Menschen untereinander fördern.

Der Tauschring ist dem Computerclub Gera e. V. angegliedert, da der Computerclub bereits über die erforderliche technische Ausrüstung und die organisatorischen Strukturen verfügte, um die Zentrale des Elstertaler Tauschrings dort anzusiedeln.

Wichtig ist für den Elstertaler Tauschring auch die Zusammenarbeit mit anderen Organisationen und Einrichtungen, wie Gewerkschaften, Kirchengemeinden, Stadtteilbüros und -initiativen, Vereinen und Verbänden. Zum Teil funktioniert diese Zusammenarbeit bereits, zum Teil ist sie noch in der Planung.

Emscher-Lippe-Tauschring

c/o ISPA Ev. Industrie- und Sozialpfarramt
Weberstr. 77, 45879 Gelsenkirchen
Telefon: 0209/ 1798-321, 1798-320
Fax: 0209/ 1798-329
Mo und Mi 10 -12 Uhr, Di 16 – 18 Uhr, Do 13 – 15 Uhr

Art des Projekts: Tauschring

Projekttyp: gemischtes Projekt, GbR

Gründung: 1996

Beschreibung:
Der Emscher-Lippe-Tauschring organisiert Nachbarschaftshilfe. Grundlage ist der
Gedanke, daß es keinen Menschen gibt, der nichts kann. Die brachliegenden Talente
können im Tauschring-System wiederentdeckt werden. Und sie bringen den Mitgliedern
auch ökonomische Vorteile, denn der selbstbewußte Einsatz von Fähigkeiten und deren
nutzbringende Anwendung jenseits aller Konjunkturlagen ist die Stärke des Tauschrings.
Bei diesem gegenseitigen Geben und Nehmen von Leistungen geht es den Tauschring-
Mitgliedern nicht ums "Geldmachen". Im Vordergrund stehen die Wertschätzung von
Menschen und die Möglichkeit, Kontakte zu knüpfen und das Zusammenleben aktiv
zu gestalten. Der Emscher-Lippe-Tauschring möchte ein Zeichen setzen, daß es auch
ohne Geld gute menschliche Beziehungen gibt.

Erzeuger-Verbraucher-Gemeinschaft Landwege

Kanalstr. 70, 23552 Lübeck
Telefon: 0451/ 73033
Fax: 0451/ 71324
Telefonzeiten: Mo – Fr 8 – 13 Uhr und 15 – 19 Uhr

Art des Projekts: Einkaufsgenossenschaft

Projekttyp: gemischtes Projekt, Verein

Gründung: 1987/1988

Beschreibung:
Die Erzeuger-Verbraucher-Gemeinschaft (EVG) Landwege wurde gegründet von dem
gemeinnützigen Verein Landwege e. V., dessen Ziel es ist, die regionale Vermarktung
von Produkten aus kontrolliert biologischer Landwirtschaft zu fördern – vor allem durch
Direktvermarktung. So werden kurze Wege der Waren zum Verbraucher garantiert und
die Erzeuger haben einen stabilen Absatzmarkt, der es ihnen ermöglicht, wirtschaftlich zu arbeiten.

Die EVG-Landwege ist ein Zusammenschluß von ökologisch wirtschaftenden Bauern und Verbrauchern. Als eigenständiger Verein organisiert, betreibt die EVG-Landwege einen "Hofladen in der Stadt". Angeboten werden dort vorrangig Produkte von über zwanzig Mitgliedsbetrieben aus der Region.
Der Hofladen steht nicht nur den Mitgliedern der EVG-Landwege offen: Nichtmitglieder können die angebotenen Lebensmittel zu den ausgezeichneten Preisen kaufen, während Mitglieder Sonderkonditionen erhalten.

Feminale e. V.

Internationales FrauenFilmFestival
Hansaring 86, 50670 Köln
Telefon: 0221/ 1300225 und 1300251
Fax: 0221/ 1300281
e@mail: httptt.www.dom.de/Feminale
Mo – Fr 10 -17 Uhr

Art des Projekts: Frauen-Kulturprojekt

Projekttyp: Frauenprojekt, gemeinnütziger Verein

Gründung: 1983

Beschreibung:
Der gemeinnützige Verein Feminale e. V. wurde 1983 von Filmwissenschaftlerinnen gegründet. Er ist Träger des FrauenFilmFestivals Köln, des einzigen internationalen FrauenFilmFestivals in der Bundesrepublik mit den neuesten europäischen Produktionen. Das Festival findet alle zwei Jahre statt – zuletzt die 8. Feminale 1996 – und soll ein regelmäßiges Forum sein für das aktuelle Filmschaffen von Regisseurinnen aus Europa.
Gezeigt werden auf dem Festival aktuelle Produktionen, die unter der Regie einer oder mehrerer Frauen entstanden sind und
- traditionelle und stereotype Frauenbilder in Frage stellen
- dem Sexismus in den visuellen Medien entgegenwirken
- Ausdruck der von Frauen geforderten politischen Veränderungen sind
- Utopien von Frauen artikulieren
- formale und inhaltliche Experimente wagen.
Daneben gibt es auf dem FrauenFilmFestival ein Rahmenprogramm und einen Filmmarkt. Zum Rahmenprogramm gehören zum Beispiel Retrospektiven, Installationen, Ausstellungen, Seminare und Podiumsdiskussionen. Der Filmmarkt ist ein Serviceangebot für Fachpublikum aus den Fernsehanstalten, aus den Bereichen Verleih und nichtgewerbliche Abspielstätten.

Neben der regelmäßigen Festivalorganisation ist der Verein Feminale e. V. in verschieden
Bereichen aktiv:
- Zusammenstellung und Präsentation von Auswahlpaketen aus dem Festival-
  programm für Veranstalter aus dem In- und Ausland
- Seminare zur Filmarbeit von Frauen
- Programmberatung und inhaltliche Begleitung
- Informations- und Kontaktstelle
- Konzeption und Durchführung von Fachtagungen
- Veranstaltung von thematisch orientierten Filmreihen.

Feministisches Frauen Gesundheits Zentrum FFGZ e. V.

Fürther Str. 154, 90429 Nürnberg
Telefon: 0911/ 328262
Mo – Do 17 – 19 Uhr

Art des Projekts: feministisches Gesundheitszentrum

Projekttyp: Frauenprojekt, gemeinnütziger Verein

Gründung: 1979

Beschreibung:
Das FFGZ in Nürnberg ist eines von 21 Gesundheitszentren und -beratungsstellen in
19 Städten in der Bundesrepublik, die in einem Dachverband zusammengeschlossen
sind und zur Frauengesundheitsbewegung – einem Teil der Frauenbewegung – gehören.
Es finanziert sich aus Zuschüssen der Stadt Nürnberg und aus Einnahmen durch Kurs-
gebühren.
Die Arbeit des FFGZ basiert auf einem ganzheitlichen Gesundheitsansatz. Außerdem
werden die Probleme und Konflikte der Frauen im gesellschaftlichen Zusammenhang
gesehen.
Die Besucherinnen des FFGZ sind Frauen aller Altersstufen und aus unterschiedlichen
Lebenssituationen, z. B. alleinerziehende Mütter, Frauen in den Wechseljahren, verge-
waltigte Frauen, Mädchen, arbeitslose Frauen. Sie nutzen das Angebot von Wochen-
endseminaren, Abendkursen und Einzelveranstaltungen, nehmen an Selbsthilfegruppen
teil oder kommen zur Beratung ins FFGZ.
Während der Öffnungszeiten stehen den Besucherinnen eine Bibliothek, Informationsmaterial und ein Archiv zur Verfügung. Es besteht die Möglichkeit zum Kaffeetrinken,
zum Fragenstellen und es können Termine für Einzelgespräche vereinbart werden.

FFBIZ

Frauenforschungs-, -bildungs- und -informationszentrum e. V.
Danckelmannstr. 47 (+15), 14059 Berlin-West
Telefon: 030/ 3221035
Fax: 030/ 3221035
Archiv und Bibliothek: Di 14 – 18 Uhr, Do 10 – 13 Uhr, Fr 15 – 20 Uhr

Art des Projekts: Frauen-Kulturprojekt

Projekttyp: Frauenprojekt, gemeinnütziger Verein

Gründung: 1978

Beschreibung:
Das FFBIZ ist eine Einrichtung der Frauenbewegung. Es wurde 1978 als Selbsthilfe-Einrichtung gegründet, und die Mitarbeiterinnen sehen es auch immer noch als solche.
Das FFBIZ fördert die (Weiter-)Bildung von Frauen, die interdisziplinäre Frauenforschung und die Vermittlung von Literatur und Informationen zur Situation der Frau.
Dazu betreibt das FFBIZ ein Archiv, eine Bibliothek und eine Galerie.
Außerdem werden vom FFBIZ historische Stadtrundgänge, Seminare, Kurse, Gesprächskreise und Konferenzen für Frauen veranstaltet und Erfahrungen, Dokumentationen, Arbeitsergebnisse daraus publiziert.
Über Berlin hinaus unterstützt das FFBIZ weltweit vielfältige Aktivitäten zur Durchsetzung von Fraueninteressen.

Food Coop Potsdam

Wall am Kiez 5 – 6, 14467 Potsdam
Di 18 – 19.30 Uhr

Art des Projekts: Einkaufsgenossenschaft

Projekttyp: gemischtes Projekt, GbR

Gründung: 1992

Beschreibung:
Food Coop Potsdam ist eine selbstverwaltete Verbrauchergemeinschaft und hat rund vierzig Mitglieder, die gemeinsam ökologische Produkte von umliegenden Bauern, Gärtnern und Großhändlern einkaufen.
Damit möchten die Mitglieder von Food Coop Potsdam eine gerechte Landwirtschaft unterstützen und der Entfremdung zwischen Stadt und Land entgegenwirken.

Frauen helfen Frauen e. V.

Töpferberg 4, 02763 Zittau
Telefon: 03583/ 510515
Mo – Fr 8 – 15 Uhr

Art des Projekts: Frauenzentrum

Projekttyp: Frauenprojekt, gemeinnütziger Verein

Gründung: 1991

Beschreibung:
Zum Frauenbegegnungs- und -beratungszentrum Frauen helfen Frauen e. V. in Zittau
gehören folgende Projekte:
- das Begegnungszentrum
- ein Mädchencafé als Angebot der offenen Mädchenarbeit
- ein Frauen- und Kinderschutzhaus
- ein Eine-Welt-Laden.
Die Mitfrauen von Frauen helfen Frauen interessieren sich für alternatives Wirtschaften.
Deshalb suchen sie Kontakte und Vernetzung mit anderen Projekten.

Frauenbibliothek MONAliesA

Haus der Demokratie
Bernhard-Göring-Str. 152, 04277 Leipzig
Telefon: 0431/ 3065-260
Fax: 0341/ 3065-260
Di 14 – 18 Uhr, Do 9 – 12 Uhr und nach Vereinbarung

Art des Projekts: Frauen-Kulturprojekt

Projekttyp: Frauenprojekt, dem gemeinnützigen Verein Kunst- und Kultur
                         Centrum für Frauen e. V. (KuKuC) angegliedert.

Gründung: 1990

Beschreibung:
Zwei Ereignisse, die zunächst nichts miteinander zu tun hatten, standen am Beginn
der Frauenbibliothek MONAliesA: Zum einen spendeten Frauen aus dem Westen
Deutschlands aus Sympathie mit der auflebenden Frauenbewegung Ost Bücher; zum
anderen fuhr Susanne Scharff – damals Lehrerin und heute Leiterin der Frauenbibliothek
– zu Freundinnen nach Wien und lernte die dortige Frauenszene kennen. Aus diesen
beiden Ereignissen entwickelte sich dann in der Fraueninitiative Leipzig die Idee zu
einer Frauenbibliothek.

Heute umfaßt MONAliesA ca. 9.000 mädchen- und frauenspezifische Bücher, 300 Zeitschriftentitel, eine einzigartige Sammlung Grauer Literatur (Diplomarbeiten, Dissertationen etc.) und ein Presseausschnittarchiv. Dabei gehört die individuelle Beratung von Frau zu Frau beim Erstellen von Literaturlisten oder bei Recherchearbeiten auch zum Angebot von MONAliesA.

Die Frauenbibliothek ist inzwischen Treffpunkt und Veranstaltungsort: Es gibt belletristische oder thematische Veranstaltungen für Frauen und spezielle Veranstaltungen für Mädchen, zu deren Interessen, Lebensgefühl oder Problemen.

Daneben bietet MONAliesA auch eine Infobörse für Leipzigerinnen und Besucherinnen und ist Herausgeberin des Frauenstadtplans. Mit den im Frauenstadtplan aufgenommenen Adressen wollen die MONAliesA-Frauen über spezielle Frauenorte und über sonstige Orte informieren, die Angebote für Frauen bereitstellen.

Frauengesundheitszentrum e. V.

Badstr. 6, 93059 Regensburg
Telefon: 0941/ 81644
Fax: 0941/ 893473
Di 10 – 13 Uhr und 14 – 17 Uhr, Mi 10 – 13 Uhr, Do 14 – 17 Uhr

Art des Projekts: Feministisches Gesundheitszentrum

Projekttyp: Frauenprojekt, gemeinnütziger Verein, Mitglied im Deutschen Paritätischen Wohlfahrtsverband (DPWV)

Gründung: 1984

Beschreibung:
Das Frauengesundheitszentrum (FGZ) in Regensburg ist ein autonomes und feministisches Frauenprojekt, in dem Frauen aus den Bereichen Pädagogik, Sozialpädagogik und Psychologie zusammenarbeiten. Die Teamfrauen leisten die gesamte Arbeit und Organisation ehrenamtlich.

Die Frauen vom FGZ wollen
- Frauenräume anbieten und bewahren
- ganzheitliche Gesundheitsarbeit von Frauen für Frauen leisten und dabei frauenspezifische Lebensbedingungen und Rollenerwartungen als Ursache für Krankheitsentstehung miteinbeziehen
- gesundheitliche Störungen bereits im Vorfeld erkennen und frühzeitig etwas dagegen tun
- Hilfe zur Selbsthilfe leisten und Selbstheilungsmethoden verbreiten
- den selbstbestimmten und selbstbewußten Umgang von Frauen mit ihrem Körper und ihrer Seele fördern durch die Verbreitung von Wissen über anatomische, physiologische und psychologische Gegebenheiten
- naturheilkundliche Methoden und Verfahren als sanfte Alternativen zu den herkömmlichen Maßnahmen anbieten.

Das FGZ bietet dazu individuelle Beratungen, Vortragsabende, Kurse und Selbsthilfegruppen, sowie eine Leihbibliothek und Informationen über frauenspezifische
Gesundheitsfragen.

Frauengesundheitszentrum
IFF – Information für Frauen e. V.

Alte Eppelheimer Str. 38, 69115 Heidelberg
Telefon: 06221/ 21317
Di u. Mi 10 – 12 Uhr, Do 16 – 18 Uhr und nach Vereinbarung

Art des Projekts: Feministisches Gesundheitszentrum

Projekttyp: Frauenprojekt, gemeinnütziger Verein

Gründung: 1978

Beschreibung:
Das Frauengesundheitszentrum IFF – Information für Frauen ist als Selbsthilfeprojekt
im Kontext der Frauenbewegung entstanden. Es wendet sich mit seinem Veranstaltungs-,
Kurs- und Beratungsangebot an alle Frauen.
Die Frauen vom IFF wollen Frauen auf deren Weg zur ganzheitlichen Gesundheit
unterstützen und zwar durch:
- Aufklärung über den weiblichen Körper und seine Funktionen, besonders auf gy-
  näkologischem Gebiet
- Informationen über ganzheitlich orientierte Heilmethoden bei frauenspezifischen
  Erkrankungen
- Individuelle Beratung und Betreuung von Frauen bei unterschiedlichen Problemen,
  wie z. B. bei körperlichen Beschwerden/ Erkrankungen, vor und nach frauen-
  spezifischen (Krebs-)Operationen oder in Konflikt- und Krisensituationen
- ein möglichst breites Veranstaltungsangebot in Form von Vorträgen, (Selbsterfah-
  rungs-)Gruppen, Seminaren und Workshops.
Die Frauen sollen Zeit und Raum haben, sich selbst und andere Frauen kennenzulernen, sich auszutauschen und gegenseitig zu unterstützen.
Außerdem können interessierte Frauen zu den unterschiedlichsten Gesundheitsthemen
Bücher ausleihen.

FrauenGesundheitszentrum "Ringelblume" e. V.

Lindenstr. 53, 14467 Potsdam
Telefon: 0331/ 2800687
Di 9- 12 Uhr, Do 9 – 12 und 17 – 19 Uhr

Art des Projekts:	feministisches Gesundheitszentrum
Projekttyp:	Frauenprojekt, gemeinnütziger Verein
Gründung:	1991

Beschreibung:
Wie bei anderen feministischen Gesundheitszentren steht auch beim FrauenGesundheitsZentrum "Ringelblume" die Beratung und Information von Frauen und Mädchen zu frauenspezifischen Gesundheitsfragen im Vordergrund. Es werden alternative Behandlungsmöglichkeiten aufgezeigt. Das FrauenGesundheitsZentrum möchte die ratsuchenden Frauen in ihrer individuellen Situation unterstützen, wobei neben körperlichen fast immer auch soziale, seelische und Umweltfaktoren von Bedeutung sind. Außerdem möchte das FrauenGesundheitsZentrum "Ringelblume" die Frauen zu natürlichen Heilungsmethoden und damit zu größerer Eigenverantwortlichkeit für ihren Körper ermutigen. Dazu werden Beratungen, Informationsveranstaltungen und eine ganze Reihe von Kursen angeboten.

FrauenKulturHaus Köln e. V.

Niedrichstr. 6, 50668 Köln
Telefon: 0221/ 138727
Fax: 0221/ 1390194
Di, Mi, Do 10.30 – 13 Uhr, Do 15 – 18 Uhr

Art des Projekts:	Frauen-Kulturprojekt
Projekttyp:	Frauenprojekt, Verein
Gründung:	k. A.

Beschreibung:
Im FrauenKulturHaus Köln e. V. haben sich Künstlerinnen verschiedener Sparten, Kulturorganisatorinnen und kulturinteressierte Frauen zusammengeschlossen, um die Kölner FrauenKultur zu beleben.
Der Verein verfügt noch nicht über ein eigenes FrauenKulturHaus. Doch die Frauen haben begonnen, ihre Vorstellungen von einer lebendigen FrauenKultur an verschiedenen Orten in und um Köln umzusetzen. Sie suchen sich dafür Orte, an denen ihre Ideen mitgetragen werden. Dort gibt der Verein Künstlerinnen aus Köln und anderen Städten die Möglichkeit, sich und ihre Produktionen vorzustellen.
Um dem Bedarf an Kulturveranstaltungen von, für und mit Frauen Rechnung zu tragen, plant und organisiert der Verein FrauenKulturHaus Konzerte, Theater-, Tanz- und Kabarettaufführungen, Performances, Ausstellungen, Filmvorführungen, Feste und vieles mehr.

An der Realisierung des FrauenKulturHauses arbeiten die Vereinsfrauen, indem sie Kontakte zu Menschen aufbauen, die ihr Anliegen unterstützen. Sie versuchen, ihr Anliegen mit Nachdruck in die Öffentlichkeit zu tragen. Außerdem sind sie auf der Suche nach einem geeigneten Haus und entwickeln Finanzierungsmöglichkeiten für das Projekt FrauenKulturHaus.

Einen weiteren Schwerpunkt der Aktivitäten des Vereins FrauenKulturHaus bildet die Vernetzung von Künstlerinnen und KulturorganisatorInnen. Die Vereinsfrauen möchten sowohl den kreativen Austausch, als auch die Arbeitsbedingungen von Künstlerinnen verbessern. Und sie wollen über die Grenzen Kölns hinaus Kontakte zu KulturorganisatorInnen vermitteln.

Frauenmusikzentrum e. V.

Große Brunnenstr. 63a, 22763 Hamburg
Telefon: 040/ 392731
Fax: 040/ 392731
Mo, Di, Mi 10 – 12 Uhr, Do 16 – 18 Uhr

Art des Projekts: Frauen-Kulturprojekt

Projekttyp: Frauenprojekt, gemeinnütziger Verein

Gründung: 1987

Beschreibung:
Das Frauenmusikzentrum (FMZ) ist seit 1987 *der* Treffpunkt für musizierende und musikinteressierte Frauen in Hamburg. Unter dem Dach des FMZ befinden sich drei Proberäume, drei Übezellen und ein Veranstaltungsraum mit Bühne. Mehrere Räume sind für Rollstuhlfahrerinnen befahrbar.
Neben vielfältigen Veranstaltungen, wie z. B. Konzerte, Workshops und Vorträge, vermittelt das FMZ auch Unterricht und Bands. Außerdem befindet sich im FMZ ein internationales Archiv mit dem Schwerpunkt "Frauen in der Popularmusik". Hier werden die Aktivitäten des Frauenmusikzentrums dokumentiert und vielfältiges Material gesammelt: Tonträger, Videos, umfangreiche Literatur zum Thema "Frau und Musik", Noten, "graue" Literatur (Examensarbeiten, Forschungsberichte etc.), Artikel und Zeitschriften. Für Frauen, die an Kontakten und Vernetzung interessiert sind, bietet das FMZ Adressen, Informationen und eine Bandkartei für Deutschland und Ausland.
Sonntags findet das Café "Ohrenschmaus" statt (15 – 19 Uhr). Dort kann sich jede Interessierte bei Kaffee, Kuchen und Live-Musik über das Projekt informieren.

Frauenzentrum Regensburg e. V.

Prüfeninger Str. 32, 93049 Regensburg
Telefon: 0941/ 24259
Mo 19 – 21 Uhr, Di, Fr und So abends

Art des Projekts: Frauenzentrum

Projekttyp: Frauenprojekt, gemeinnütziger Verein

Gründung: 1977

Beschreibung:
Das Regensburger autonome Frauenzentrum arbeitet unabhängig von Institutionen, Verbänden und Gruppen der etablierten Gesellschaft. Es finanziert sich nur durch Mitfrauenbeiträge, Spenden und Veranstaltungserlöse.
Im Frauenzentrum e. V. sind Frauen und Lesben aus verschiedenen Gesellschaftsschichten und Kulturen vertreten. Sie setzen sich ein für ein selbstbestimmtes Leben von Mädchen, Frauen und Lesben, für ein Leben ohne Sexismus, Rassismus, Diskriminierung und patriarchale Herrschaftsstrukturen.
Deshalb soll das Frauenzentrum ein Treffpunkt sein für interessierte, neugierige und engagierte Frauen, um über Feminismus zu reden und das Bewußtsein für Frauen unter Frauen zu stärken. Interessierte können in bestehenden Projekten oder Gruppen mitarbeiten, an den Aktivitäten des Frauenzentrums teilnehmen oder eigene, frauenbezogene Projektideen verwirklichen.

Frauenzentrum Schokoladenfabrik e. V.

Naunynstr. 72, 10997 Berlin-West
Telefon: 030/ 6152999
Fax: 030/ 6152999
Büro: Mo – Do 10 – 14 Uhr, Zentrum: 10 – 22 Uhr

Art des Projekts: Frauenzentrum

Projekttyp: Frauenprojekt, gemeinnütziger Verein

Gründung: 1981

Beschreibung:
Die Schokoladenfabrik ist ein Zentrum für Frauen und Mädchen aller Nationalitäten. Die Schwerpunkte der Arbeit sind Bildung und Beratung für Frauen und Mädchen aus der Türkei, Sport und Tanz, Handwerk, Mädchenarbeit und feministische Politik und Bildung.

Zum Frauenzentrum gehören: Der Bereich "Schokosport", ein Schülerinnenladen, eine Werkstatt mit handwerklichen Kurs- und Selbsthilfeangeboten, ein Café mit kulturellen Veranstaltungen und ein türkisches Bad.
Ein wesentlicher Bestandteil des Vereins Frauenzentrum Schokoladenfabrik e. V. ist der Treffpunkt Bildung und Beratung für Frauen und Mädchen aus der Türkei. Neben Deutschkursen gibt es dort ein ständiges Angebot an:
- Beratung und Betreuung in Gesundheits-, Sozial- und Rechtsfragen
- Unterstützung bei Bewerbungen, Berufsinformation und Hilfe bei der Vermittlung von Schul- und Ausbildungsplätzen
- Nachhilfe- und Hausaufgabenbetreuung
- offenen Frauen- und Mädchengruppen.
Der Verein Frauenzentrum Schokoladenfabrik e. V. wird von der Senatsverwaltung für Arbeit, Berufliche Bildung und Frauen gefördert.

fundraising HALLO ARBEIT! e. V.

c/o ASH, Heinrich-Baumann-Str. 17, 70190 Stuttgart
Telefon: 0711/ 281405
Fax: 0711/ 282945
täglich 9 – 17 Uhr

Art des Projekts:	Tauschring
Projekttyp:	gemischtes Projekt, gemeinnütziger Verein
Gründung:	1995

Beschreibung:
Das Besondere an *fundraising* HALLO ARBEIT! e. V. ist der Zusammenschluß von mehreren verschiedenen Trägern der Hilfen zur Arbeit sowie engagierten Privatpersonen mit dem Ziel, einer Ausgrenzung von Arbeitslosen entgegenzuwirken. *fundraising* HALLO ARBEIT! e. V. möchte zu einer neuen Kultur des Gebens und Nehmens in der Gesellschaft beitragen, indem Begegnungsmöglichkeiten geschaffen werden zwischen allen gesellschaftlichen Gruppen. Auf diese Weise möchte der Verein der Ausgrenzung arbeitsloser Menschen entgegenwirken. Neue Ideen "von unten" sollen entstehen können zum Umgang mit Erwerbslosigkeit und deren Bewältigung.
Der Verein unterstützt auf dem Arbeitsmarkt schwer vermittelbare Menschen (Langzeitarbeitslose, Behinderte, gesellschaftlich Ausgegrenzte etc.) darin, eine Perspektive gesellschaftlicher Arbeit für sich selbst zu eröffnen und damit ihre Selbstachtung und Menschenwürde zu bewahren bzw. wiederzuerlangen.
Zu dem Verein gehört seit Beginn 1996 der Waren- und Dienstleistungstauschring HALLO Arbeit!, bei dem jede/r mitmachen kann. Die Verrechnungseinheit heißt "Talente". Angebote und Nachfragen veröffentlicht HALLO ARBEIT! in der monatlich erscheinenden Tauschringzeitung.

GlonnTaler Tauschring

Herrmannsdorf 11, 85625 Glonn
Telefon: 08093/ 5615
Fax: 08093/ 5351

Art des Projekts: Tauschring

Projekttyp: gemischtes Projekt, GbR

Gründung: 1996

Beschreibung:
Der GlonnTaler Tauschring möchte Menschen aus der Region um Niederseeon und
Herrmannsdorf miteinander in Kontakt bringen und so den indirekten Waren- und
Dienstleistungstausch zwischen ihnen ermöglichen. Als Verrechnungseinheit dient der
Glonntaler.
Der Glonntaler soll nicht Bargeldersatz sein, sondern eine Ergänzung zum bestehenden
Geldsystem darstellen. Dabei ist es den Tauschring-InitiatorInnen wichtig, daß der
Glonntaler eine Verrechnungseinheit ohne Eigenwert ist. Das heißt: Er entsteht nur,
wenn Menschen im wirtschaftlichen Austausch miteinander stehen, und man kann mit
dem Glonntaler nicht spekulieren oder sich bereichern.

GOLDRAUSCH
Frauennetzwerk Berlin e. V.

Potsdamer Str. 139, 10783 Berlin-West
Telefon: 030/ 2157554
Mo, Fr 10 – 14.30 Uhr, Mi 16 – 19 Uhr

Art des Projekts: Frauennetzwerk

Projekttyp: Frauenprojekt, Verein

Gründung: 1982

Beschreibung:
GOLDRAUSCH ist ein autonomes feministisches Finanzierungsnetzwerk, das mit
Spenden und Mitgliedsbeiträgen Berliner Frauenprojekte und -betriebe unterstützt. So
soll ein feministischer Geldkreislauf initiiert und verstärkt werden.
Bislang wurden über 300 Frauenprojekte und -betriebe durch zinslose Kredite oder
Zuschüsse mit über 1,3 Millionen DM gefördert. Die Frauenprojekte und -initiativen
können die Finanzierung politischer, sozialer und künstlerischer Vorhaben bei GOLD-
RAUSCH beantragen. Existenzgründerinnen und bestehende Frauenbetriebe können

durch günstige Darlehen gefördert werden. Entscheidungsgremium ist der Beirat des Vereins, der – ebenso wie der Vorstand – jährlich in der Mitfrauenversammlung gewählt wird. Die Sitzungen des Beirats sind öffentlich, und der Beirat ist in seinen Entscheidungen an die Satzung des Vereins und an die Förderrichtlinien gebunden.
Zum Angebot von Goldrausch gehört auch die betriebswirtschaftliche Beratung, damit sich die Situation eines Unternehmens stabilisiert bzw. eine Existenzgründung auf solider Basis erfolgen kann.
GOLDRAUSCH gibt monatlich die Zeitschrift BLATTGOLD heraus. Die Zeitschrift enthält aktuelle Beiträge und Artikel zu sozialen, ökonomischen und kulturellen Themen und einen Programmteil mit Informationen und Terminen von Veranstaltungen.

Hagazussa e. V.
Feministisches Frauengesundheitszentrum

Roonstr. 92, 50674 Köln
Telefon: 0221/ 234047
Mo und Do 16 – 19 Uhr, Di 10 – 12 Uhr

Art des Projekts: feministisches Gesundheitszentrum

Projekttyp: Frauenprojekt, gemeinnütziger Verein

Gründung: 1983

Beschreibung:
Grundgedanke der Arbeit von Hagazussa e. V. ist ein ganzheitlicher Gesundheitsansatz. Die Hagazussa-Mitfrauen sehen Krankheit als die individuelle Reaktion einer FrauLesbe auf gesellschaftliche Lebensbedingungen und Unterdrückung.
Ziel der Arbeit ist es, FrauenLesben darin zu bestärken, ihre körperlichen Signale ernster zu nehmen, sie verstehen zu lernen, in einen gesellschaftlichen und privaten Kontext zu bringen und individuell zu verändern.
Auf der anderen Seite will Hagazussa e. V. den gesellschaftlichen Kontext durchleuchten und frauenparteilich Zeichen setzen.
Im Frauengesundheitszentrum entwickelt sich zur Zeit ein Lesbengesundheitsprojekt – ein Raum, in dem Lesben sich mit ihrem Körper, ihrer Gesundheit und ihren Krankheiten auf dem Hintergrund ihrer lesbischen Identität auseinandersetzen können.
Die Angebote von Hagazussa e. V. umfassen Beratungen, Veranstaltungen und Kurse zu frauen/lesbenspezifischen Themen. Außerdem kann frau eine FrauenärztInnenkartei und eine Selbsthilfekartei einsehen und eine Bibliothek und ein Archiv mit gesundheitlichen Themen nutzen.

Hallo Wiehre Nachbar*In

c/o Michaela Lüther
Prinz-Eugen-Str. 32, 79102 Freiburg
Telefon: 0761/ 709233

Art des Projekts:	Tauschring
Projekttyp:	gemischtes Projekt, GbR, die mit einem gewerblichen Betrieb eng verbunden ist
Gründung:	1996

Beschreibung:
Der Tauschring Hallo Wiehre Nachbar*In möchte ein Nachbarschaftsnetzwerk sein für den Freiburger Stadtteil Wiehre. In diesem Nachbarschaftsnetzwerk soll durch mehr Mitmenschlichkeit eine sozialere Lebensqualität entstehen.
Außerdem ist Hallo Wiehre Nachbar*In auch eine Stadtteilzeitung, in der neben den Tauschangeboten und -gesuchen auch Termine und Informationen für den Stadtteil Wiehre veröffentlicht werden.

Haus der Eigenarbeit

Wörthstr. 42, 81667 München
Telefon: 089/ 4480623
Di – Fr 14 – 21 Uhr, Sa 10 – 18 Uhr

Art des Projets:	Projekt für Eigenarbeit
Projekttyp:	gemischtes Projekt, Projekt des gemeinnützigen Vereins zur Förderung von Eigenarbeit e. V.
Gründung:	1987

Beschreibung:
Das Haus der Eigenarbeit wurde als Modellprojekt der gemeinnützigen Forschungsgesellschaft anstiftung gegründet und wissenschaftlich begleitet, um die Idee von selbstbestimmter Arbeit jenseits der Erwerbsarbeit zu erproben.
Im Haus der Eigenarbeit können Menschen ihre handwerklichen Fähigkeiten erproben, etwa in den Bereichen Holz, Metall, Keramik, Papier, Schmuck, Textil, Polstern oder Steineschleifen. Sie können kulturell tätig werden, Musik machen, Tanzen, Theater spielen, und sie können bei verschiedenen Treffs, Eltern-Kind-Gruppen oder Feiern neue soziale Kontakte knüpfen.
Dafür stellt das Haus der Eigenarbeit den NutzerInnen Räume und Werkstätten zur Verfügung, die professionell ausgestattet sind. Bei Bedarf können die NutzerInnen

fachliche Beratung bekommen oder sie können an Kursen der verschiedenen Angebotsbereiche teilnehmen. Außerdem gibt es verschiedene Gesprächs- und Arbeitskreise und das Schrottcafé.

Die Nutzungsgebühren für Werkplätze, große Maschinen, Räume und Kurse sind sozial gestaffelt.

Haus der Gastfreundschaft

Alte Dorfstr. 6, 19370 Dargelütz

Art des Projekts: Selbstversorgungsgemeinschaft

Projekttyp: gemischtes Projekt, GbR

Gründung: 1994

Beschreibung:
Das Haus der Gastfreundschaft ist das erste seßhafte Projekt der "Bewegung der Menschen, die mit anderen nur Geschenke austauschen". Diejenigen, die dort leben, versuchen, möglichst bedingungslos mit Bedürftigen zu teilen. Sie leben ohne Geld: von Resten (z. B. von Märkten, Läden), Geschenken und Selbstversorgung.

Die Menschen der "Bewegung, die mit anderen nur Geschenke austauscht" möchten außerhalb des staatlichen Systems Lebensgrundlagen aufbauen. Den Staat lehnen sie als Herrschaftssystem ab, weil von ihm "unmoralische Gesetze mit Gewalt durchgesetzt werden", was mit dem Ziel des gewaltfreien Teilens unvereinbar ist. Sie glauben, daß mensch nur in Befolgung des Gewissens durch ein insgesamt verantwortliches Leben innerlich glücklich wird und daß dafür der Verzicht auf äußeren Durchsetzungskampf (Gewalt, Konkurrenz) grundlegend ist.

Hilfe auf Gegenseitigkeit
Seniorengenossenschaft Birkach-Plieningen

Schönbergstr. 11, 70599 Stuttgart
Telefon: 0711/ 474275
Büro: Alte Dorfstr. 29 in Birkach
Mo, Mi, Do 18 – 19.30 Uhr

Art des Projekts: Seniorengemeinschaft

Projekttyp: gemischtes Projekt, gemeinnütziger Verein

Gründung: 1993

Beschreibung:
Die Stuttgarter Seniorengenossenschaft Hilfe auf Gegenseitigkeit bietet älteren Menschen Hilfen im Alltag, damit sie möglichst lange in ihrer Wohnung bleiben können. Die Arbeit basiert auf dem Prinzip der "Hilfe auf Gegenseitigkeit". Das heißt, wer aktiv mitarbeitet, hat Anspruch auf Hilfe, wenn er sie selbst benötigt.
Entstanden ist die Seniorengenossenschaft aus der Alzheimer-Initiative Stuttgart. Diese Gruppe gründete sich 1991, um den Angehörigen von Alzheimer- und Demenzkranken die Möglichkeit zu geben, "mal zu verschnaufen". Im Laufe der Zeit erweiterte sich das Aufgabenspektrum durch den Aufbau einer Vermittlung nachbarschaftlicher Hilfe. Nach dem Ausscheiden der Alzheimer-Betreuungsgruppe aus dem Verein 1994 konzentriert sich die Arbeit der Hilfe auf Gegenseitigkeit vorrangig auf die wechselseitige Hilfe der Mitglieder.
Das Büro der Seniorengenossenschaft vermittelt Hilfeleistungen wie Besuchsdienste, Fahrdienste, Spazierengehen, Hilfe bei schriftlichen Angelegenheiten, Begleitung zu Veranstaltungen oder Ärzten, Kinderbetreuung, Einkaufen, Unterstützung im Haushalt und kleinere handwerkliche Tätigkeiten.
Das Projekt beruht auf dem Prinzip der Gegenseitigkeit. Mitglieder des Vereins erhalten für die Leistung, die sie erbringen, eine Art Vergütung: Pro halbe Stunde, die sie helfen, erhalten sie auf einem Zeitkonto einen Punkt gutgeschrieben. Wenn die Mitglieder dann selbst die Hilfe der Genossenschaft benötigen, bezahlen sie die Leistungen mit ihren Zeitpunkten. Diejenigen, die keine Zeitpunkte haben, bezahlen für die Hilfe – je nach Aufwand – 8 bis 16 DM an die Genossenschaft.

HUT e. V.

Henriettenstr. 5, 09112 Chemnitz
Telefon: 0371/ 304470
Fax: 0371/ 304470
e@mail: GRUENE.LIGA@grliga-c.cl.sub.de
Mo 18 -19 Uhr; jeden 1. Montag im Monat Tauschmarkt

Art des Projekts: Tauschring

Projekttyp: gemischtes Projekt, Verein

Gründung: 1996

Beschreibung:
Im Tauschring HUT e. V. kann jede/r, die/ der mitarbeiten möchte, Güter und Dienstleistungen tauschen. Die Verrechnungseinheit des Tauschrings heißt "Ratschlag" und orientiert sich an Zeiteinheiten. Empfohlen wird: Zehn Ratschläge für eine Arbeitsstunde.
Jede TauschringteilnehmerIn bekommt ein Scheckheft und kann mit den Schecks die erhaltenen Leistungen bezahlen. HUT e. V. schreibt dann den entsprechenden Betrag

an Ratschlägen auf dem Tauschring-Konto der EmpfängerIn gut, und vom Konto der ScheckausstellerIn wird der Betrag abgezogen. Auf diese Weise organisiert HUT e. V. indirekte Nachbarschaftshilfe. Und die Tauschring-TeilnehmerInnen bekommen neue Kontakte zu anderen Menschen. Für die Verwaltungsarbeiten und das Erstellen der Angebotsliste zieht HUT e. V. von jeder Gutschrift 1% der Ratschläge ab.

Interkulturelles Frauenzentrum S.U.S.I.

Linienstr. 138, 10115 Berlin-Ost
Telefon: 030/ 2826627
Fax: 030/ 2826627
Mo, Di, Do, Fr 10 -18 Uhr, Mi 14 – 18 Uhr

Art des Projekts: Migrantinnenprojekt

Projekttyp: Frauenprojekt, dem Verein für eine kulturvolle, solidarische Welt e. V. angegliedert.

Gründung: 1990

Beschreibung:
Die Arbeit im Frauenzentrum S.U.S.I. verteilt sich auf drei große Themenbereiche:
1. Die interkulturelle Arbeit: Dazu erscheint monatlich ein Veranstaltungsprogramm, in dem die Veranstaltungen des Zentrums in verschiedenen Sprachen angekündigt werden. Das können Ausstellungseröffnungen sein, Literaturlesungen, Video-diskussionen, Runde-Tisch-Gespräche zu aktuellen frauenpolitischen Themen oder auch internationale Kochabende, Liederabende etc.
2. Der Bildungsbereich: Hier werden Sprachkurse durchgeführt, sowie Computerkurse z. B. auf Deutsch, Spanisch, Vietnamesisch – je nach Bedarf der Nutzerinnen.
3. Die soziale Betreuung: Die Mitarbeiterinnen des Frauenzentrums begleiten Nutze-rinnen bei Ämter- und Behördengängen ebenso wie z. B. bei der Wohnungssuche. Außerdem übersetzen sie für die Nutzerinnen wichtige Dokumente etc.
In den Räumen des Frauenzentrums S.U.S.I. befindet sich auch eine Bibliothek mit verschiedensprachigen Büchern. Das Zentrum ist Treffpunkt für zahlreiche deutsche und nichtdeutsche Selbsthilfegruppen.
So wie zu den Nutzerinnen Frauen aus aller Welt gehören, ist auch das Team international zusammengesetzt. Die Mitarbeiterinnen sprechen zwölf Sprachen: Armenisch, Eng-lisch, Französisch, Italienisch, Mongolisch, Persisch, Polnisch, Russisch, Spanisch, Ukrainisch, Vietnamesisch und Deutsch.

Internationale Frauenwerkstatt Saheli e. V.

Friedrichstr. 49, 24837 Schleswig
Telefon: 04621/ 32718
Mo 14 – 17 Uhr, Di 9 – 17 Uhr, Mi 10 – 12 und 14 – 17 Uhr,
Do 10 – 12 und 15 – 17 Uhr

Art des Projekts: Migrantinnenprojekt

Projekttyp: Frauenprojekt, gemeinnütziger Verein

Gründung: 1993

Beschreibung:
Als Begegnungsstätte für ausländische und deutsche Frauen möchte die Internationale Frauenwerkstatt Saheli e. V. Kontakte herstellen und sich für die multikulturelle Gesellschaft einsetzen. Die Frauen sollen sich kennen und verstehen lernen, gemeinsam lernen, arbeiten und Spaß haben, sich gegenseitig unterstützen und inspirieren. Saheli e. V. will ausländische Frauen unterstützen, die vor Hunger oder Krieg geflohen sind, in ihrer Heimat wegen ihres Glaubens, ihrer politischen Einstellung oder ihres Geschlechts verfolgt wurden, ihre Kinder vor Bedrohung retten wollten oder das Flüchtlingsschicksal ihrer Männer teilen.
Um der Isolation entgegenzuwirken, steht die Internationale Frauenwerkstatt Saheli e. V. den ausländischen Frauen für Deutschkurse, Alphabetisierung und kreative textile Arbeit in der Werkstatt zur Verfügung. Die Teestube dient ebenso wie die Werkstatt als Treffpunkt – auch für deutsche Frauen.
Das Angebot umfaßt außerdem eine Beratung für den Umgang mit Ämtern und Institutionen, Begleitung bei Behördengängen und Arztbesuchen sowie Hilfe bei der Bildung von Fahrgemeinschaften. Einmal im Monat findet für die ausländischen Frauen eine Gesundheitsberatung statt. Verschiedene Einzelveranstaltungen wie Ausstellungen, Filmvorführungen, Ausflüge oder Feste bieten weitere Möglichkeiten zum gegenseitigen Kennenlernen und Verstehen.
Dabei setzt Saheli e. V. auch auf die Initiative und Mithilfe interessierter Frauen: Frau kann z. B. die "Patenschaft" für eine ausländische Frau übernehmen und deren Ansprechpartnerin werden, sich für Fahrgemeinschaften zur Verfügung stellen, Material für die Textilarbeit sammeln und Produkte der Frauenwerkstatt kaufen, bei Veranstaltungen oder Festen helfen oder sich für die Vorträge und kulturellen Veranstaltungen interessieren.

KAKTUS e. V.

Kultur, Austausch, Kreativ-Treff und Selbsthilfe für Frauen
Am Bückerbach 54, 40591 Düsseldorf
Telefon: 0211/ 751602
Fax: 0211/ 751602
Mi und Do 9.30 – 11.30 Uhr im Evangelischen Jugendhaus in Wersten

Art des Projekts: Frauen-Kulturprojekt

Projekttyp: Frauenprojekt, gemeinnütziger Verein

Gründung: 1990

Beschreibung:
Das Projekt KAKTUS e. V. wurde gegründet von Frauen, die mit den sozialen Bedingungen unzufrieden waren und sich in der Gesellschaft isoliert fühlten. Das Konzept wurde von den Frauen selbst erarbeitet. KAKTUS e. V. arbeitet als offener Treff für Frauen im Düsseldorfer Süden. Dabei ist es den Frauen von Kaktus e. V. wichtig, daß sie flexibel sind in der Programmgestaltung und oft neue Ideen ausprobieren können, die von den Mitfrauen und Besucherinnen eingebracht werden.
Zum Programm zählen kulturelle Aktivitäten und Selbsthilfe zu frauenspezifischen Problemen, z. B. durch Vorträge, Kurse, politische Veranstaltungen oder Exkursionen, zu denen jeweils Fachfrauen engagiert werden.
Ziel von KAKTUS e. V. ist es, Frauenbewußtsein zu schaffen, kreative Fähigkeiten zu erwerben und weiterzugeben, Wege aus der Isolation zu zeigen, den Frauen Mut zur Eigenverantwortung zu machen und Möglichkeiten zur Selbsthilfe aufzuzeigen.

Kommune Niederkaufungen

Kirchweg 1, 34260 Kaufungen
Telefon: 05605/ 8007-0
Fax: 05605/ 8007-40
Telefonzeiten: werktags 9- 13 Uhr und 14 – 18 Uhr

Art des Projekts: Selbstversorgungs- und Produktivgenossenschaft

Projekttyp: gemischtes Projekt, zu dem ein Verein, ein gemeinnütziger Verein und mehrere gewerbliche Betriebe mit eigenständiger Organisationsform gehören

Gründung: 1986

Beschreibung:
In einem größeren Gebäudekomplex im Ortskern von Niederkaufungen leben in einer Kommune 51 Erwachsene und 17 Kinder zusammen.

Die Kommune Niederkaufungen versteht sich als linke undogmatische Gruppe. Die Gesamtgruppe orientiert sich weder an einer spezifischen Kommunetradition noch an Spiritualität.

Die Grundlagen für das Zusammenleben in der Kommune Niederkaufungen sind: gemeinsame Ökonomie, Konsensentscheidung auf allen Ebenen, linkes Politikverständnis und Abbau kleinfamiliärer Strukturen und geschlechtsspezifischer Machtstrukturen.

Die KommunardInnen wohnen in Wohngruppen und nehmen die Mahlzeiten gemeinsam ein. Einmal in der Woche treffen sich alle zum Plenum.

Im Laufe der Jahre wurde ein vielfältiges Spektrum von Arbeitsplätzen und Kollektiven aufgebaut:
-   eine Kindertagesstätte, die auch Kinder aus der Umgebung aufnimmt
-   die Arbeitsbereiche Gemüsebau (Biolandbetrieb) und Viehhaltung
-   ein Tagungshaus, in dem Seminare, Bildungsurlaube, Veranstaltungen und Kulturelles stattfinden. Das Tagungshaus wird auch an externe Gruppen vermietet.
-   der Arbeitsbereich Ernährung, der die Kommune und die Gruppen im Tagungshaus mit Vollwertkost verpflegt und auch Aufträge annimmt
-   das Baukollektiv Komm-Bau GmbH, das sowohl Fremdaufträge als auch die Baumaßnahmen der Kommune durchführt
-   eine Schreinerei, eine Schlosserei und eine Näh- und Lederwerkstatt
-   ein Architekturbüro, das die Bauplanung der Kommune macht und auch Fremdaufträge annimmt
-   eine Computer-Satz-Manufaktur
-   die Verwaltung der Kommune, die sich um das Kapital, die laufenden Finanzen und die Hausverwaltung kümmert und verwaltungstechnische Dienste für die Kommune, die Betriebe und Vereine übernimmt.

Dabei ist es den KommunardInnen wichtig, ökologisch und sozial verträgliche Produkte und Dienstleistungen anzubieten.

Die Kommune Niederkaufungen konnte auf ihrem Gelände inzwischen einige ökologisch sinnvolle Maßnahmen umsetzen: die Gebäude wurden nach baubiologischen Gesichtspunkten renoviert und gedämmt, ein Blockheizkraftwerk und eine Industrieholzanlage wurden installiert und Regenwassersammelanlagen eingebaut.

Konstanzer KrötenMarkt

Eichbühlstr. 26, 78467 Konstanz
Telefon: 07531/ 76500
Fax: 07531/ 76500
e@mail: Kim.Mueller@t-online.de
8 – 18 Uhr

Art des Projekts: Tauschring

Projekttyp: gemischtes Projekt, Verein, Gemeinnützigkeit beantragt

Gründung: 1996

Beschreibung:
Der Konstanzer KrötenMarkt ist eine nicht-gewinnorientierte, basisdemokratische Vereinigung zur selbstorganisierten Nachbarschaftshilfe, d. h. zum bargeldlosen, regionalen Austausch von Talenten/ Dienstleistungen und Gütern auf der Basis von Eigeninitiative und Eigenverantwortung.

Der Tauschring Konstanzer KrötenMarkt versteht sich als
- Gegenbewegung zum aktuell stattfindenden Prozeß der zunehmenden Anonymisierung und falsch verstandenen Individualisierung. Statt dessen möchte er ein Beziehungsnetz von zwischenmenschlichen Kontakten aufbauen und damit eine Solidargemeinschaft begründen, die ein humaneres Miteinander pflegt.
- Alternative zur ständig wachsenden Überbewertung von Geld, die verbunden ist mit einer sozial und ökologisch verheerenden Konsum- und Kommerzorientierung. Der Tauschring möchte alternative Lebensformen aufzeigen, die – ganz im Sinne der Ökologie – den Menschen und die Natur in den Mittelpunkt stellen und Erfolg und Zufriedenheit nicht nur mit der Latte materieller Güter messen.

Kreuzberger Tauschring

Urbanstr. 21, 10961 Berlin-West
Telefon: 030/ 6922351
Fax: 030/ 69040467
Mo 17 – 19 Uhr, Mi 18 – 20 Uhr

Art des Projekts: Tauschring

Projekttyp: gemischtes Projekt, GbR

Gründung: 1995

Beschreibung:
Praktischer und inhaltlicher Schwerpunkt ist für den Kreuzberger Tauschring die Nachbarschaftshilfe. Es entstehen Kontakte zwischen unterschiedlichen sozialen Gruppen und Altersgruppen. Darüber hinaus ist der Tauschring eine ökonomische Hilfe für Menschen mit geringem Einkommen. Sie können sich durch den Tauschring mit Waren und Dienstleistungen versorgen, die sie sich sonst nicht leisten könnten.
Die Tauschangebote und -gesuche werden im "Straßenkreuzer", der Zeitung des Kreuzberger Tauschrings, veröffentlicht. Außerdem finden regelmäßig Tauschbörsen statt, auf denen sich die Interessierten kennenlernen und direkt tauschen können.
Bezahlt wird mit Kreuzern, der Verrechnungseinheit des Kreuzberger Tauschrings. Der Kreuzer drückt das Versprechen aus, innerhalb des Tauschrings eigene Fähigkeiten und Waren einzubringen oder von anderen in Anspruch zu nehmen. Dabei kann der "Preis"

zwischen den TauschpartnerInnen frei ausgehandelt werden. Ist der Tausch perfekt, stellt die NutzerIn einen Scheck aus. Der Scheck wird vom Tauschring-Büro dann vom Konto der NutzerIn abgezogen und der ArbeiterIn gutgeschrieben.

Landbaugemeinschaft Berlin e. V.

Leberstr. 6, 10829 Berlin-West
Telefon: 030/ 7829563

Art des Projekts: Landbaugemeinschaft

Projekttyp: gemischtes Projekt, gemeinnütziger Verein

Gründung: 1990

Beschreibung:
Das Projekt der Landbaugemeinschaft Berlin e. V. befindet sich noch im Aufbau: Zusammen mit der Betriebsgemeinschaft, die seit 1994 das Gut Peetzig bei Greiffenberg bewirtschaftet, möchte die Landbaugemeinschaft den Gutshof erwerben und dort einen Betrieb aufbauen, der nach der von Rudolf Steiner entwickelten, biologisch-dynamischen Wirtschaftsweise geführt wird.
Ziel ist es, hochwertige Lebensmittel zu erzeugen, dabei nach ökologischen Kriterien zu wirtschaften und gleichzeitig Natur- und Landschaftspflege zu betreiben. Die Produkte aus Landbau und Tierhaltung sollen sowohl direkt als auch über den Markt und Groß- und Einzelhandel vermarktet werden.
Über den Hofbetrieb hinaus plant die Landbaugemeinschaft, Ausbildungsplätze zu schaffen und ein Schullandheim aufzubauen, das vorrangig den Berliner Waldorfschulen zur Verfügung stehen soll. Zusammen mit anderen Initiativen soll eine *Naturschule Schorfheide* gegründet werden.
Als langfristiges soziales Ziel ist geplant, eine Lebensgemeinschaft zu gründen, die das Zusammenleben der in den verschiedenen Arbeitsbereichen Wirtschaftenden mit unterschiedlich behinderten Menschen wie auch SeniorInnen ermöglicht. Für diesen Bereich wird ein Stamm von Sozial- und KunsttherapeutInnen, sowie Pflegepersonal benötigt werden.

LandRausch

Dorfstr. 18, 16845 Roddahn
Telefon: 033973/ 840

Art des Projekts: Wohnprojekt

Projekttyp: gemischtes Projekt, GdbRGmbH und Verein

Gründung: 1992

Beschreibung:
Das Projekt LandRausch ist in erster Linie ein Wohnprojekt (die LandRausch
GdbRmbH), in dem sechs Erwachsene und vier Kinder gemeinsam leben, wirtschaften und den – von der GdbRmbH erworbenen – Hof aus- und umbauen. Die BewohnerInnen wirtschaften mit einer "gemeinsamen Kasse". Das heißt: Alle Einnahmen
kommen in diese Kasse, aus der alle gemeinsamen Ausgaben (z. B. Haus, Auto, Essen, Telefon, etc.) bezahlt werden. Der Rest wird als Taschengeld für private Zwek-
ke (Kleidung, Hobby, Urlaub etc.) auf alle gleich verteilt.
Alle BewohnerInnen sind geschäftsführungsberechtigt und haben – trotz unterschiedlicher Einlagen in das Wohnprojekt – gleiches Stimmrecht. Bei wichtigen Fragen ist
eine Konsensentscheidung erforderlich, sonst müssen 75% der BewohnerInnen zustim-
men. Auf diese Weise soll den Ansprüchen der BewohnerInnen nach akzeptablen,
basisdemokratisch orientierten Lebens- und Umgangsformen Rechnung getragen
werden.
Neben dem Wohnprojekt gibt es noch den Verein LandRausch e. V., der als Träger
verschiedener Projekte dient, z. B.:
- eine einfache Übernachtungsmöglichkeit in einem der beiden Häuser von
  LandRausch
- das kino mobil, ein mobiles Kino für Kinder und Jugendliche in der Region
- Seminare zu Umweltthemen
- Konzerte.

Laurentiushof

Bosenholz 11, 33154 Salzkotten
Telefon: 05258/ 8243

Art des Projekts: Selbstversorgungs- und Produktivgenossenschaft

Projekttyp: gemischtes Projekt, Teil des gemeinnützigen Vereins Laurentius-
                        konvent e. V.

Gründung: 1978

Beschreibung:
Der Laurentiushof Bosenholz ist eine von vier Hausgemeinschaften des Laurentiuskonvents e. V., der sich als eine Form konkreter Gemeinde Jesu Christi versteht. Das heißt, die Mitglieder leben in verbindlicher und ganzheitlicher Weise zusammen. Grundlage des Zusammenlebens ist eine ökumenische Spiritualität, wobei die Mitglieder in der Regel in ihren Herkunftskonfessionen bleiben.
In der Hausgemeinschaft Bosenholz leben vier Familien zusammen. Zeitweise gehören PraktikantInnen und ein/e Freiwillige/r der Aktion Sühnezeichen, die/der in der Gedenkstätte Wewelsburg tätig ist, mit zu der Gruppe. Es handelt sich um eine Einkommensgemeinschaft mit gemeinsamem Haushalt und demokratischer Struktur.
Ein Teil der Mitglieder sind in selbstgeschaffenen Arbeitsbereichen tätig: dem Naturkostladen "Die Kornblume" in Paderborn, dem Tagungshaus "Freies Bildungshaus Bosenholz e. V." und einer Naturheilpraxis. Außerdem wird in einem großen Hausgarten Gemüse biologisch angebaut. Andere Mitglieder haben ihre Arbeitsplätze außerhalb, etwa als Buchhändlerin, Lehrer, Diakon oder Pfarrerin.
Weitere Hausgemeinschaften des Laurentiuskonvents befinden sich in Laufdorf bei Wetzlar und im nordhessischen Dorf Wethen.

LebensGut Pommritz

Versuchs- und Forschungsstätte einer ökologisch-sozialen Landkultur

Nr. 1, 02627 Pommritz
Telefon: 035939/ 385

Art des Projekts: Selbstversorgungs- und Produktivgenossenschaft

Projekttyp: gemischtes Projekt, Teil des gemeinnützigen Vereins Neue Lebensformen e. V.

Gründung: 1993

Beschreibung:
Auf dem LebensGut Pommritz leben und arbeiten 32 Erwachsene und 20 Kinder. Sie versuchen, auf der Grundlage von gemeinschaftlichem Eigentum an Land, Gebäuden und Produktionsmitteln dezentrale, eigenverantwortliche und doch weitgehend zusammenhängende Arbeitsbereiche zu schaffen. Die Produkte und Dienstleistungen, die vom LebensGut Pommritz angeboten werden, sollen ökologisch sinnvoll sein: ausgewählte ökologische Agrarprodukte, technische und Handwerkswaren, umweltgerechte Planungs- und Sanierungsarbeiten, sozialökologische Bildungs- und Forschungsleistungen.

Ziel ist jedoch nicht die vorindustrielle Selbstversorgergesellschaft, sondern die nach-industrielle Subsistenz, die sich Erfahrung und Wissen der Industriegesellschaft zu-nutze macht.

Der Grundstein für das Projekt LebensGut Pommritz wurde 1991 gelegt: Rudolf Bahro hatte den sächsischen Ministerpräsidenten Biedenkopf eingeladen, an der Berliner Humboldt- Universität einen Vortrag zu halten und über die Machbarkeit neuer For-men des Lebens und Arbeitens nachzudenken. Am Ende der Diskussion stand der Entschluß, einen praktischen Versuch zu wagen.

Das Land Sachsen stellte Land und Gebäude – das ehemalige Volksgut in Pommritz – zur Verfügung und gewährte eine Anschubfinanzierung. Und das Institut für Sozial-ökonomie verbreitete die Idee.

Zunächst wurde der Verein Neue Lebensformen e. V. gegründet und an Konzepten gearbeitet. Im April 1993 begann die Projektarbeit in Pommritz: Mit Hilfe von ABM-Stellen konnte der Grundstock für die ökologische Landwirtschaft, artgerechte Tier-haltung, die Produktverarbeitung (Käserei, Bäckerei, Mosterei) und die Vermarktung gelegt werden. Daran waren auch einheimische Dorfbewohner beteiligt.

Renovierung, Umbau und Ausbau der Gebäude wurden ebenso zusammen mit regio-nalen Firmen und Verbänden durchgeführt wie Maßnahmen zur Landschaftspflege und -gestaltung.

Zur Selbstversorgung im handwerklichen Bereich werden noch eine Holzwerkstatt und eine Wollverarbeitung aufgebaut.

Ergänzt wird die Arbeit durch ein Bildungszentrum.

Leher Tauschbörse

Hafenstr. 92, 27567 Bremerhaven
Telefon: 0471/ 40798
Mo 17 – 19 Uhr

Art des Projekts:	Tauschring
Projekttyp:	gemischtes Projekt, GbR, an eine evangelische Kirchengemeinde angeschlossen
Gründung:	1995

Beschreibung:
Die Ursprungsidee war ein Frühstück für Menschen ohne Beschäftigung und/oder mit Zeit, initiiert von der evangelischen Gemeinde im Bremerhavener Stadtteil Lehe, ei-nem Stadtteil, in dem der Anteil der sozial Schwachen wächst. Gegen Sinnleere und Langeweile wurde der Tauschring für diese Gruppe angeboten, um die Nachbarschafts-hilfe zu aktivieren und neue Kontakte zwischen den TeilnehmerInnen zu knüpfen. Inzwischen ist der Tauschring größer geworden: Das Frühstück findet zwar immer noch statt und dieselben MitarbeiterInnen organisieren auch noch immer die Leher Tausch-

börse, aber die TeilnehmerInnen sind zum größten Teil andere, neue, z. B. Menschen im Ruhestand und Frührentner.

LETS München

c/o Robert Langer
Waisenhausstr. 48, 80637 München
Telefon: 089/ 1573493
Mi 9 – 11 Uhr, Do 17 – 19 Uhr

Art des Projekts: Tauschring

Projekttyp: gemischtes Projekt, GbR

Gründung: 1993

Beschreibung:
Der Tauschring LETS München greift in seinem Namen den Begriff "LETS" auf, der aus England stammt, wo Tauschringe sich schon seit Jahren bewährt haben: LETS ist die Abkürzung für Local Exchange Trading System, also lokales Tausch- und Handelssystem.
Es ist das Ziel von LETS, gerechten Austausch zu fördern und nicht die gegenseitige Ausbeutung. LETS ist eine Art ökonomische Selbsthilfe – eine Börse zum Austausch von Dingen, Diensten und Talenten. Durch LETS sollen die sozialen Kontakte im Wohnumfeld, der Gemeinschaftssinn, die Unmittelbarkeit und die Autonomie der TeilnehmerInnen gefördert werden. In dieses Tauschring-System können Fähigkeiten und Talente eingebracht werden, die auf dem normalen Markt keine Chance haben. Durch LETS kann so das Nachdenken darüber angeregt werden, was "Wert" bedeutet und welche Fähigkeiten wertvoll und wichtig sind.
Bei LETS München können die TeilnehmerInnen Waren und Dienstleistungen tauschen. Die Bezahlung erfolgt in der Tauschring-Währung "Kirchheimer": Die Tauschvorgänge werden über LETS-Schecks der LETS-Zentrale mitgeteilt und dort auf den Konten als Plus oder Minus verbucht. Die Tauschangebote und -gesuche veröffentlicht LETS München in der eigenen LETS-Marktzeitung. Außerdem ist der Tauschring mit LETS-Talente-Tausch Mammendorf und mit LETS Fürstenfeldbruck vernetzt, so daß TeilnehmerInnen die Angebote aller drei Tauschringe nutzen können.

LETS – Talente-Tausch Mammendorf

c/o Agnes Grimm
Lindenstr. 3, 82276 Luttenwang
Telefon: 08202/ 712

Art des Projekts: Tauschring

Projekttyp: gemischtes Projekt, GbR

Gründung: 1996

Beschreibung:
LETS-Talente-Tausch Mammendorf ist vernetzt mit den LETS-Gruppen in München und Fürstenfeldbruck (siehe LETS München), d. h. die Tauschringmitglieder können im Bereich der drei Tauschringe Leistungen in Anspruch nehmen und anbieten. Die Tauschringe verrechnen untereinander.
So wie die anderen LETS-Gruppen möchte auch LETS-Talente-Tausch Mammendorf den gerechten Austausch von Dingen und Diensten fördern, ohne herkömmliches Geld und Zinsen.

LIBS e. V.

Lesben-Informations- und -beratungsstelle
Alte Gasse 38, 60313 Frankfurt
Telefon: 069/ 282883
Fax: 069/ 282883
Di, Do und Fr 17 – 19.30 Uhr

Art des Projekts: Frauenzentrum/ Beratungsstelle

Projekttyp: Frauenprojekt, gemeinnütziger Verein

Gründung: 1990

Beschreibung:
LIBS e. V. arbeitet gegen Ausgrenzung und Abwertung von Lesben – sowohl durch die Arbeit im lesbischen Lebenszusammenhang als auch durch Informations- und Fortbildungsangebote für eine heterosexuelle Öffentlichkeit.
Zum Angebot von LIBS e. V. gehören zahlreiche Veranstaltungen, z. B. Filmabende, verschiedene Gruppen, Beratung und Information, Fortbildung und Aufklärungs-veranstaltungen in Schulen zum Thema Homosexualität.
Außerdem findet frau bei LIBS Adressen zu den Bereichen Gesundheit, Beruf, Frei-zeit und Urlaub ebenso wie Zeitschriften und Pressespiegel zu Homosexualität und Lesbenliteratur.

Maulwurf

Uellendahler Str.62, 42105 Wuppertal
Telefon: 0202/ 451544

Art des Projekts: Einkaufsgenossenschaft

Projekttyp: gemischtes Projekt, GbR mit Gewerbeschein

Gründung: 1991

Beschreibung:
Die Einkaufsgemeinschaft Maulwurf möchte kontrolliert biologisch angebaute Lebensmittel und sinnvolle Naturwaren weitergeben. Dabei soll für Werbung keine Zeit und kein Geld aufgewendet werden. Die Mitglieder wollen nicht durch Konkurrenzdruck gezwungen sein, solche Lebensmittel als ökologisch auszugeben, die bedenklich angebaut, verarbeitet oder transportiert wurden.
Die Mitglieder können im Laden der Einkaufgemeinschaft Maulwurf alle Waren zu dem Preis einkaufen, den die Einkaufsgemeinschaft den GroßhändlerInnen und ErzeugerInnen bezahlt hat. Die Ladenmiete, Kosten und Löhne sollen durch die Mitgliedsbeiträge abgedeckt werden. Allerdings hat die Einkaufsgemeinschaft noch nicht genug Mitglieder, um so den Lebensunterhalt der LadnerInnen zu sichern. Deshalb muß noch ein großer Teil der Arbeit (z. B. Ladendienst, Putzdienst) von Mitgliedern unentgeltlich geleistet werden.

Medienpädagogik Zentrum e. V.

Susannenstr. 14 c + d, 20357 Hamburg
Telefon: 040/ 4397259
Mo – Do 18 -19 Uhr

Art des Projekts: Medienzentrum

Projekttyp: gemischtes Projekt, gemeinnütziger Verein

Gründung: 1973

Beschreibung:
Das Medienpädagogik Zentrum (mpz) ist ein selbstorganisiertes, unabhängiges Medienzentrum in Hamburg. Dort werden Videofilme, Ausstellungen und Diaserien gemacht und verbreitet und Veranstaltungen organisiert. Außerdem sammelt und veröffentlicht das mpz Literatur zur Medienarbeit und Medienpädagogik und ist zum Treffpunkt von Gruppen geworden. Das große Videoarchiv des mpz spiegelt die sozialen und politischen Bewegungen der letzten zwanzig Jahre wider.

Das mpz versucht, mit Medien in politische und alltägliche Auseinandersetzungen einzugreifen und Öffentlichkeit bzw. Gegenöffentlichkeit herzustellen. Dabei unterstützen die MitarbeiterInnen des mpz – soweit es ihnen möglich ist – Initiativen und Betroffene, selbst mit Medien aktiv zu werden, ihre eigene Kultur- und Öffentlichkeitsarbeit zu entwickeln und dies nicht "Medienspezialisten" zu überlassen.
Um Abhängigkeiten zu vermeiden, finanziert das mpz seine Arbeit über Spenden, Mitgliedsbeiträge und über den eigenen Videoverleih. Die MitarbeiterInnen arbeiten nebenberuflich und ehrenamtlich.

Nachbarschaftshilfeverein "Sächsisch-Böhmische Schweiz" e. V.

Schandauer Str. 40, 01855 Sebnitz
Telefon: 035971/ 53164
Fax: 0351/ 8381888
werktags 8 – 17 Uhr

Art des Projekts: Tauschring

Projekttyp: gemischtes Projekt, gemeinnütziger Verein

Gründung: 1986

Beschreibung:
Der Nachbarschaftshilfeverein "Sächsisch-Böhmische Schweiz" e. V. ist ein Tauschring mit TeilnehmerInnen sowohl aus Sachsen als auch aus Tschechien. Als Verrechnungseinheit dient der Sebnitztaler.

Nachbarschaftszentrum Sülz-Klettenberg

Breibergstr. 2, 50939 Köln
Telefon: 0221/ 426464
Mo – Fr 9 – 14 Uhr

Art des Projekts: Nachbarschaftszentrum

Projekttyp: gemischtes Projekt, gemeinnütziger Verein

Gründung: 1986

Beschreibung:
Ein großer Teil der BesucherInnen im Nachbarschaftszentrum Sülz-Klettenberg sind Mütter mit kleinen Kindern und Alleinerziehende, die sich in Krabbel- und Elterngruppen treffen.

Dabei ist der offene Treff nach wie vor ein wesentlicher Schwerpunkt der Arbeit des Nachbarschaftszentrums. Dort bietet sich insbesondere jungen Müttern und Vätern die Gelegenheit, in einem kindgerechten Umfeld Menschen in ähnlichen Lebenssituationen kennenzulernen und diese Kontakte auch zu halten.

"Hilfe zur Selbsthilfe" und "Verbesserung der nachbarschaftlichen Kontakte" sind wichtige Stichworte für die Arbeit des Zentrums. Die öffentliche Förderung durch die Stadt Köln beschränkt sich auf einen Mietkostenzuschuß, so daß die Arbeit des Zentrum zum weitaus größten Teil ehrenamtlich geleistet wird.

netz für Selbstverwaltung und Selbstorganisation NRW e. V.

Huckarder Str. 10 – 12, 44147 Dortmund
Telefon: 0231/ 144676
Fax: 0231/ 162798

Art des Projekts: Netzwerk

Projekttyp: gemischtes Projekt, Verein

Gründung: 1993

Beschreibung:
netz NRW ist ein Zusammenschluß von kleinen und mittleren Betrieben und Projekten, die kooperativ oder selbstverwaltet geführt und ökologisch orientiert sind, und vertritt deren Interessen in Nordrhein-Westfalen.

Grundlage der Arbeit des Netzwerks ist der Gedanke, daß eine ökologische und soziale Erneuerung der Wirtschaft notwendig ist, um den ökologischen Schäden und sozialen Mißständen entgegenzuwirken, die durch "Gewinnmaximierung um jeden Preis" entstehen.

Die Mitgliedsbetriebe und -projekte im netz NRW stellen umwelt- und sozialverträgliche bzw. sozialinnovative Produkte her, verarbeiten oder vertreiben sie und richten ihre Produktionsverfahren bzw. ihr Dienstleistungsangebot nach diesen Kriterien aus.

Als Wirtschaftsverband möchte netz NRW die wirtschaftliche Existenz der Mitgliedsbetriebe und -projekte festigen helfen und sie auf ihrem Weg zu einem öko-sozialorientierten Unternehmen unterstützen. Dies geschieht z. B. durch Beratung und Informationen, Aus-, Fort- und Weiterbildung, Workshops, Förderung der Kooperation einzelner Betriebe und Projekte.

Dabei ist netz NRW Teil des bundesweit organisierten netz für Selbstverwaltung und Selbstorganisation, das die angeschlossenen Landes- und Branchenverbände durch Lobbyarbeit unterstützt.

Weitere Adressen von netz NRW:
- netz NRW Essen, Hedwigstr. 20, 45130 Essen, Telefon: 0201/ 775970, Fax: 0201/ 793469
- netz NRW Köln, Herwarthstr. 22, 50672 Köln, Telefon: 0221/ 5101935, Fax: 0221/ 5101667
- netz NRW Münster, Vorländerweg 28, 48151 Münster, Telefon + Fax: 0251/ 799504

Netzwerk Selbsthilfe e. V.

Gneisenaustr. 2 a, 10961 Berlin-West
Telefon. 030/ 6913072
Fax: 030/ 6913005
Mo 13 – 18 Uhr, Di – Do 12 – 15 Uhr

Art des Projekts: Netzwerk

Projekttyp: gemischtes Projekt, gemeinnütziger Verein

Gründung: 1978

Beschreibung:
Netzwerk Selbsthilfe e. V. ist ein staatlich unabhängiger Förderfonds für politische Initiativen, alternative Projekte und selbstverwaltete Betriebe. Er finanziert sich ausschließlich aus Mitgliedsbeiträgen und Spenden der z. Z. ca. 1.300 Mitglieder, deren freiwillige "Selbstbesteuerung" immerhin ein Fördervolumen von 235.000 DM zusammenbringt. Mit diesen Solidarbeiträgen kann ein autarkes Projektsponsoring betrieben werden. Gefördert werden Projekte und Initiativen, die an der Idee einer repressionsfreien Gesellschaft festhalten und in politischer Selbsthilfe gleichberechtigt und selbstverwaltet zusammenarbeiten. Gefördert werden auch all jene, deren gesellschaftlich wichtige Arbeit unzulänglich oder gar nicht durch die öffentliche Hand unterstützt wird, obwohl gerade sie die Löcher stopfen, die durch eine defizitäre staatliche Wohlfahrt entstanden sind.
Die geförderten Projekte bilden mittlerweile ein dichtes Geflecht sozialer, kultureller und wirtschaftlicher Versorgung in Berlin. Sie machen zum Teil den Charme und die Lebensqualität einer kleinteiligen Infrastruktur Berlins aus.

ÖKODORF-Projekt

Dorfstr. 4, 29416 Groß Chüden
Telefon: 03901/ 471227
Fax: 03901/ 471195

Art des Projekts: Selbstversorgungs- und Produktivgenossenschaft

Projekttyp: gemischtes Projekt, gemeinnützige Vereine, Genossenschaft und verschiedene Betriebe

Gründung: 1989

Beschreibung:
Das Ökodorf-Projekt hat sich die Aufgabe gestellt, ein sozial-ökologisches Siedlungsprojekt für 300 Menschen zu realisieren und Modelle einer zukunftsorientierten Lebensweise für Mensch und Natur zu erproben. Zur Zeit existiert ein Projekt-Zentrum mit verschiedenen Wohn- und Arbeitsgemeinschaften, ein bundesweiter Verein "Freundeskreis ökologisches Dorf e. V." und als Projektträgerin die Wohnungs- und Siedlungsgenossenschaft ÖKODORF e. G.
In der Altmarkregion soll ein ökologisches Dorf als eigenständige räumliche Einheit aufgebaut werden. In dieser Siedlung wird eine Integration aller Lebensbereiche (Wohnen, Arbeit, Ver- und Entsorgung, Kultur) mit weitgehender Selbstverantwortung und Selbstversorgung angestrebt.
In dem seit 1993 existierenden Projekt-Zentrum in Groß Chüden und in der unmittelbaren Umgebung leben inzwischen rund 60 Menschen. Das Zentrum beinhaltet verschiedene eigenständige Bereiche:
- die Wohn- und Arbeitsgruppen, in denen verschiedene Formen des Zusammenlebens erprobt werden und die alltäglichen Aufgaben miteinander bewältigt werden (z. B. Kinderbetreuung, Haushalt, biologische Lebensmittelkooperative)
- der Gäste- und Seminarbetrieb, der sowohl der Selbstqualifikation der Beteiligten als auch der Weitergabe von Wissen und Erfahrungen dient
- Selbstversorgung und Wirtschaftsbetriebe: Neben der Selbstversorgung mit eigenen Lebensmitteln und der Anwendung ökologischer Techniken sind eine Reihen von Firmengründungen erfolgt (z. B. Schreinerei, Gärtnerei)
- die staatlich genehmigte freie Grundschule mit Kindergarten; Träger ist der Verein "Freie Schule Altmark e. V."
Außerdem wird im Projektzentrum die Planungsarbeit und die Öffentlichkeitsarbeit geleistet und die Vernetzung mit anderen Projekten angestrebt, die ebenfalls an der Entwicklung nachhaltiger Lebensweise arbeiten.
Das Ökodorf-Projekt hat sich zum Ziel gesetzt, eine naturnahe und nachhaltige Siedlungs- und Wirtschaftsweise zu verwirklichen mit weitestgehender Selbstversorgung und direktem regionalen Austausch der verschiedenen Betriebe und Projektbereiche mit dem Umland. Beim Bauen werden sowohl die Umwelt als auch die verschiedenen Lebensbedürfnisse der BewohnerInnen berücksichtigt. So soll ein gemeinsamer Lebensraum für Menschen unterschiedlichen Alters und sozialer Herkunft entstehen, in dem Leben und Arbeit verbunden sind.

ÖKOSTADT
Produktiv- und Siedlungsgenossenschaft e. G. i. G.

ÖKOSTADT Büro Berlin: Danziger Str. 219, 10407 Berlin-Ost
Telefon: 030/ 4235953
Fax: 030/ 4235687

ÖKOSTADT in Lychen: Vogelgesangstr.4, 17279 Lychen/ Uckermark
Telefon: 039888/ 4195 oder 4193

Art des Projekts: Selbstversorgungs- und Produktivgenossenschaft

Projekttyp: gemischtes Projekt, Genossenschaft, gemeinnütziger Verein und
                         GmbH

Gründung: 1995

Beschreibung:
Begonnen hat das Projekt ÖKOSTADT schon 1991, als einige experimentierfreudige, stadtmüde und tatkräftige Menschen die Vision eines Städtebauprojekts entwikkelten, das seinen Bewohnern ein Leben in der Natur ermöglichen und zugleich Arbeits- und Kulturstätte sein soll.

Zum sozialen Konzept des Projekts gehört dabei, Egoismus und Konsumstreben zurückzudrängen und statt dessen in einer Gemeinschaft gleichberechtigt zusammen zu wohnen und zu arbeiten.

Das ökologische Konzept unterstützt den Ansatz der Nachhaltigkeit und beinhaltet unter anderem den verantwortungsbewußten Umgang mit den Ressourcen, eine harmonische Einpassung in die vorhandene Landschaft und Siedlungsstruktur, Nähe von Wohn-, Arbeits- und Kulturstätten, um überflüssige Wege zu vermeiden, lokale Ökonomie und raumsparende Bauweise.

Zunächst wurde 1992 der gemeinnützige Förderverein ÖKOSTADT e. V. gegründet, die Dachorganisation für Projekte und Aktivitäten in Berlin und dem Land Brandenburg. 1995 kam die ÖKOSTADT Produktiv- und Siedlungsgenossenschaft hinzu, die ein Wirtschafts- und Wohnungsbauunternehmen ist, und 1997 die ÖKOSTADT Bau GmbH, die zuständig ist für die Planung, Errichtung und Sanierung von Wohn- und Gesellschaftsbauten, Holz- und Lehmbau, Wärmedämmung, ökologische Bau- und Energieberatung.

Seit Herbst 1996 besitzt ÖKOSTADT in der uckermärkischen Kleinstadt Lychen ein erstes Haus, das zum Projektzentrum ausgebaut wird. Im Vorderhaus soll ein Café ("Kuckuck – Kultur und Kunst in der Uckermark") eröffnet werden, in dem auch Kultur- und ökologisch orientierte Bildungsarbeit stattfinden soll. Außerdem werden Wohnräume und eine Herberge – vor allem für Naturwanderer – eingerichtet.

Geplant ist, daß weitere Objekte hinzukommen sollen – Wohnstätten, Kultur- und Arbeitsstätten für die künftigen Ökostädter. Einen Großteil der Bauleistungen und Anleitung zur Selbsthilfe beim Bauen soll die ÖKOSTADT Bau GmbH erbringen.

Über Aktuelles und Grundsätzliches des ÖKOSTADT-Projekts informieren die "ÖKOSTADT-Nachrichten", die zweimonatlich erscheinen.

ÖMA
Öko-Modellprojekt Achberg

Hohbuchweg 10, 88147 Achberg
Telefon: 08380/ 677
Fax: 08380/418

Art des Projekts:	Wohnprojekt
Projekttyp:	gemischtes Projekt, GbR
Gründung:	1984

Beschreibung:
Das Öko-Modellprojekt Achberg ist eine private Initiative, die Modell sein will für ein gesundes, preiswertes und ökologisches Bauen und für ein sinnvolles einfaches, naturnahes gemeinschaftliches Leben. Seit der Gründung 1984 haben weit über 200 HelferInnen daran mitgewirkt und so entstand im Rahmen des ÖMA am Bodensee ein Öko-Modellhaus mit Garten und Nebengebäuden.
In der jährlich stattfindenden Sommerwerkstatt des ÖMA werden den TeilnehmerInnen in verschiedenen Seminaren Kenntnisse des preiswerten, ökologischen Bauens und von verschiedenen Öko-Techniken vermittelt, wie z. B. Lehmbautechniken, die Ausgestaltung von Innenräumen mit Naturmaterialien, Bau einer Bio-Sauna etc. Gleichzeitig wird durch die Mithilfe der SeminarteilnehmerInnen das Modellhaus mit den umliegenden Anlagen weiter ausgebaut. Das heißt, die SeminarteilnehmerInnen und PraktikantInnen erhalten Informationen gegen Mitarbeit nach dem Motto "helfen und lernen".

Osnabrücker Tauschring

Hasenkamp 30, 49504 Lotte
Telefon: 05404/ 6197
Fax: 05404/ 4822
e@mail: privatier@T-Online.de
täglich 8 – 22 Uhr

Art des Projekts:	Tauschring
Projekttyp:	gemischtes Projekt, dem Verein Lebenswert e. V. angegliedert
Gründung:	1996

Beschreibung:
Der Osnabrücker Tauschring möchte mit organisierter Nachbarschaftshilfe Hilfe zur Selbsthilfe leisten. Dabei ist es wichtig, daß die Talente von Menschen genutzt wer-

den, die sonst oft nicht gefragt sind. Der Tauschring sieht sich als eine Gemeinschaft auf Gegenseitigkeit, die die Isolation von Menschen aufbricht und in der es kein Gewinnstreben gibt.

Ost-West-Europäisches FrauenNetzwerk OWEN e. V.

Chausseestr. 58, 10115 Berlin-Ost
Telefon: 030/ 2832251 und 030/ 2832253
Fax: 030/ 2832252
Mo, Mi, Do und Fr 9 – 17 Uhr

Art des Projekts: Frauennetzwerk

Projekttyp: Frauenprojekt, gemeinnütziger Verein

Gründung: 1991

Beschreibung:
Das Ost-West-Europäische FrauenNetzwerk OWEN e. V. entwickelt internationale Projekte und führt Seminare, Workshops und Begegnungen zwischen Frauen aus Ost-, Mittel- und Westeuropa, sowie lokalen Gruppen aus den sogenannten Entwicklungsländern durch.
Das Ziel der Arbeit von OWEN e. V. ist die Initiierung, Unterstützung und Vernetzung von Frauengruppen in Mittel- und Osteuropa, damit die Frauen selbstbestimmt und selbstbewußt gesellschaftliche Prozesse in der Zeit der Umwandlung gestalten können. Die aktiven Frauen und lokalen Frauengruppen sollen ermutigt werden,
-     ihre eigenen Ressourcen zu erkennen und auszubauen,
-     aktiv den Aufbau der lokalen Infrastruktur zu gestalten,
-     Selbsthilfe als Ausgangspunkt politischer Bewegung zu verstehen.

PASST Fürstenried

c/o Beate Lohn-Petters
Solothurner Str. 1, 81475 München
Telefon: 089/ 7595814

Art des Projekts: Tauschring

Projekttyp: gemischtes Projekt, GbR

Gründung: 1994

Beschreibung:
Beim Tauschring PASST Fürstenried werden Dienstleistungen und Waren getauscht und in der Tauschring-Währung "Mäxe" auf den Konten der TeilnehmerInnen verrechnet. Als Grundsatz gilt dabei: Für eine Stunde Dienstleistung gibt es zwanzig Mäxe, egal ob es sich um Kopf- oder Handarbeit handelt. Wie bei anderen Tauschringen werden die Angebote und Gesuche auch bei PASST Fürstenried in einer Marktzeitung veröffentlicht.

PAULA
Europäisches Institut für ökonomische Selbsthilfe und soziale Entwicklung

Wiesenstr. 29, 13357 Berlin-West
Telefon: 030/ 4628177
Fax: 030/ 4629447

Art des Projekts:	Projekteverbund
Projekttyp:	gemischtes Projekt, gemeinnützige Vereine und eine GmbH
Gründung:	1982 (PAULA e. V.), 1988 (Kommunales Forum Wedding e. V., Technologie-Netzwerk Berlin e. V.), 1993 (PAULA Werke GmbH)

Beschreibung:
PAULA ist ein Projekteverbund aus den gemeinnützigen Vereinen PAULA e. V., Kommunales Forum Wedding e. V. und Technologie-Netzwerk Berlin e. V. mit der PAULA Werke GmbH. In diesen vier Projekten versuchen die Mitglieder, Wege zu finden, wie Menschen an den Bedürfnissen und dem Bedarf am Ort orientiert, Arbeitsplätze aufbauen können.
Der Projekteverbund versteht sich als soziales Unternehmen, in dem wirtschaftliche Tätigkeiten mit sozialer Zielsetzung gefördert werden. Das heißt für die MitarbeiterInnen:
- Schaffung neuer sinnvoller Arbeitsplätze, vor allem für und mit arbeitslosen Menschen
- Verbesserung des Angebots an sozial nützlichen und ökologisch verträglichen Produkten und Dienstleitungen, insbesondere vor Ort
- Verbesserunge der Versorgung mit öffentlichen Dienstleistungen, insbesondere mit sozialen Diensten
- Förderung einer am Gemeinwohl orientierten Infrastruktur
- Beteiligung der Bevölkerung an den ökonomischen und sozialen Prozessen
- Herstellung von direkten Austauschbeziehungen zwischen Produzenten und Konsumenten

- Förderung von Gemeinwesenunternehmen auf lokaler Ebene
- Reinvestition der Überschüsse im Sinne der genannten Zielsetzungen.

Diese Zielsetzungen wurden an unterschiedlichen Aufgabenfelder und dem Aufbau entsprechender Infrastruktureinrichtungen erprobt.

Die PAULA Werke GmbH, Gesellschaft für sozial und ökologisch nützliche Arbeit, wurde gegründet, um eine Möglichkeit zu schaffen, eigene Einnahmen zu erwirtschaften. Dabei ist die GmbH gemeinnützigen Zwecken verpflichtet und die erwirtschafteten Überschüsse müssen für die Entwicklung neuer Projekte verwendet werden. Die derzeitigen Betriebsteile der PAULA Werke GmbH sind ein Graphik-Büro, PAULA's Soziale Dienste und der Windel Wasch Service DUFTE.

PAULA e. V. war ursprünglich eine Arbeitslosenselbsthilfegruppe von wissenschaftlichen MitarbeiterInnen und StudentInnen der Arbeits- und Berufspädagogik der Freien Universität Berlin. Die MitarbeiterInnen von Paula e. V. bieten immer noch eine offene Kontakt- und Beratungsstelle an. Dort können sich Arbeitslose über den Stand der Arbeitsmarkt- und Beschäftigungspolitik sowie über Erfahrungen und Möglichkeiten ökonomischer Selbsthilfe informieren. Außerdem ist der Verein Träger für folgende soziale Unternehmungen: für das Zeitungsprojekt "Was nun", die Selbsthilfekontaktstelle Synapse und die Kiezküche in der Jugendfreizeiteinrichtung Labyrinth, in der vollwertige Kost für sogenannte sozial schwache Bevölkerungsgruppen angeboten wird.

Das Kommunale Forum Wedding e. V. wurde zusammen mit VertreterInnen von Gewerkschaften, der Bezirksverwaltung und anderen Behörden, Arbeitslosen- und Bürgerinitiativen, Mieterberatung, Sozialhilfeberatungseinrichtungen und anderen Beratungsstellen, Schulen, Kinder- und Jugendprojekten, Hochschulen und Forschungsprojekten gegründet. Durch die Zusammenarbeit zwischen diesen Projekten und Institutionen entstand ein Netzwerk. Auf dieser Basis ermittelten die MitarbeiterInnen neue Beschäftigungsfelder. Durch die Förderung und Entwicklung dementsprechender Projekte soll langfristig eine bessere Lebens- und Arbeitssituation im Bezirk Wedding entstehen. Das Kommunale Forum Wedding entwickelte sich zum Träger von Kooperationsverbünden, dem Weddinger Projekteverbund und einem Seniorenhilfsdienst.

Unter der Trägerschaft des Technologie-Netzwerks Berlin e. V. werden die Forschung, die europäische Netzwerkarbeit und die Bildungsarbeit zu lokal- und sozialökonomischen Themengebieten gefördert. Bei der Forschungstätigkeit stehen zur Zeit von der EU geförderte Forschungsaufträge zu Themen wie "soziale Unternehmen" und "lokale Partnerschaften" im Mittelpunkt. Gleichzeitig wird von MitarbeiterInnen des Technologie-Netzwerks die Arbeit des Europäischen Netzwerks für ökonomische Selbsthilfe und lokale Entwicklung unterstützt.

Das Technologie-Netzwerk baut zudem eine Bildungsstätte für ökonomische Selbsthilfe auf. Dort können Einzelpersonen oder gemeinnützige Institutionen beraten, unterstützt und wissenschaftlich begleitet werden, wenn sie arbeitslos oder auf der Suche nach ökonomischen Alternativen sind. Sie sollen in die Lage versetzt werden, sich im Verbund mit anderen neue Perspektiven zu erarbeiten.

Peanuts Tauschring

Wittelsbacher Allee 91, 60385 Frankfurt a. M.
Telefon: 069/ 437319
Fax: 069/ 497408
Treffpunkt: Di 19 – 21 Uhr im Gemeindehaus der Luthergemeinde
Art des Projekts:　Tauschring

Projekttyp:　gemischtes Projekt, GbR

Gründung:　1995

Beschreibung:
Der Peanuts-Tauschring in Frankfurt will der zunehmenden Armut und dem Konkurrenzkampf etwas entgegensetzen: Zu tun gibt es genug, aber viele Fähigkeiten liegen brach, weil man sie sich für die üblichen Stundensätze nicht mehr leisten kann. Also werden die Leistungen und Waren getauscht nach dem Prinzip der organisierten Nachbarschaftshilfe.
Der Peanuts-Tauschring führt die Konten für die TeilnehmerInnen, auf denen die gegenseitig erbrachten Leistungen in der Verrechnungseinheit "Peanuts" verbucht werden. Er gibt eine monatlich erscheinende Marktzeitung, den "Peanuts-Kurier", heraus.

Pfiffigunde

Hohenesch 70, 22765 Hamburg
Telefon: 040/ 392578
Mo und Fr 14 – 20 Uhr, Mi 15 – 21 Uhr

Art des Projekts:　Selbsthilfewerkstatt

Projekttyp:　Frauenprojekt, gemeinnütziger Verein

Gründung:　1989

Beschreibung:
Pfiffigunde ist eine Auto- Motorrad- und Metallselbsthilfewerkstatt für Frauen.

Projekt Eulenspiegel

Modell Wasserburg e. V.
Gasthof "Zum Eulenspiegel"
Dorfstr. 25, 88142 Wasserburg/ Bodensee
Telefon: 08382/ 887875

Gaststätte: Mo – Fr 18 – 24 Uhr, Sa und So 11.30 – 24 Uhr (im Winter 22 Uhr)

Art des Projekts: Selbstversorgungs- und Produktivgenossenschaft

Projekttyp: gemischtes Projekt, gemeinnütziger Verein

Gründung: 1976

Beschreibung:
Das Projekt Eulenspiegel ist eine Arbeits- und Wohngemeinschaft von derzeit sechs
Erwachsenen und zwei Kindern. Zusammen betreiben sie eine ökologisch ausgerichtete,
selbstverwaltete Gaststätte, ein Kulturzentrum mit Gesprächskreisen, Veranstaltungen
und Seminaren und ein kleines Gästehaus. Außerdem wird vom Projekt Eulenspiegel
eine politische Zeitschrift für soziale Dreigliederung, Umweltschutz und neue Lebensformen herausgegeben, der "Jedermensch". Die Zeitschrift besteht bereits seit 1958.
Das Projekt Eulenspiegel ist aus einer anthroposophischen Orientierung heraus entstanden. Grundsätzlich ist das Projekt aber für alle Menschen offen.

PROJEKTWERKSTATT

Ludwigstr. 11, 35447 Reiskirchen-Saasen
Telefon: 06401/ 903283
e@mail: PROJEKTWERKSTATT-SA@wwbnet.de

Art des Projekts: Projektwerkstatt

Projekttyp: gemischtes Projekt, gemeinnütziger Verein

Gründung: 1993

Beschreibung:
Der Förderverein der Projektwerkstatt besitzt in Reiskirchen-Saasen ein altes Fach-
werkhaus mit Scheune und Zwischengebäuden. Idee der Projektwerkstatt ist es, Räume
und Ausstattung Gruppen für deren Projektarbeit zur Verfügung zu stellen.
Es gibt mehrere Gruppenräume, die sehr gut genutzt werden. In der Scheune werden
Übernachtungsräume für Jugendgruppen weiter ausgebaut.
Eine umfassende Umweltbibliothek und eine Projekt-Infothek stehen genauso kostenlos
engagierten NutzerInnen offen wie die Computeranlage, das Fotolabor und die Wasser-
analyseausstattung. Mit Hilfe eines kleinen Tonstudios können eigene Hörspiele oder
Musikstücke aufgenommen werden.
Die Projektwerkstatt will Kinder, Jugendliche und Erwachsene ermuntern, ihre eigenen
Ideen umzusetzen. Zum einen unterstützen die ehrenamtlichen Aktiven die Gäste des
Hauses bei der Benutzung der Geräte und halten diese instand. Zum anderen bietet die
Werkstatt-Crew auch immer wieder Seminare für Initiativen und Einzelne an. Meist
für die Dauer eines Wochenendes geht es um Tips und Tricks in Sachen Pressearbeit,
Finanzierung von Projekten, Naturschutz und Ideen für einen umweltfreundlichen Alltag.

Schon mehrfach fanden in der Projektwerkstatt internationale Jugendworkcamps statt. Außerdem arbeitet die Projektwerkstatt mit der Jugendgerichtshilfe des Landkreises zusammen und bietet Jugendlichen Gelegenheit, möglichst im Team mit der Werkstattgruppe zu arbeiten und damit die verhängten Strafstunden abzuleisten.

Rad weg

c/o Götz Paschen
Everinghausen 42, 27367 Sottrum

Art des Projekts: selbstverwaltete Fahrraddiebstahl-Versicherung

Projekttyp: gemischtes Projekt, GbR

Gründung: 1990

Beschreibung:
Bei Rad weg versichern mehrere Menschen in Selbstverwaltung gegenseitig ihre Fahrräder gegen Diebstahl. Die Verwaltung wird ehrenamtlich im Rotationsverfahren übernommen.
Wird ein Rad gestohlen, dann bekommt der Bestohlene umgehend Geld vom Vorschußkonto. Das Vorschußkonto muß dann von allen Mitgliedern wieder entsprechend dem Wert ihres eigenen Fahrrades aufgefüllt werden.
Wenn nichts gestohlen wird, bezahlen die Mitglieder nur geringfügige Verwaltungskosten. Die Mitarbeit in Rotation und die regelmäßige Teilnahme an den Treffen sind eine verbindliche Voraussetzung für die Mitgliedschaft bei Rad weg.

RostFrei

Dialog- und Austauschbörse für Jung und Alt
Kornhausplatz 5, 89073 Ulm
Telefon: 0731/ 61757

Art des Projekts: Interessenbörse

Projekttyp: gemischtes Projekt, dem Verein zur Förderung der Frauenweiterbildung e. V. Ulm angegliedert

Gründung: 1990

Beschreibung:
RostFrei ist eine Initiative von Teilnehmerinnen der Frauenakademie Ulm. Die Projektgruppe hatte sich die Planung und Umsetzung einer Wissens- und Kontaktbörse zum Ziel gesetzt. Im November 1992 wurde die "Dialog- und Austauschbörse" eröffnet.

Im Juli 1994 kam das Erzählcafé "Hoimgarten" im Alternheim Clarissenhof dazu. RostFrei arbeitet ehrenamtlich.
Die Ziele von RostFrei sind:
- sich bürgerschaftlich zu engagieren
- den Austausch von Wissen, Fähigkeiten und Mithilfe in Ulm zu organisieren auf der Basis von gegenseitigem Geben und Nehmen
- Bürgerinnen und Bürger zu motivieren, aktiv zu bleiben und ihr Wissen, ihre Fähigkeiten und Erfahrungen neu zu entdecken und einzubringen
- der zunehmenden Vereinsamung mit Gesprächen entgegenzuwirken.

Die Dialog- und Austauschbörse ist dabei die Schalt- und Kontaktstelle. Die Angebote und Wünsche werden in eine nach Interessen geordnete Kartei aufgenommen und im Börsenbrief dreimal im Jahr veröffentlicht.

Ruhe im Rottal

c/o Sophie Behr
Bärhof 3, 94099 Ruhstorf
Telefon: 08534/ 1354
7 – 14 Uhr und nach dem Dunkelwerden

Art des Projekts: Selbstversorgungsprojekt

Projekttyp: Frauenprojekt, GbR

Gründung: 1972

Beschreibung:
Das Projekt Ruhe im Rottal ist eine private Initiative von Sophie Behr. Frauen über vierzig Jahre, die "verdient" sind, aber nicht viel verdienen, sollen auf dem Bauernhof gegen einen geringen Betrag Urlaub machen können. Bei Mitarbeit auf dem Hof, der sich mit Gemüse, Kartoffeln, Obst, Wein etc. selbstversorgt, ist der Urlaub kostenlos. Der Hof ist "autofrei" und es wird ökologisch sinnvoll gewirtschaftet.

Schachtelhalm e. V.

Verein zur Förderung regionaler Versorgung mit ökologisch erzeugten Nahrungsmitteln
Obere Mühlstr. 4, 37213 Witzenhausen
Telefon: 05542/ 2065
Mo, Di, Do 10 – 13 Uhr und 15 – 18 Uhr, Mi und Sa 10 – 13 Uhr,
Fr 9 – 13 Uhr und 15 – 18 Uhr

Art des Projekts: Einkaufsgenossenschaft

Projekttyp:	gemischtes Projekt, gemeinnütziger Verein
Gründung:	1982

Beschreibung:
Schachtelhalm e. V. hat sich zum Ziel gesetzt, die regionale Versorgung mit ökologisch erzeugten Produkten zu fördern und somit die ökologisch wirtschaftenden Betriebe der Region zu unterstützen.
Der Verein betreibt gemeinschaftlich einen Naturkostladen für Mitglieder. Knapp die Hälfte aller dort angebotenen Waren, unter anderem fast alle Frischprodukte, bezieht Schachtelhalm e. V. von regionalen ErzeugerInnen. Darüber hinaus bieten regelmäßige Kontakte zu den ErzeugerInnen und gelegentliche Hofbesichtigungen die Möglichkeit, sich zum Thema ökologische Wirtschaftsweise zu informieren.
Die anfallenden Arbeiten werden von einer bezahlten Mitarbeiterin und einer Gruppe aktiver Mitglieder erledigt, die dafür beim Einkauf Rabatte erhalten. Nur durch die kooperative Zusammenarbeit vieler Mitglieder trägt sich der Verein und ist eine Weiterentwicklung möglich.

Sozialistische Selbsthilfe Mülheim (SSM)

Düsseldorfer Str. 74, 51063 Köln
Telefon: 0221/ 6403152
Fax: 0221/ 6403152
Mo, Di, Do, Fr 11 – 18 Uhr, Telefon: Mo – Fr 9 – 18 Uhr

Art des Projekts:	Selbsthilfeprojekt
Projekttyp:	gemischtes Projekt, gemeinnütziger Verein
Gründung:	1979

Beschreibung:
Der SSM ist eine Selbsthilfegruppe, die ohne staatliche Unterstützung arbeitet. Zum SSM gehören zur Zeit zwölf Erwachsene und sechs Kinder. Sie leben und arbeiten mit Obdachlosen, Behinderten und anderen Menschen, die ein selbstbestimmtes Leben führen wollen.
Der SSM führt Umzüge, Wohnungsauflösungen und Entrümpelungen durch und verkauft Gebrauchtmöbel, -kleider und Hausrat. Die Arbeitseinteilung für jeden Tag wird jeweils morgens bei der Arbeitsversammlung entschieden, wobei Kindererziehung und Hausarbeit als gleichberechtigte Arbeit gilt.
Außerdem arbeitet der SSM mit verschiedenen Initiativen und Vereinen aus den Bereichen Kultur, Nachbarschaftshilfe, Obdachlosigkeit und Asyl zusammen. Seit 1996 ist der SSM an einem Projekt "Bauen, Wohnen, Arbeiten" beteiligt. Als neuestes Projekt des SSM ist ein "Institut für Theorie und Praxis der Neuen Arbeit" in Gründung.

Spinnboden
Verein zur Entdeckung und Bewahrung von Frauenliebe e. V.

Anklamer Str. 38, 10115 Berlin-Ost
Telefon: 030/ 4485848
Mi und Fr 14 – 19 Uhr und nach Vereinbarung

Art des Projekts: Lesbenarchiv

Projekttyp: Frauenprojekt, gemeinnütziger Verein

Gründung: keine Angabe

Beschreibung:
Das Lesbenarchiv Spinnboden hat sich die Archivierung, Sammlung und Forschung von und mit Büchern und Zeitschriften aus aller Welt zur Aufgabe gemacht. Außerdem sammelt Spinnboden Videos, Plakate und Graue Materialien. Interessierte Frauen können sich informieren und beraten lassen.
Bei Spinnboden gibt es auch die Materialkiste des Berliner Senats (Fachbereich Gleichgeschlechtliche Lebensweisen) mit Informationen und Materialien zur emanzipatorischen Integration des Themas in Schule und Unterricht.

S.U.S.I.
Selbstorganisierte unabhängige Siedlungsinitiative e.V. und GmbH

Merzhauserstr. 170, 79100 Freiburg
Telefon: 0761/ 4570090
Fax: 0761/ 4570096
täglich 10 – 17 Uhr

Art des Projekts: Wohngenossenschaft/Wohnprojekt

Projekttyp: gemischtes Projekt, gemeinnütziger Verein und gemeinnützige GmbH

Gründung: 1990

Beschreibung:
Etwa 160 Personen unterschiedlichster Lebenssituation – vom Punk bis zur alleinerziehenden Mutter – wohnen in den vier Kasernengebäuden von S.U.S.I. Die Struktur

des Wohnens und des Arbeitens auf der Baustelle verläuft nach dem Prinzip der Selbst-organisation.

Ziel des Vereins ist es, einen technisch soliden und variablen Wohnraum zu schaffen, der für die BewohnerInnen bezahlbar bleibt. Die dafür notwendigen Grundpfeiler sind:

- Bauen in Etappen, vom Notwendigen zum Ansehnlichen
- sanfter Umbau, größtmöglicher Erhalt des Bestehenden
- Lohn statt Kauf, d. h. aufgrund eines niedrigen Einheitslohns ist es möglich, alte Bauteile arbeitsaufwendig zu recyclen anstatt sie neu zu kaufen und mit wenig Arbeitseinsatz einzubauen. Gleichzeitig werden so mehr Arbeitsplätze geschaffen
- auch und gerade für Menschen, die auf dem Arbeitsmarkt nur geringe Chancen hätten.
- Arbeiten in "Regiebautrupps": wenige gelernte Kräfte leiten viele Ungelernte an.

Wer bei S.U.S.I. einzieht, muß 105 Stunden unentgeltlich arbeiten. Diese Stunden fließen ebenso wie der Verzicht auf die Hälfte eines vergleichbaren marktüblichen Lohns in das Finanzierungskonzept ein: Sie bilden rechnerisch den Teil der Eigenleistung, den alle einbringen, die im Projekt wohnen und/oder arbeiten – also die "Muskelhypothek".

Für die gemeinsamen Entscheidungen haben sich die Mitglieder von S.U.S.I. für eine Mischform entschieden: ein demokratisches Grundgerüst mit basisdemokratischen Einflüssen. Das heißt, um die Entscheidungswege nicht zu lang zu machen, gibt es im Plenum Mehrheitsentscheidungen und es werden Arbeitsgemeinschaften eigene Ent-scheidungsbefugnisse erteilt.

Das Konzept von S.U.S.I. umfaßt aber mehr als nur die Schaffung von billigem Wohn-raum. Grundlegender Gedanke ist die Vereinigung von Wohn-, Arbeits-, Kultur- und Lebensraum. Ziel soll es sein, einer Vielfalt von Wohn- und Arbeitsgruppen Raum zu geben und eine durchmischte, integrierte Wohn- und Arbeitswelt zu schaffen. Die Qualifikation, die einzelne durch die Umbauarbeit erwerben, soll die Grundlage sein für weitere Zukunftspläne. Über die Bauphase hinaus (Bauende ca. Ende 1997) sol-len arbeitspolitisch neue Konzepte entwickelt und erprobt werden, z. B. Qualifizie-rung, Unterstützung selbstverwalteter Betriebe oder Aufbau von kleineren Betrieben, die sich aus den Baugruppen entwickeln können. Zum lebendigen Miteinander bei S.U.S.I. gehören auch kulturelle und soziale Einrichtungen, die zum Teil bereits be-gonnen haben, wie etwa Kindertagesstätte, Werkräume, Food-Coop, Veranstaltungen oder Feste.

Talent Hildesheim
Tauschring zur Förderung lokaler und regionaler Wirtschaftswunder

Galgenbergstr. 17, 31141 Hildesheim
Telefon: 05121/ 132504
Fax: 05121/ 14319

Art des Projekts:	Tauschring
Projekttyp:	gemischtes Projekt, GbR
Gründung:	1995

Beschreibung:
Der Tauschring Talent Hildesheim soll alte/neue soziale Strukturen im Sinne der Nachbarschaftshilfe beleben helfen. Er soll aber auch wirtschaftliche Beziehungen zwischen Freiberuflern, Gewerbetreibenden und Handwerkern in der Kommune und in der Region initiieren und zu neuen Existenzgründungen beitragen. Dazu benötigt Talent Hildesheim allerdings Unterstützung durch die entsprechenden Institutionen vor Ort.
Talent Hildesheim betreibt keine offensive Öffentlichkeitsarbeit und ist an einem langsamen Wachstum der Mitgliederzahl interessiert. Zugrunde liegt die Überzeugung, daß nur eine solide Basis eine langfristige Perspektive für ein derartiges Projekt garantiert: Ein Tauschring funktioniert nur dann, wenn die einzelnen Mitglieder nicht nur reagieren, sondern auch agieren.

Talent Experiment Hochschwarzwald

Hiera 6, 79853 Lenzkirch-Saig
Telefon: 07653/ 9461
Fax: 0761/ 407605

Art des Projekts:	Tauschring
Projekttyp:	gemischtes Projekt, GbR
Gründung:	1994

Beschreibung:
Das Talent-Experiment Hochschwarzwald wurde im Herbst 1994 gestartet, angelehnt an das seit 1993 in der Schweiz erfolgreich verlaufene Talent-Experiment.
Der Talent-Tauschring basiert auf dem bargeldlosen Tauschmittel "Talent". Diese Tauschring-Währung dient der Verrechnung von Leistungen und Waren zwischen den Tauschring-TeilnehmerInnen: Alle TeilnehmerInnen haben ein Talent-Konto, über

welches die Tauschaktionen notiert werden. Damit Angebot und Nachfrage sich finden, gibt das Talent-Experiment eine Marktzeitung heraus.

Das Talent-Experiment Hochschwarzwald bietet der Nachbarschaft eine neue Plattform für persönlichen Austausch ohne Geld. Es ist vor allem für die Menschen nützlich, die zusehends mehr Mühe haben, ihren Lebensunterhalt zu verdienen. Es bringt Menschen wieder miteinander in Beziehung und unsichtbare Reichtümer – Talente – der TeilnehmerInnen kommen ans Tageslicht. Außerdem soll die lokale Nebenwährung "Talent" ein Garant dafür sein, daß die regionalen Ressourcen wieder vermehrt genutzt werden.

Talenta
Tauschring von Frauen für Frauen

Mühlenstr. 35, 22880 Wedel
Telefon: 04103/ 13488
Fax: 04103/ 13488
Mi 10 – 22 Uhr, Telefonzeiten: Mo – Do 15 – 22 Uhr

Art des Projekts: Tauschring

Projekttyp: Frauenprojekt, dem Internationalen Bund für Sozialarbeit, Kommunikationszentrum "Die Villa", angegliedert

Gründung: 1995

Beschreibung:
Talenta ist ein von Frauen für Frauen organisierter Tauschring, der den bargeldlosen Austausch von Leistungen und Produkten zwischen Frauen ermöglicht.
Mit dem Tauschring Talenta wurde für Frauen eine Möglichkeit geschaffen, ihre materielle Versorgung zu verbessern. Er soll Frauen, die nicht über ausreichendes herkömmliches Geld verfügen, in die Lage versetzen, Leistungen in Anspruch zu nehmen, die sie normalerweise nicht bezahlen können.
Die Tauschring-Teilnehmerinnen können sonst brachliegende Fähigkeiten und Fertigkeiten in das Tauschsystem einbringen. Ihr Selbstbewußtsein und Selbstwertgefühl wird so gestärkt und stabilisiert. Außerdem helfen die entstehenden Kontakte, die Isolation zu überwinden, in der sich alleinerziehende oder ältere Frauen oft befinden.
Grundsätzlich kann jede Frau aus Wedel und Umgebung am Tauschring Talenta teilnehmen. Kontoinhaberinnen sind nur Frauen und sie besitzen die alleinige Verfügungsgewalt über ihr Talent-Konto. Männliche Verwandte können zwar auch Leistungen, Dienste oder Güter einbringen, aber nur mit dem Einverständnis und zu Gunsten der Kontoinhaberin.
Die Tauschring-Währung "Talent" ermöglicht den indirekten Austausch und wird mit Hilfe von Schecks jeweils auf der Soll-, bzw. Haben-Seite der Konten verbucht. Da-

bei sind die "Talente" wertmäßig nicht an die D-Mark gebunden und sie dürfen auch nicht in D-Mark abgegolten werden.
Die Angebote und Nachfragen veröffentlicht Talenta in einer regelmäßig erscheinenden Zeitung.

TalentBörse

c/o Jelena Dronowa
Vierkaten 28a, 21629 Neu Wulmstorf
Telefon: 040/ 7003450
Fax: 040/ 7003554
Mi 10.30 – 12 Uhr Beratung im Frauencafé

Art des Projekts:	Tauschring
Projekttyp:	gemischtes Projekt, GbR
Gründung:	1996

Beschreibung:
Bei der TalentBörse handelt es sich um eine Selbsthilfeinitiative, die Menschen helfen soll, die Anonymität und Isolation innerhalb eines Gemeinwesens zu vermindern. Die Schwerpunkte des Projekts sind:
- Nachbarschaftshilfe: Der Austausch zwischen den Menschen fördert die Solidarität und die Kontakte untereinander. Was als Gefälligkeitsdienst unter Freunden üblich ist, wird so auch in der Nachbarschaft möglich. Außerdem fördert das Tauschsystem die Kreativität. Auf der Suche nach Waren und Dienstleistungen, die sie innerhalb des Tauschrings anbieten könnten, entwickeln die TeilnehmerInnen Einfallsreichtum und Schöpferkraft. Brachliegende Talente können wiederentdeckt werden. Im Gegenzug kann sich jede/r mit Dienstleistungen versorgen, die sonst nur schwer zu organisieren sind.
- Entlastung des Familienbudgets: Jede/r kann sich in der TauschBörse etwas leisten, ohne D-Mark dafür ausgeben zu müssen. Das kann die Versorgungslage der sozial schwachen Haushalte verbessern.
- Kontakte: Durch das Tätigwerden bei der TauschBörse werden Kontakte quer durch die Generationen geknüpft.
- Einsparung von Energie: Es werden lange Anfahrts- und Transportwege vermieden, weil der Tauschring die lokale Nachbarschaftshilfe fördert. Dies spart Kosten und senkt den Energieverbrauch.
Die TalentBörse ist eine Fraueninitiative, an der aber auch Männer teilnehmen können.

Talentebörse Einhorn

Rentforter Str. 23, 45964 Gladbeck
Telefon: 02043/28373
10 – 20 Uhr

Art des Projekts: Tauschring

Projekttyp: gemischtes Projekt, dem Verein Siemens-Frauen-Initiative e. V.
                       angegliedert

Gründung: 1996

Beschreibung:
Die Talentebörse Einhorn bildet ein Netzwerk, das der Armut der TeilnehmerInnen ent-
gegenwirkt. Denn im Tauschring kann auch der- oder diejenige Leistungen in Anspruch
nehmen, der oder die nicht über ausreichende Geldmittel verfügt. Darin sehen die
Initiatorinnen den entscheidenden sozialen Aspekt der Talentebörse Einhorn.
Die Talentebörse organisiert und koordiniert den bargeldlosen Austausch von Dienstleistungen und Waren zwischen den TeilnehmerInnen.

Talentebörse Hellersdorf

Kastanienallee 27, 12627 Berlin-Ost
Telefon: 030/ 5612082 und 030/ 9989772
Mo – Fr 11 – 15 Uhr im Nachbarschaftshaus, Telefonzeiten täglich 8 – 16 Uhr

Art des Projekts: Tauschring

Projekttyp: gemischtes Projekt, dem Förderverein für Jugend- und Sozial-
                       arbeit e. V. angegliedert

Gründung: 1995

Beschreibung:
An der Tauschbörse Hellersdorf nehmen neben den privaten Mitgliedern auch mehrere Projekte teil. Praktischer und inhaltlicher Schwerpunkt des Projekts ist die Nachbarschaftshilfe. Die Verrechnungseinheit der Tauschbörse Hellersdorf ist der "Heller".
Der "Heller" ist an den Zeitfaktor gebunden, d. h. zehn "Heller" werden für eine Stunde
Arbeitszeit berechnet. Die Abrechnung erfolgt über Verrechnungsschecks und Guthaben-
konten der Mitglieder am Monatsende.

Talente-Tausch-Börse

c/o Uta Hermel
Badenerstr. 31, 76530 Baden-Baden
Telefon: 07221/ 24712
Fax: 07221/ 73168

Art des Projekts:	Tauschring
Projekttyp:	gemischtes Projekt, dem Verein Frauennetzwerk Baden-Baden e. V. angegliedert
Gründung:	1996

Beschreibung:
Die Talente-Tausch-Börse entstand auf Initiative des Baden-Badener Frauenstammtischs "Die Querdenkerinnen", der alte Strukturen aufbrechen und neue Ideen aus Frauensicht einbringen will. Eine dieser Ideen war die Tausch-Börse und vier der Stammtisch-Frauen arbeiten dort ehrenamtlich mit.
Durch die Talente-Tausch-Börse soll ein Netzwerk gegenseitiger Unterstützung entstehen, das den TeilnehmerInnen die Sicherheit gibt, für die kleinen Dinge des Alltags immer jemanden zu kennen, der einspringt, wenn es darauf ankommt.
Die erbrachten bzw. in Anspruch genommenen Dienstleistungen werden auf den Konten der TeilnehmerInnen in "Talenten", der Tauschring-Währung, verrechnet. Die Preise für eine Dienstleistung werden zwischen den TauschpartnerInnen frei ausgehandelt.
Die TauschringteilnehmerInnen können ihre Angebote und Gesuche im "Tauschrausch", der Marktzeitung der Talente-Tausch-Börse veröffentlichen.

Talente Tauschring Hannover

c/o Ulrich Schalow
Müdener Weg 20, 30625 Hannover
Telefon: 0511/ 575838

Art des Projekts:	Tauschring
Projekttyp:	gemischtes Projekt, GbR
Gründung:	1995

Beschreibung:
Der Talente Tauschring Hannover ist organisierte Nachbarschaftshilfe. Die TeilnehmerInnen können Kenntnisse, Fertigkeiten und auch Waren untereinander tauschen. Verrechnet werden alle Leistungen mit der Verrechnungseinheit "Talent". Angelehnt ist die Verrechnungseinheit an die D-Mark, d. h. ein "Talent" entspricht einer D-Mark.

Alle TeilnehmerInnen des Talente Tauschrings Hannover haben ein Verrechnungskonto, auf dem erbrachte Leistungen als "Plus", beanspruchte Leistungen als "Minus" verbucht werden. Ein "Minus" auf dem Konto bedeutet nicht, daß Schulden bestehen, sondern es ist eine moralische Verpflichtung, zu gegebener Zeit das Konto wieder auszugleichen.

Die Angebote und Gesuche der TeilnehmerInnen werden im "Talent-Zirkel", dem Info-Blatt des Tauschrings, abgedruckt.

Talente-Tauschring Oberteuringen

Lerchenstr. 18, 88094 Oberteuringen
Telefon: 07546/ 1078
Fax: 07546/ 1078

Art des Projekts: Tauschring

Projekttyp: gemischtes Projekt, GbR

Gründung: 1995

Beschreibung:
Ziel des Talente-Tauschrings ist es, gerechten Austausch und nicht gegenseitige Ausbeutung zu fördern. Der Talente-Tauschring ist eine ökonomische Selbsthilfe oder Nachbarschaftshilfe – eine Börse zum Austausch von Dingen, Diensten und Talenten. Dadurch werden gleichzeitig soziale Kontakte, Vertrauen und Gemeinschaftssinn gefördert. Jede/r kann ihre/seine brachliegenden Fähigkeiten einbringen, die auf dem "normalen" Markt keine Chance haben. Außerdem soll die Teilnahme am Tauschring auch zum Nachdenken darüber anregen, was "Wert" bedeutet und welche Fähigkeiten wichtig und wertvoll sind. Obwohl die Tauschring-Währung "Talente" keinen monetären Wert hat, kann man mit ihr kaufen und verkaufen.
Der Talente-Tauschring fördert Reparatur, Wiederverwendung und Recycling und regt an zum bewußten Umgang mit der Natur.

Talentskulptur
Das Kölner Netzwerk für geldloses Tauschen

Neusser Str. 569, 50737 Köln
Telefon: 0221/ 7407044
Mi – Fr 10 – 12 Uhr

Art des Projekts: Tauschring

Projekttyp:	gemischtes Projekt, dem Verein Projekt Herzgehirn e.V. informell angegliedert
Gründung:	1995

Beschreibung:
Seit März 1995 wird in Köln organisiert "getauscht": Waren, Dienstleistungen, und das völlig geldlos! Initiator und Wegbereiter der Talentskulptur ist das Kölner Projekt Herzgehirn Kunstinitiative e. V., das eine Antwort auf die stetig wachsenden Probleme der Zeit anbieten will. Im Raum Köln gibt es mit der Talentskulptur ein Netzwerk, in dem eine neue, gerechte, soziale und kreative Form von Arbeit, Handel und Markt ermöglicht werden soll.

Tauschmittel bei Talentskulptur ist das "Talent". JedeR TeilnehmerIn erhält deshalb auch ein "Talent-Konto" und bekommt "Talent-Scheckformulare", mit denen der frei ausgehandelte Preis eines Tauschvorgangs bezahlt werden kann. Dabei orientiert sich die Währung "Talent" rechnerisch an der D-Mark. Aber es lohnt sich nicht, "Talente" zu horten, denn es gibt für sie keine Zinsen. Statt dessen wird für positive und negative Kontostände eine Nutzungsgebühr (1% monatlich) erhoben. Sie ist ein Anreiz, Geben und Nehmen auszugleichen.

Die Talentskulptur ist offen für alle, die geldlos etwas anbieten oder in Anspruch nehmen wollen, egal, ob Privatpersonen, Läden, Kneipen, Organisationen etc. Alle TeilnehmerInnen handeln Art und Weise ihrer Tauschvorgänge frei aus. Ebenso kann jedeR TeilnehmerIn Kontostände, Umsätze und Minus-Grenzen aller Konten auf Wunsch einsehen und sich so vor ungedeckten Schecks schützen. Und jedeR TeilnehmerIn hat das Recht, im Plenum mitzuwirken. Das Plenum ist das zentrale Gremium, in dem über alle Belange der Talentskulptur beraten und entschieden wird.

Alle Angebote und Nachfragen des Netzwerks sowie alle Informationen rund um die Talentskulptur werden monatlich in den "Gelben Talentseiten" veröffentlicht.

TARI

Goethestr. 2, 79100 Freiburg
Telefon: 0761/ 7086330
Do 17 – 20 Uhr

Art des Projekts:	Tauschring
Projekttyp:	gemischtes Projekt, GbR
Gründung:	1996

Beschreibung:
TARI ist ein Projekt zum Austausch von Dienstleistungen und versteht sich als Alternative zur herkömmlichen Geldwirtschaft, denn der Tausch funktioniert nicht über Geld, sondern über Zeit: Verrechnet wird Zeit gegen Zeit und dabei werden alle Dienstlei-

stungen gleichwertig behandelt, d. h., eine Stunde Zeit wird grundsätzlich mit zehn "Dreisamtalern", der Verrechnungseinheit von TARI, berechnet.
TARI bringt die Personen, die Fähigkeiten und Talente anzubieten haben, über ein Anzeigenblatt mit denen in Kontakt, die Dienstleistungen suchen. Und TARI führt die Konten der Mitglieder.

Tausch am Rhing

Oscar-Romero-Haus
Heerstr. 205, 53111 Bonn
Telefon: 0228/ 63509
Fax: 0228/ 63509
Telefonzeiten: 9 – 22 Uhr

Art des Projekts:	Tauschring
Projekttyp:	gemischtes Projekt, GbR
Gründung:	1996

Beschreibung:
Tausch am Rhing ist eine Gemeinschaft der Nachbarschaftshilfe, in der auf der Basis von gegenseitigem Kredit und ohne Geld Waren und Dienstleistungen vermittelt werden. Durch die Teilnahme am Tauschring können Fähigkeiten geweckt und zum gegenseitigen Nutzen eingesetzt werden, die im normalen Arbeitsalltag nicht gefragt sind. Für Menschen mit niedrigem Einkommen oder ohne geregelte Arbeit bietet Tausch am Rhing die Chance, ein Höchstmaß an persönlicher Unabhängigkeit zu erhalten und gleichzeitig ihre Kreativität und ihre Fähigkeiten weiterzuentwickeln.
Die TeilnehmerInnen des Tauschrings können die Angebote und Nachfragen den regelmäßig erscheinenden "Gelben Tauschringseiten" entnehmen. Kommt ein Tausch zustande, dann wird die in Anspruch genommene oder aufgewendete Arbeitszeit auf den Konten der Tauschpartner verbucht. Der Zeitwert beim Angebot und Verleih von Waren wird bei Tausch am Rhing zwar zwischen den Anbietenden und Nachfragenden frei ausgehandelt, aber es gilt der Grundsatz: Dienstleistungen sollten höher bewertet werden als Warenangebot oder -verleih.

Tauschring Celle

c/o Cornelia Döllermann-Nölting
Lochteweg 9, 29223 Celle
Telefon: 05141/ 31566
Mo 10 – 12 Uhr

Art des Projekts: Tauschring

Projekttyp: gemischtes Projekt, GbR

Gründung: 1995

Beschreibung:
Beim Tauschring Celle wird Zeit gegen Zeit getauscht, d. h. eine Stunde Steuererklärung machen ist genauso viel wert wie eine Stunde putzen. So wird die Diskrepanz zwischen Kopf- und Handarbeit aufgehoben. Die in Anspruch genommenen Stunden und die geleisteten Stunden der TeilnehmerInnen werden entsprechend auf deren Konten verrechnet.
Durch diese organisierte Nachbarschaftshilfe entstehen neue Kontakte und die TeilnehmerInnen können ihre Talente selbstbewußt und nutzbringend einsetzen. Unabhängig vom Einkommen kann sich jede und jeder etwas leisten. Es werden sogar neue Initiativen möglich, auch wenn kein Geld vorhanden ist.

Tauschring Karlsruhe

Hardtstr. 37a, Bau I, 76185 Karlsruhe
Telefon: 0721/ 9553540
Fax: 0721/ 9553542

Art des Projekts: Tauschring

Projekttyp: gemischtes Projekt, Verein

Gründung: 1996

Beschreibung:
Der Tauschring Karlsruhe ist eine Initiative zur Förderung der Nachbarschaftshilfe und einer sozialen Ökonomie. Er bietet Menschen, die im geldorientierten Wirtschaftssystem zu kurz kommen, die Möglichkeit, an Dienstleistungen heranzukommen, die für sie mit Geld kaum bezahlbar sind. Der Tauschring Karlsruhe ist ein selbstverwaltetes Projekt, das auf kooperativen Umgangsformen und transparenten Strukturen basiert. Er bietet den TeilnehmerInnen einen Infoservice, durch den sie zum gegenseitigen Nutzen Waren und Dienstleistungen zins- und profitfrei austauschen können.
Die Verrechnungseinheit im Tauschring Karlsruhe nennt sich "Talent". Der Tauschring empfiehlt zwar als Orientierung, zwanzig Talente für eine Stunde Arbeitsleistung zu geben, aber es bleibt den TeilnehmerInnen überlassen, den Tauschpreis frei auszuhandeln. Die vereinbarten Talente werden dann auf den Tauschring-Konten der TauschpartnerInnen verrechnet. Diese Buchungen auf den Konten stellen moralische Guthaben und Verpflichtungen dar und können nicht in D-Mark eingefordert oder bezahlt werden.

Der Tauschring Karlsruhe veröffentlicht die Angebote und Nachfragen in einer Marktzeitung.

Tauschring Ottensen

c/o Ch. Beyer
Friedensallee 4, 22765 Hamburg
Telefon: 040/ 396050 (Di 18 – 20 Uhr) und 040/ 3908666 (Do 18 – 20 Uhr)

Art des Projekts: Tauschring

Projekttyp: gemischtes Projekt, GbR

Gründung: 1996

Beschreibung:
Über den Tauschring Ottensen besteht die Möglichkeit, Nachbarschaftshilfe und Waren bargeldlos zu tauschen. Getauscht wird mit Hilfe der Tauschring-Währung "Motten", die über die Konten der TeilnehmerInnen verrechnet wird. Als Empfehlung gibt der Tauschring Ottensen seinen Mitgliedern, jegliche Arbeit unabhängig von ihrer Art mit zwanzig "Motten" pro Stunde zu berechnen.
Die Teilnahme am Tauschring Ottensen ist interessant
- für alle, die nicht so viel Geld haben, aber trotzdem Dienstleistungen benötigen
- für alle, die unabhängig vom Bargeld wirtschaften wollen
- für alle, die mehr Kontakte in ihrem Stadtteil aufbauen möchten.

Tauschring Paderborn

c/o Matthias Schlechter
Fürstenbergstr. 7a, 33102 Paderborn
Telefon: 05251/ 282538
Fax: 05251/ 282445
Mo – Fr 9 – 17 Uhr

Art des Projekts: Tauschring

Projekttyp: gemischtes Projekt, GbR

Gründung: 1996

Beschreibung:
Der Tauschring Paderborn ermöglicht den Austausch von Arbeiten und persönlichen Fähigkeiten auf Gegenseitigkeit. Er möchte eine Alternative bieten zum profitorientierten Wirtschaften und die sozialen Kontakte unter den TeilnehmerInnen fördern.

TauschWatt

Körnerwall 6, 28203 Bremen
Telefon: 0421/ 706578

Di 17 – 20 Uhr, Sa 12 – 15 Uhr

Art des Projekts: Tauschring

Projekttyp: gemischtes Projekt, GbR

Gründung: 1996

Beschreibung:
TauschWatt ist ein Zusammenschluß von Menschen in Bremen, die Dienstleistungen bargeldlos tauschen. Dieser Tauschring bietet ein Forum, Fähigkeiten und Talente in den Tauschmarkt einzubringen oder in Anspruch zu nehmen. Der Vorteil dieses Systems ist, daß nicht direkt getauscht werden muß. Statt dessen werden die erbrachten oder in Anspruch genommenen Leistungen mittels der Tauschring-Einheit "Tiden" auf den Konten der Mitglieder verrechnet.
TauschWatt behandelt alle Arten von Kopf- und Handarbeit gleichwertig. TauschWatt soll Reparatur, Wiederverwendung und Recycling ermöglichen, und durch TauschWatt wird der Handel auf einen überschaubaren Umkreis begrenzt. Die Wege bleiben kurz und damit ökologisch sinnvoll. Außerdem werden durch die Teilnahme bei TauschWatt soziale Kontakte im Wohnumfeld, Vertrauen, Gemeinschaftssinn, Unmittelbarkeit und Autonomie gefördert.

teilAuto

Hans-Böckler-Str. 2a, 69115 Heidelberg
Telefon: 06221/ 160843
Fax: 06221/ 29749
Info-Zeit: Mo 17 – 19 Uhr

Art des Projekts: Car-Sharing

Projekttyp: gemischtes Projekt, dem gemeinnützigen Verein Ökostadt Rhein-Neckar angegliedert

Gründung: 1992

Beschreibung:
teilAuto bietet seinen Mitgliedern die Möglichkeit, durch die gemeinsame Autonutzung die verkehrsbedingte Umweltbelastung zu reduzieren. Denn: Ein teilAuto ersetzt im Schnitt sieben Privatautos und die Teilnahme am Car-Sharing führt zu einer bewußteren Verkehrsmittelwahl.

Die Autos gehören dem Verein Ökostadt Rhein-Neckar und sind auf festen Stellplätzen im gesamten Rhein-Neckar-Raum verteilt. Die Mitglieder des Vereins können jederzeit eines der Autos nutzen, denn die Autoschlüssel befinden sich in einem Wandtresor an jedem Stellplatz und zu diesem Tresor hat jedes Mitglied einen Schlüssel. Die Buchungszentrale von teilAuto übernimmt lediglich die Koordinierung der telefonischen Fahrzeugreservierungen.

Neben einem kleinen Mitgliedsbeitrag fallen für die Mitglieder von teil-Auto nur dann Kosten an, wenn sie ein Auto benutzen. Dann zahlen sie anteilig sowohl fixe als auch variable Kosten. Diese werden durch eine Kombination aus einem Zeittarif und einem Kilometertarif berechnet.

Darüber hinaus bietet der Verein seinen Mitgliedern in Zusammenarbeit mit dem Verkehrsverbund Rhein-Neckar ein Car-sharing Verbundticket an. Damit können die Mitglieder von teilAuto im Rhein-Neckar-Raum günstig öffentliche Verkehrsmittel nutzen.

Terre des Femmes e. V.

Nauklerstr. 60, 72074 Tübingen
Telefon: 07071/ 24289 oder 07071/ 551664
Fax: 07071/ 550352

Art des Projekts: Frauennetzwerk

Projekttyp: Frauenprojekt, gemeinnütziger Verein

Gründung: 1981

Beschreibung:
Die Frauenrechtsorganisation Terre des Femmes e. V. hat sich zum Ziel gesetzt, für die Rechte von Frauen einzutreten, ungeachtet ihrer konfessionellen, politischen, ethnischen und nationalen Zugehörigkeit. Dabei geht es Terre des Femmes in erster Linie um die frauenspezifischen Diskriminierungen, wie z. B. Frauenhandel, Sextourismus, Kinderprostitution, Gewalt in den Medien, genitale Verstümmelungen, Zwangsabtreibungen, Mitgiftmorde oder sexuelle Gewalt gegen Frauen und Mädchen.

Terre des Femmes unterstützt die Frauen durch internationale Vernetzung mit Frauen- und Menschenrechtsorganisationen, Öffentlichkeitsarbeit, Aktionen, Einzelfallhilfe und Förderung von einzelnen Projekten wie z. B. Frauenzentren, Selbsthilfeprojekte, Selbsthilfeprojekte für Prostituierte oder Aufklärungskampagnen gegen Genitalverstümmelungen.

Über Menschenrechtsverletzungen an Frauen berichtet Terre des Femmes viermal im Jahr in einem Rundbrief. Außerdem gibt der Verein unregelmäßig umfangreiche Dokumentationen zu einzelnen Frauenrechtsbereichen heraus.

Neben der Bundesgeschäftsstelle in Tübingen ist Terre des Femmes in zahlreichen Städten durch Städtegruppen vertreten, die ehrenamtlich arbeiten.

Wendlandhof e. G.

Lomitz 28, 29491 Prezelle
Telefon: 05848/ 1288
Fax: 05848/ 1288
täglich 9 – 12 und 15 – 18 Uhr

Art des Projekts: Wohngenossenschaft/ Produktivgenossenschaft

Projekttyp: gemischtes Projekt, Genossenschaft und gemeinnütziger Verein

Gründung: 1986

Beschreibung:
Aus dem Widerstand gegen die Atomanlagen in Gorleben wuchs in Berlin eine Gruppe engagierter Menschen zusammen, die sich 1986 als Genossenschaft organisierte. Gemeinsam wurde ein alter Bauerhof mit Gaststätte und Saal erworben, um einen festen Ànlaufpunkt im Wendland aufzubauen.
Durch die Restaurierung der Gebäude und deren Innenausbau entstanden dort Räume für die Wohngemeinschaft und die Begegnungsstätte mit Seminar- und Gästehaus. Der Saal und ein Zeltplatz können ebenfalls von GenossInnen, SeminarteilnehmerInnen und Gästen genutzt werden.
Ein Teil der Gruppe lebt auf dem Hof und die Berliner GenossInnen kommen regelmäßig. Wichtige Entscheidungen trifft die Wendlandhofgenossenschaft im monatlichen Plenum, in dem grundsätzlich Konsens angestrebt wird.
Die Hofgruppe, Kinder und Erwachsene (neun Personen), versucht ökologische und gemeinschaftliche Grundsätze im Alltag zu praktizieren. Verwirklicht werden konnten bisher z. B. ökologischer Hausbau, Holz-Pyrolyse-Zentralheizung, Pflanzenkläranlage, Solardusche und Kompostklo. Außerdem entstehen auf dem Hof Betriebe, die den Lebensunterhalt auf dem Land sichern sollen, wie etwa das Gästehaus und eine Tischlerwerkstatt.
Der Verein Lomizil e. V. wurde gegründet, um eine Basis zur Förderung von Kunst, Kultur, Arbeit mit Jugendlichen, Völkerverständigung und Umweltbildung zu schaffen. Er ist eng mit der Genossenschaft verknüpft. Zum Programm des Vereins gehören Seminare und Workshops im Rahmen der Jugend-Umweltbildung, internationale Begegnungen und kulturelle Veranstaltungen, für die Lomizil e. V. jeweils einen Teil der Räume im Projekt mietet.

"Wi daun wat"

Erich-Schlesinger-Str. 21, 18059 Rostock
Telefon: 0381/ 4052923
Fax: 0381/ 7698112
8 – 16 Uhr

Art des Projekts: Tauschring

Projekttyp: gemischtes Projekt, dem Verein "Dau wat" e. V., gewerkschaftliche Arbeitslosenbetreuung, angegliedert

Gründung: 1995

Beschreibung:
"Wi daun wat" ist ein Tauschring, in dem die TeilnehmerInnen Leistungen und Waren miteinander tauschen. Die beiden TauschpartnerInnenhandeln den Wert der Leistung in "Knoten" – so heißt die TauschringWährung – frei aus. Als Richtwert werden zehn "Knoten" pro Stunde vorgeschlagen. Jeder Tausch wird auf den Konten der Tauschenden mit Hilfe eines Buchungsbelegs erfaßt.
Die TeilnehmerInnen von "Wi daun wat" können ihre Angebote und Nachfragen sowie interessante Informationen einmal pro Monat in der Marktzeitung "Warnow-Knoten" veröffentlichen lassen. Den "Warnow-Knoten" bekommen alle Mitglieder und er liegt auch an öffentlichen Stellen aus, wie z. B. im Arbeitsamt.

Wir für uns

Seniorengenossenschaft

Hauffstr. 7, 71672 Marbach/ Neckar
Telefon: 07144/ 17534
Mi, Do, Fr 14 – 17 Uhr

Art des Projekts: Seniorengemeinschaft

Projekttyp: gemischtes Projekt, gemeinnütziger Verein

Gründung: 1992

Beschreibung:
Die Seniorengenossenschaft Wir für uns gehört zu den 14 Pilotprojekten in Baden-Württemberg, die vom Sozialministerium des Landes als "Starthilfe" Fördermittel erhielten.
Inzwischen hat Wir für uns über 140 Mitglieder. Den Mitgliedern wird die Zeit gutgeschrieben, die sie aufwenden, um anderen zu helfen. Bei Bedarf können diese Mitglieder dann selbst Hilfe erhalten, die mit ihrem Zeitkonto verrechnet wird.

Wir für uns bietet den Mitgliedern vor allem kulturelle Angebote, weil diese in Marbach für ältere Menschen bislang fehlten. Und mit ihrem Sonntagscafé will die Seniorengenossenschaft der Einsamkeit entgegenwirken.

Wurzelwerk e. G.

Friedrichstr. 9, 33330 Gütersloh
Telefon: 05241/ 14628
Mo – Fr 9 – 18 Uhr, Sa 9 – 13 Uhr

Art des Projekts: Erzeuger-Verbraucher-Genossenschaft

Projekttyp: gemischtes Projekt, Genossenschaft

Gründung: 1981

Beschreibung:
Wurzelwerk e. G. ist eine Erzeuger-Verbraucher-Genossenschaft zur Direktvermarktung bäuerlicher und handwerklicher Produkte. Daneben gibt es noch den gemeinnützigen Verein Arbeitsgemeinschaft ökologische Entwicklungspolitik e. V., der Projekt- und Öffentlichkeitsarbeit macht.
Die Ziele von Wurzelwerk e. G. sind:
- die Gespaltenheit zwischen ökologischem Bewußtsein und den Gewohnheiten des Alltags überwinden, insbesondere im Bereich von Konsum und Lebensstil – nicht trennen zwischen Ethik und wirtschaftlichem Handeln
- die Anonymität des Marktes überwinden, d. h. grundsätzliche Transparenz hinsichtlich der Preisgestaltung und der ökologischen und sozialen Bedingungen bei der Erzeugung von Lebensmitteln
- Gesundheit als etwas Umfassendes begreifen: Ein Lebensmittel, dessen Erzeugung Bauern und Böden krank macht, dessen Verteilung Opfer im Verkehr, an Natur und Lebensqualität fordert, ist nicht gesund – auch wenn das Labor Rückstandsfreiheit bescheinigt
- die Suche nach einem solidarischen und demokratischen Wirtschaftsprinzip, das allen Beteiligten gerecht wird, d. h. Risiken gemeinsam tragen, den ökologischen Landbau unterstützen, danach fragen, ob Preise gerecht sind und auf wessen Kosten etwas billig ist, sich miteinander identifizieren und den ursprünglichen Genossenschaftsgedanken wiederbeleben und weiterentwickeln.
Gemäß diesen Zielen bietet Wurzelwerk e. G. im Laden bäuerliche und handwerkliche Produkte aus ökologischer Erzeugung an, die bevorzugt aus der Region stammen. Darüber hinaus gibt es Produkte des täglichen Bedarfs, die einer ökologischen Wertung standhalten, und Produkte aus der Dritten Welt. Interessierte können im Laden von Wurzelwerk e. G. auch Literatur und Infomaterial zu Ernährung, Umweltschutz und Entwicklungspolitik erhalten.

Zar Nekla die Erste

Grünheiden 19, 17121 Zarnekla

Art des Projekts: Selbstversorgungs- und Produktivgenossenschaft

Projekttyp: gemischtes Projekt, GbR

Gründung: 1992

Beschreibung:
Zar Nekla die Erste ist eine Gemeinschaft von fünf Kindern und sieben Erwachsenen in Zarnekla in Vorpommern. Das Gelände umfaßt 15 Hektar Boden (Wald, Acker, Weide, Gärten und Moor) mit einer kleinen Hofstelle und ein paar Bauwagen.
Die BewohnerInnen von Zar Nekla die Erste arbeiten an einer umfassenden Selbstversorgung, die sich an der Permakultur mit weitgehendem Verzicht auf Maschineneinsatz orientiert. Als Ziel streben sie ein selbstbestimmtes, naturverträgliches, einfaches Leben an, das vielseitig entkoppelt sein soll von den kapitalistischen Zerstörungsmechanismen wie z. B. Markt und Medien.

Zeit-Tausch-Börse Leichlingen

Burgweg 3, 42799 Leichlingen
Telefon: 02175/ 2187

Art des Projekts: Seniorengemeinschaft

Projekttyp: gemischtes Projekt, GbR

Gründung: 1996

Beschreibung:
Das Projekt befindet sich noch im Aufbau.

Zeit-Tauschring Frankfurt Nordwest

Heilmannstr. 24, 60439 Frankfurt/ Main
Telefon: Auskunft 069/ 574201 und 069/ 586922
Vermittlung von Hilfen 069/ 577345, 069/ 586922 und 069/ 575604
Fax: 069/ 5870654

Art des Projekts: Tauschring

Projekttyp: gemischtes Projekt, GbR

Gründung: 1996

Beschreibung:
Der Zeit-Tauschring Frankfurt Nordwest möchte die mitmenschliche Solidarität im Stadtteil fördern und damit zur Verbesserung der Lebensqualität beitragen. Um die Wege kurz und die erforderliche Organisation überschaubar zu halten, beschränkt sich die Initiative bewußt auf die Frankfurter Nordweststadt und die unmittelbar angrenzenden Wohngebiete.

Der Zeit-Tauschring vermittelt ausschließlich gegenseitige Hilfen; alle Arbeiten – einschließlich der Wege – haben den gleichen Wert und werden in Punkten (vier Punkte für eine Stunde) berechnet. Das heißt, für Hilfeleistungen gibt es Pluspunkte und für die Inanspruchnahme von Hilfen Minuspunkte.

Für Mitglieder, die keine Punkte erarbeiten können, bietet der Zeit-Tauschring die Möglichkeit, gegen einen Förderbeitrag Hilfen zu erhalten.

Zentrum für selbstbestimmtes Leben

Jakobstr. 22, 50678 Köln
Telefon: 0221/ 322290
Fax: 0221/ 321469
Mo – Do 9 – 16 Uhr, Fr 9 – 14 Uhr
Telefonzeiten: Mo 12. 30 – 14. 30, Di – Fr 10 – 12 Uhr, Di – Do 14 – 16 Uhr

Art des Projekts: Beratungsstelle für Menschen mit Behinderungen

Projekttyp: gemischtes Projekt, dem Verein Selbstbestimmt Leben Köln e. V. angegliedert

Gründung: 1987

Beschreibung:
Das Zentrum für selbstbestimmtes Leben ist eine Beratungsstelle, in der Menschen mit Behinderungen ausschließlich von Menschen mit Behinderungen beraten werden. Als Basis der Arbeit werden berufliche Kompetenz mit dem Engagement und den Inhalten der Selbsthilfebewegung verbunden. Inhalte der Beratung können die Vermittlung von Sachkenntnissen (z. B. BSHG, Wohnen, SchwGG) und/oder die psycho-soziale Unterstützung sein.

Ziel ist dabei immer, Menschen mit Behinderungen für eine selbstbestimmte Lebensführung Begleitung und Unterstützung anzubieten. Denn das Zentrum für selbstbestimmtes Leben vertritt die Überzeugung, daß jeder Mensch das Recht und die Möglichkeit hat, ein Leben auf der Grundlage freigewählter und selbstverantworteter Entscheidungen zu führen.

Neben der Beratungsarbeit sind die politische Arbeit, sowie die Öffentlichkeitsarbeit und die Mitwirkung in verschiedenen Gremien wichtige Teile der Arbeit des Zentrums für selbstbestimmtes Leben.

Gruppen, die international wirtschaften

gepa GmbH

Gewerbepark Wagner
Bruch 4, 42279 Wuppertal
Telefon: 0202/ 26388-0
Fax: 0202/ 26388-10

Art des Projekts: Fair-Handelsorganisation

Projekttyp: gemischtes Projekt, GmbH und gemeinnütziger Verein

Gründung: 1975

Beschreibung:
Die Gesellschaft zur Förderung der Partnerschaft mit der Dritten Welt mbH (gepa) ist die größte Fair-Handelsorganisation in Europa. Ihre Gesellschafter sind die beiden großen christlichen Kirchen mit Misereor und dem Kirchlichen Entwicklungsdienst (KED) und den jeweiligen Jugenddachverbänden sowie die Arbeitsgemeinschaft der Dritte Welt Läden und der Verein der Basisgruppen zur Förderung des genossenschaftlichen Gedankens in der Aktion Dritte Welt Handel. Gewinne werden ausschließlich für die Ziele des fairen Handels eingesetzt.
Das Ziel der gepa ist ein Süd-Nord-Handel zu fairen Preisen, direkt und langfristig. Die HandelspartnerInnen der gepa, Kleinbauern oder KleinhandwerkerInnen aus Lateinamerika, Afrika und Asien, liefern vor allem Kaffee, Tee, Honig und Kunsthandwerk. Dabei sollen HandelspartnerInnen bevorzugt werden, die nur mangelnde anderweitige Vermarktungschancen haben, die sich in Selbsthilfeorganisationen zusammengeschlossen haben und die durch ihre Arbeit den Prozeß der Emanzipation und Demokratisierung ihres Landes bzw. ihrer Region fördern. Die Produkte sollen sozial- und umweltverträglich und unter menschenwürdigen Bedingungen hergestellt sein und möglichst im Herkunftsland verpackt werden.
Fairer Handel heißt: Die gepa zahlt Preise die die Produktionskosten decken und darüber hinaus Spielraum für Entwicklungsaufgaben wie Schulbau oder Gesundheitsvorsorge lassen. So erhalten die ProduzentInnen die Chance, sich aus eigener Kraft den Lebensunterhalt zu sichern. Beim Kaffee zahlt die gepa den Kleinbauern beispielsweise Preise über dem Weltmarktniveau. Um den ökologischen Anbau von Lebensmitteln in den Herkunftsländern zu fördern, zahlt die gepa Zuschläge z. B. für Biokaffee. Fairer Handel beinhaltet außerdem langfristige Handelsbeziehungen, Vorfinanzierung der Ware und Beratung bei der Produktentwicklung.
Der klassische und größte Vertriebsbereich der gepa sind die ca. 750 Weltläden in Deutschland. Sie sind in der Mehrzahl ehrenamtlich organisiert und werden häufig von gemeinnützigen Vereinen getragen. Es gibt aber auch Mischformen von Haupt- und Ehrenamtlichkeit oder auch Läden in privatem Besitz. Die Weltläden sind von der gepa formal unabhängig, aber durch den Warenbezug und die inhaltliche Nähe eng verbunden. Außerdem bietet die gepa den Läden auch Unterstützung, wenn sie wegen Veränderung, Vergrößerung oder Professionalisierung anfragen.

Neben den Weltläden arbeitet die gepa auch mit Naturkostläden, Supermärkten, Fimenkantinen und Tagungshäusern zusammen.

Der gemeinnützige Fair Trade Verein wurde 1995 gegründet. Er hat die besonders intensive ProduzentInnenberatung vor Ort und die Bildungsarbeit in Deutschland von der gepa übernommen. Diese beiden Bereiche lassen sich nicht mehr allein über den Preis der Produkte finanzieren.

TransFair – Verein zur Förderung des Fairen Handels mit der "Dritten Welt" e. V.

Remigiusstr. 21, 50937 Köln
Telefon: 0221/ 425871
Fax: 0221/ 410178

Art des Projekts: Fair-Handelsorganisation

Projekttyp: gemischtes Projekt, Verein

Gründung: 1993

Beschreibung:
Der Verein TransFair hat es sich zur Aufgabe gemacht, die benachteiligten ProduzentInnen in Afrika, Asien und Lateinamerika zu fördern und ihre Lebensbedingungen zu verbessern. Die ErzeugerInnen von qualitativ hochwertigen Produkten sollen einen fairen Lohn für ihre Arbeit erhalten. Träger des Vereins sind 36 Organisationen aus den Bereichen Entwicklungspolitik, Kirche, Sozialarbeit, Verbraucherschutz, Bildung und Umwelt.

Um das Ziel "Fairer Handel" zu erreichen, wurde 1993 das TransFair-Gütesiegel eingeführt, zuerst nur für Kaffee, inzwischen auch für Tee, Kakao, Zucker und Schokolade. TransFair handelt nicht selbst mit diesen Produkten, sondern vergibt als unabhängige Institution die Lizenz für das TransFair- Gütesiegel an Importeure, weiterverarbeitende Betriebe und Handelsunternehmen. Produkte mit dem TransFair-Siegel werden in Supermärkten und Einzelhandelsgeschäften angeboten und auch von Großabnehmern wie Firmenkantinen, Gastronomiebetrieben oder Unimensen bestellt.

Firmen, die Produkte mit diesem Gütesiegel anbieten, müssen sich streng an die Richtlinien halten, die von TransFair gemeinsam mit ErzeugerInnen und internationalen ExpertInnen erarbeitet wurden, wie z. B. Einkauf direkt bei den ProduzentInnen, Mindestpreise und langfristige Verträge. Aber auch die ProduzentInnen in Afrika, Asien und Lateinamerika müssen genau definierte Standards einhalten.

Beispielsweise stammt Kaffee mit dem TransFair-Siegel ausschließlich von Kleinbauern, die sich in Genossenschaften zusammengeschlossen haben. Die Kooperativen erhalten stets einen Preis, der über dem im konventionellen Handel liegt – für Produkte aus kontrolliert ökologischem Anbau zusätzlich einen Aufschlag, um einen Anreiz für die

Umstellung auf ökologischen Anbau zu geben. Die Genossenschaftsmitglieder entscheiden dann eigenverantwortlich und demokratisch darüber, wieviel von den Mehreinnahmen an die einzelnen Bauern ausgezahlt wird und wieviel in Entwicklungsvorhaben wie Trinkwasserversorgung, Schulbau oder Frauenförderprogramme investiert wird. TransFair kontrolliert regelmäßig die Einhaltung der Richtlinien auf allen Ebenen. Aus den Lizenzgebühren für das TransFair-Gütesiegel, Mitgliedsbeiträgen und projektgebundenen Zuwendungen finanziert der Verein TransFair seine Geschäftsstelle, die Kontrolle der LizenznehmerInnen sowie die Bildungs- und Öffentlichkeitsarbeit zu Themenbereichen wie "Fairer Handel" oder "ungerechte Weltmarktstrukturen".

Arbeitsweise und -bedingungen der befragten Gruppen

Carola Möller

1996 wurden insgesamt 777 Gruppierungen aus dem Spektrum der alternativ wirtschaftenden Projekte angeschrieben. Die Adressen entnahmen wir mehrheitlich dem Adressenverzeichnis "Bunte Seiten" (1995) und der CD-ROM "Frauennetze 97". Ergänzt wurde die Suche durch private Adressenhinweise. Die Angeschriebenen erhielten einen Brief, in dem unser Befragungsinteresse beschrieben wurde, und den dazugehörenden Fragebogen. Die Befragung erfolgte in zwei Wellen vor und nach den Sommerferien 1996. In der zweiten Befragungswelle konnten wir aufgrund der Erkenntnisse aus den bis dahin vorliegenden Antworten die Adressenauswahl noch gezielter auf die von uns gesuchten Gruppen vornehmen. Damit verbesserte sich auch die Rücklaufquote. Sie beträgt für die gesamte Befragung 23,4%.

Eindeutige Auswahlkriterien für die letztlich im Handbuch aufgenommenen Gruppen festzulegen, war schwierig und ist auch in einzelnen Fällen sicher diskussionswürdig. Doch der ganze Bereich des als "gemeinwesenorientiert" bezeichneten Wirtschaftens befindet sich im status nascendi. Gerade das Fließende, sich Verändernde scheint ein typisches Merkmal zu sein.

Als *konkrete Abgrenzungskriterien* sind in die Auswahl eingegangen:

- Frauenprojekte und gemischte Projekte soweit sie nicht männerdominiert sind.
- Gruppierungen, deren Ziel die Deckung von Grundbedürfnissen ist und die mit diesen Aktivitäten nicht auf dem "freien" Markt konkurrieren wollen, d. h. kostendeckend arbeiten. Dies kann sowohl der Austausch von Arbeitsleistung gegen Geld als auch gegen Zeit sein.

"Grundbedürfnisse" sind diejenigen, die die physische und soziale Existenz und gesellschaftliche Teilhabe eines Menschen sichern. Sie umfassen die Bereiche: Ernährung, Kleidung, Wohnen, aber auch Betreuung von Kindern, Alten, Kranken, Transport, Handwerksarbeit und Ausbau von Infrastrukturen

für diese Form des Wirtschaftens. Bildung, Kultur und gesellschaftspolitische Einflußnahme gehören ebenfalls dazu. In diesen Sektoren sind eindeutige Zuordnungen der Projekte noch schwieriger. Dient ein Zusammenschluß von Frauen, die eine gemeinsame Galerie betreiben, in erster Linie der Stärkung ihrer Marktmacht (Lobby) oder der Stärkung künstlerischer Entwicklungen, die sich aus dem Streben nach einer anderen Lebensqualität heraus bildet? Hat z. B. ein Bildungsprojekt vor allem die Schulung der Kunden für den Erwerbsarbeitsmarkt zum Ziel, so wurde es nicht in diese Adressensammlung aufgenommen. Für diese Art Projekte gibt es genügend andere Handbücher. Zur weiteren Eingrenzung des fast unübersehbaren Bereichs bei Bildung, Kultur und Politik haben wir uns hier, zusätzlich zu dem grundsätzlichen Kriterium der Orientierung auf ein bedürfnisorientiertes vorsorgendes Wirtschaften, auf Frauenprojekte beschränkt. Frauenzentren und Frauennetzwerke gehören aber eher nicht dazu, einige Ausnahmen sind in die Auswertung eingegangen.

Ebenso unübersichtlich ist der Projektebereich *"Selbsthilfe"*. Hier haben wir durch negative Abgrenzung eine Einschränkung erzielt. Alle die Selbsthilfegruppen, die mit ihrer Arbeit vornehmlich der Behebung oder Verminderung gesellschaftlich produzierter Schäden dienen, z. B. Beratungsstellen für Drogenprobleme, Schulden, Gewalt gegen Frauen, wurden nicht angeschrieben bzw. aufgenommen.

Von den 777 angeschriebenen Projekten gab es 182 Reaktionen in irgendeiner Form. Aus diesen zurückgesandten Fragebögen wurden 79 aussortiert: davon waren 10 Sendungen als unzustellbar zurückgekommen, ein erstaunlich geringer Anteil, und 69 Gruppierungen gehörten nicht zur gesuchten Zielgruppe, weil sie nicht bedarfsorientiert wirtschaften oder ein männerdominantes Projekt sind. Nicht geantwortet haben 595 Gruppen. *Ausgewertet werden demnach 103 Fragebögen.*

Es wurden 160 ostdeutsche Projekte angeschrieben, das bedeutet im Verhältnis zum Bevölkerungsanteil überproportional viele. 19 davon wurden in das Handbuch aufgenommen. Von 97 angeschriebenen Berliner Gruppierungen konnten 12 ausgewertet werden, von den 441 westdeutschen Projekten waren 72 auswertbar. In den Adressenteil sind einige zusätzliche Adressen aufgenommen worden.

Ein Blick auf die 595 Gruppen, von denen wir keine Informationen bekommen haben:
Ostdeutsche Projekte antworteten vergleichsweise seltener als westdeutsche Projekte auf unseren Fragebogen, auch die Berliner Projekte waren zurückhaltender.

Frauenprojekte antworteten deutlich seltener als gemischte Projekte. 46% der angeschriebenen Gruppen sind Frauenprojekte, aber nur 28% gaben über ihre Arbeit Auskunft und wollten ihre Adresse in einem Handbuch verbreitet haben. Über die Gründe des Nichtantwortens haben wir keine Informationen. Vermutlich verstehen sich die meisten dieser Gruppen aufgrund des Anschreibens als ungeeignete Zielgruppe. Aber auch Arbeitsüberlastung wird dazu geführt haben, daß der Fragebogen irgendwo auf dem Schreibtisch versank. Eine Frau aus einem Tauschring meinte: "Wenn unsere Adresse verbreitet wird, bedeutet das für uns mehr Post und Telefonanrufe. Für diese Mehrarbeit haben wir keine Zeit."

Ein Überblick über das Verhältnis der Anschreiben zu den Antworten zeigt, daß Wohngenossenschaften bzw. Wohnprojekte, Landbaugemeinschaften, Einkaufsgenossenschaften, Selbstversorgungsgemeinschaften und handwerkliche Betriebe den Fragebogen selten zurückgeschickt haben. Auch die Mehrzahl der angeschriebenen Tauschringe hat nicht geantwortet. Für sie gab es in den vorangegangenen Monaten bereits anderweitig zwei Umfragen auszufüllen. Bei den anderen Projektarten ist die Rücklaufquote gut.

Gemeinwesenorientiert wirtschaftende Projekte insgesamt

103 Gruppierungen bilden die Basis der nachfolgenden Auswertung. Es sind dies alles Projekte, die ganz oder wenigstens in einem Teilbereich gemeinwesenorientiert wirtschaften. Eine gemischte Form des Wirtschaftens hat sich in einer Reihe von Projekten durchgesetzt. So gibt es beispielsweise ein bedarfsorientiert wirtschaftendes Wohnprojekt, das gleichzeitig ein profitorientiert wirtschaftendes Café betreibt. Die Kurzbeschreibung der einzelnen Gruppen ist dem Adressenteil zu entnehmen.

72 der 103 Projekte sind in Westdeutschland angesiedelt, 12 in Berlin und 19 in Ostdeutschland. 29 Gruppen sind Frauenprojekte und die übrigen 74 sind gemischte Projekte.

Inhaltliche Ausrichtung

Die gewählten Inhalte der Projektarbeit sind vielfältig. Die größte Gruppe bilden mit 39 Projekten die Tauschringe. Es folgen 13 Frauen-Kulturprojekte, (gemischte Kulturprojekte wurden nicht angeschrieben). 10 Gruppen (einschließlich einer Landbaugemeinschaft) haben eine landwirtschaftliche Selbstversorgung

zum Ziel, und 5 weitere haben sich zu Einkaufsgenossenschaften zusammengeschlossen. 5 feministische Gesundheitszentren wurden aufgenommen, weil
sich ihr Beratungsspektrum deutlich von dem üblichen, eher auf Schwan-
gerschaftsberatung begrenzten gesundheitlichen Beratungszentren abhebt. Es
haben 5 Seniorengemeinschaften geantwortet, bei denen – auch zeitverschoben
– gegenseitige Hilfe das Grundprinzip ist. Weitere Projektarten sind: Wohngenossenschaften bzw. Wohnprojekte (5), Migrantinnenprojekte (3), Frauenzentren (4), Frauennetzwerke (3), Handwerkerinnen-Selbsthilfewerkstätten (3),
eine Wissens- und Kontaktbörse, eine Projektwerkstatt und ein Nachbarschaftszentrum, bei denen jeweils sehr unterschiedliche Aktivitäten vereinigt sind:
Beratung, Tausch, Kultur, Zeitschrift, Food-coop, politische Arbeit etc., ein
Behinderten-Beratungszentrum, eine Bewohner-, Miet- und Bauberatung, eine
Fahrrad-Diebstahlversicherung, ein Car-sharing-Projekt und ein Projekt, das
in keine Kategorie paßt, weil es "leben und arbeiten" umfassend verbindet,
einschließlich der theoretischen, politischen und praktischen Förderung lokaler
alternativer Ökonomie.

Gründungsphase

Fast zwei Drittel der Projekte wurden in den neunziger Jahren gegründet. Dies
sind mehrheitlich die Tauschringe. Aus den 70er Jahren meldeten sich 11
Projekte und aus den 80er Jahren 24 Projekte. Auffallend ist, daß unter den
langfristig existierenden Projekten überproportional viele Frauenprojekte sind.

Organisationsform

Die Organisationsform unter den Alternativen ist traditionsgemäß der *Verein*
(49), mehrheitlich verbunden mit der Anerkennung als gemeinnützig (43). 17
weitere haben sich einem bereits bestehenden Verein als Untergruppe angeschlossen, 4 Gruppierungen einem Wohlfahrtsverband oder einer Kirche. Andere
juristische Formen wie Genossenschaft (6) oder GmbH (1) oder Gemeinschaft
(3) werden selten gewählt. 6 Projekte haben für ihre verschiedenen Aktivitäten
unterschiedliche rechtliche Formen gewählt. 28 Projekte haben ihren Aktivitäten
keine ausdrückliche juristische Form gegeben. Dies sind zumeist Tauschringe.
Ein Projekt gibt hierzu keine Auskunft.

Die Geschäftsführung

Die Geschäftsführung wird in den Projekten recht unterschiedlich geregelt. Es
können bestimmte dafür benannten Personen, alle Gruppenmitglieder oder auch
Geschäftsführende sein, die durch besonders engagierte Gruppenmitglieder

(Aktive) regelmäßig oder unregelmäßig unterstützt werden. *Etwa zwei Drittel der Aktiven sind Frauen.* Dieses Zahlenergebnis kann in diesem Datensatz nicht als Trendaussage gelesen werden, weil ja gemäß der Auswahlkriterien auf Frauenprojekte besonderer Wert gelegt wurde.

In 39 Projekten wird die Geschäftsführung von allen Aktiven gemanagt. Diese Form der Basisdemokratie ist aber eher in kleineren Projekten üblich. In 13 weiteren Gruppen sind mehr als die Hälfte der Aktiven in die tägliche Geschäftsführung eingebunden, in den übrigen 45 Gruppen weniger als die Hälfte. 6 Gruppen machen keine Angaben hierzu.

Die überproportional starke Beteiligung der Frauen in den Projekten setzt sich in den gemischten Gruppen, wenn es um die Geschäftsführung geht, nicht mehr so eindeutig durch. Immerhin obliegt in 31 von den 74 gemischten Projekten Frauen mehrheitlich die Geschäftsführung und in 13 weiteren Projekten sind sie gleichgewichtig mit den Männern beteiligt. In 2 Tauschringen dagegen sind sie gar nicht geschäftsführend tätig und in 18 weiteren Projekten sind sie deutlich unterrepräsentiert im Verhältnis zu ihrem Anteil bei den Aktiven.

Entscheidungen

Die *täglichen* Entscheidungen werden in 11 Projekten von allen Aktiven gefällt, in 35 Projekten von allen Geschäftsführenden und in 7 Projekten von allen Geschäftsführenden und einem Teil der Aktiven. In über der Hälfte der Projekte baut sich also nicht noch eine zusätzliche Hierarchie auf. In den übrigen 33 Projekten sind es einige wenige Personen, die die Alltagsentscheidungen fällen. Dies betrifft keineswegs nur die größeren Gruppen. Z. B. in den Tauschringen wird die Büroarbeit von wenigen gemanagt. Die eigentlichen Tauschaktivitäten regeln die einzelnen Mitglieder sowieso untereinander, so daß wenige Alltagsentscheidungen anfallen.

17 Projekte gaben keine Antwort zu den entsprechenden Fragen.

Die *grundsätzlicheren* Entscheidungen werden in 33 Projekten von der jeweiligen Mitgliederversammlung gefällt, in 32 weiteren Projekten von allen Aktiven. Damit haben nahezu *zwei Drittel der Projekte eine basisdemokratische Struktur.* In 19 Projekten liegen auch die grundsätzlichen Entscheidungen bei der Geschäftsführung, in 4 Projekten entscheidet der gewählte Vorstand. Bei den übrigen 9 Projekten gibt es gemischte Entscheidungsgremien mit einigen Aktiven oder Mitgliedern und den Geschäftsführenden. 6 machen keine Angaben (k. A.).

Bezahlte Arbeitsplätze

Insgesamt gibt es in den 103 Projekten 420 bezahlte Arbeitsplätze. 272 Stellen davon haben Frauen inne und 141 Männer. Zu 11 Stellen gab es keine näheren Angaben. In 51 Projekten gibt es keine bezahlte Arbeit (1 k. A.). Die bezahlten Stellen verteilen sich also auf 51 Projekte.

In 34 Projekten gibt es mindestens eine Vollzeitstelle, diese ist in 15 Projekten über ABM finanziert. In 47 Projekten gibt es Teilzeitstellen, die nur in 9 Projekten mit öffentlichen Geldern subventioniert werden. Frauen haben in 25 Projekten mindestens eine volle Stelle und in 33 Projekten eine Teilzeit-Bezahlung. Männer haben in 9 Projekten eine vollbezahlte und in 14 Projekten eine teilweise bezahlte Stelle.

Von 41 Projekten, in denen eine oder mehrere Stellen in Teilzeit oder Vollzeit als bezahlte Arbeit geleistet werden, ist die Finanzierung in 12 Projekten allein durch öffentliche Subventionen möglich, in 13 Projekten allein durch Projekteinnahmen und in 16 weiteren Projekten durch eine Mischfinanzierung aus öffentlichen und eigenen Einnahmen.

Von besonderem Interesse ist die Frage, wieviele Menschen sich durch dieses gemeinwesenorientierte Wirtschaften in Form bezahlter und unbezahlter Arbeit ihren Lebensunterhalt ganz oder teilweise sichern können, wobei auch die getauschten Arbeitsleistungen mit eingeschlossen sind. In 40 Projekten gibt es keine Möglichkeiten, sich durch die Arbeit im Projekt den Lebensunterhalt ganz oder teilweise zu sichern. 7 weitere Projekte machen keine Angaben. In den verbleibenden 56 Projekten können 634 Personen ihren Lebensunterhalt durch bezahlte und unbezahlte Arbeit teilweise oder ganz sichern. Unter diesen 56 Projekten sind 31 in der Lage, insgesamt ca. 212 Personen einen Lebensunterhalt zu geben. Dies sind durchschnittlich 6,8 Personen pro Projekt. Dieser gute Durchschnitt wird vor allem durch die sich selbstversorgenden größeren Lebens- und Arbeitsgemeinschaften erzielt. In kleinen Projekten ist ein selbsterwirtschafteter voller Lebensunterhalt einer Person eher die Ausnahme.

Der Personenkreis, der durch die gemeinwesenorientierte Projektarbeit wenigstens einen Teil seiner Lebensbedürfnisse befriedigen kann, ist dagegen deutlich größer. Auch hier ist zu beachten, daß "ein Teil" die Spannweite von einer bezahlten Halbtagsstelle bis hin zu einem Tausch in einem Tauschring umfaßt. 422 Personen können in 36 Projekten einen Teil ihres Lebensunterhalts durch ihre Mitarbeit sichern, durchschnittlich also 11,7 Personen.

Finanzierung

Zu Finanzierungsfragen, immer ein sensibler Fragekomplex, geben nur 10 Projekte keine Auskunft. 50 Projekte finanzieren sich ausschließlich durch private Gelder, d. h. über selbsterwirtschaftetes Geld, über Mitgliedsbeiträge, Spenden oder Sonstiges, und 17 Gruppen ausschließlich über öffentliche Gelder. Die übrigen 26 Gruppen existieren durch eine Mischfinanzierung aus privaten und öffentlichen Geldern.

Insgesamt erhalten 43 Gruppen in irgendeiner Form öffentliche Gelder, darunter sind 4 Projekte, die längerfristig mit einer solchen Finanzierung rechnen können. 28 dieser Projekte haben zweckgebundene öffentliche Mittel bekommen, 14 Projekte Geld für Sachkosten und 10 Projekte für Personalkosten. Einzelne Projekte haben auch eine Mischfinanzierung aus zum Teil öffentlichen Mitteln und zum Teil privaten Mitteln. Bei der Mehrzahl der Gruppen, die öffentliche Mittel erhalten, hat dieser Zuschuß Ergänzungscharakter.

Auch die Finanzierung der Projektarbeit ohne staatliche Gelder ruht mehrheitlich auf mehreren Säulen: selbsterwirtschaftetes Geld, Mitgliedsbeiträgen, Spenden oder Zuschüssen von anderen Vereinen. 85 Projekte erzielen Einnahmen aus Mitgliedsbeiträgen, die auch Tauscheinheiten sein können. 20 Projekte bekommen ihre Beratungsleistungen bezahlt, 19 Projekte haben verschiedene andere Formen von Einnahmen, z. B. Aufnahmegebühren, Einnahmen aus Genossenschaftsanteilen und Veröffentlichungen, private Spenden.

Die finanzielle Situation insgesamt wird von 64 Projekten als "kostendeckend" bzw. "nicht verschuldet" bezeichnet. 4 Projekte erzielen einen Überschuß, 19 Projekte sind verschuldet, obgleich bei einigen sich die Tagesarbeit kostendeckend gestaltet, bei anderen gelingt aber auch das nicht. 16 Projekte geben zur Frage keine Auskunft.

Vernetzung

Die Vernetzung der alternativ arbeitenden Projekte ist gut. Nur 13 der 103 Projekte haben keine Kontakte und pflegen keine Zusammenarbeit mit anderen Projekten. 5 neuere Projekte planen die Vernetzung. Bei den übrigen ist der Austausch mit gleichartigen oder inhaltlich angrenzenden Projekten die Norm. Unüblich ist dagegen die Einbindung in ein übergeordnetes Netzwerk. Das haben nur 2 Projekte vollzogen.

Als Zweck der Vernetzung werden meist mehrere Gründe genannt. In der Reihenfolge ihrer Häufigkeit sind dies vor allem: Informationsaustausch (75), Arbeitsaustausch (55), politische Zusammenarbeit (53), Beratung (46). Unter

"Sonstiges" (29) fallen z. B. gegenseitige Unterstützung, gemeinsame Aktionen, praktische Zusammenarbeit.
Kontakte zu Personen oder Institutionen, die die Projektarbeit ideell unterstützen, haben 64 Projekte regelmäßig und 18 weitere eher selten. Solche Kontakte sind wichtig, weil sie möglicherweise den Zugang zu Sponsoren und Sponsorinnen herstellen können. Keine Kontakte dieser Art vermelden 15 Projekte.

Zielgruppen

Bei der Frage nach der Zielgruppe ihrer Projekttätigkeit zeigt sich, wieder, daß überwiegend Frauen gemeinwesenorientiert wirtschaften. In 27 Projekten sind ausschließlich Frauen die Zielgruppe und in weiteren 31 Projekten sind dies mehrheitlich Frauen. In 35 Projekten binden die Aktivitäten gleichermaßen Männer und Frauen ein. In 2 Projekte sind überwiegend Männer die Zielgruppe.
Die Altersgruppen der Nutzenden mischen sich in den meisten Projekten von unter 24 bis über 65 Jahre. Die Altersgruppe zwischen 25 und 44 Jahren ist allerdings am stärksten vertreten. Es gibt sogar 20 Projekte, die ausdrücklich nur diese Altersgruppe ansprechen. Leute über 65 Jahren sind dann schon seltener anzutreffen (27 Projekte). (10 k. A.)
Die wirtschaftliche Situation der Nutzenden (Mehrfachnennungen) wird von den meisten Projekten charakterisiert als sowohl "eher unsichere Lebens- und Arbeitsverhältnisse" als auch "eher in relativ gesicherten Lebens- und Arbeitsverhältnissen". Die Zielgruppe "arm/ausgegrenzt" als allein Nutzende wird von 3 Projekten benannt. Ein Projekt hat ausschließlich gutsituierte Personen als Zielgruppe. Die Kumulierung der Nennungen läßt jedoch erkennen, daß die zweitgrößte Gruppe der Nutzenden die Armen und unsicher Lebenden sind.

Zukunft des Projekts

Sie wird von 33 Projekten als "mittelfristig gesichert" bezeichnet, 31 Gruppen haben aber nur eine kurzfristige Perspektive, während 25 Gruppen ihre Arbeit als langfristig verstehen. 6 Projekte sprechen davon, daß ihre Zukunft ganz unsicher bzw. völlig offen sei. (8 k. A.).
44 Gruppen planen, für die Zukunft mit mehr Personal zu arbeiten, 38 gehen davon aus, daß die Zahl ihrer Aktiven gleichbleibt und 15 Projekte planen weniger Personal ein, zum Teil auch, weil ABM-Stellen auslaufen. Gegenüber den staatlichen Subventionen sind die meisten skeptisch: 22 Projekte erwarten weniger Unterstützung, 9 nehmen eine gleichbleibende Unterstützung an und 23 Projekte wollen sich um mehr staatliche Unterstützung bemühen.

Da sich die 103 ausgewerteten Projekte inhaltlich und organisatorisch unterscheiden, soll im Folgenden detaillierter auf Frauenprojekte, Tauschringe und ost-, westdeutsche oder Berliner Projekte eingegangen werden.

Frauenprojekte

29 Projekte (=28,2%) sind Frauenprojekte, d. h. sie sind von Frauen initiiert, sie werden von Frauen gemanagt, und ihre Zielpersonen sind ebenfalls Frauen. Unter den 29 Projekten ist ein Kulturprojekt, das auch Männer als Benutzende nicht ausdrücklich ausschließt.

18 der 29 Frauenprojekte haben ihren Sitz in Westdeutschland, 3 in Ostdeutschland und 8 in Berlin.

Spektrum der Frauenprojekte

Unter den 29 Frauenprojekten gibt es 9 Kulturprojekte. Sie sind in Köln, Leipzig, Berlin, Hamburg und Düsseldorf angesiedelt. Die Kulturangebote sind zum Teil spezialisiert auf Film- und Videokunst, auf Musik oder (Lesben-)Literatur. In diesen Bereichen werden Informationen, Beratung, Vernetzung angeboten, Archive geführt und Veranstaltungen durchgeführt. Die Mehrzahl der Frauenkulturprojekte sind offen für Künstlerinnen und Interessierte aller Sparten. Eines dieser Kulturprojekte ist geknüpft an ein Frauen-Wohnprojekt, eines versteht sich auch als Stadtteil-Treffpunkt .

5 Projekte betreiben ein feministisches Gesundheitszentrum, bei denen eine ganzheitliche Gesundheitsarbeit im Mittelpunkt steht. Die Lebensbedingungen von Frauen und ihre gesellschaftlichen Zusammenhänge werden als Ursache für Krankheitsentstehungen miteinbezogen. Die Beratungen sind entsprechend breit angelegt.

4 Frauengruppen bewirtschaften je ein autonomes Frauenzentrum. Sie verstehen sich als offener Treffpunkt für Frauen und Lesben, sie bieten feministische Beratung an, führen eigene Veranstaltungen durch. Die Räume können auch von anderen Projektgruppen genutzt werden. Die Einmischung in politische Angelegenheiten gehört zu ihrem feministisch-politischen Selbstverständnis. Meistens verbindet sich mit dem Zentrum auch eine selbstgeführte Kneipe. Von den Überschüssen aus dem Café-Betrieb werden die übrigen Aktivitäten mitfinanziert.

3 Frauennetzwerke haben den Fragebogen ausgefüllt. Hinter dem Begriff "Netzwerk" verbirgt sich ganz unterschiedliches, nämlich ein international agierendes

Zentrum für Ost-West-Kontakte, ein Finanzierungsnetzwerk und eine ebenfalls international agierende Organisation für Frauenrechte. Das Finanzierungsnetzwerk besteht schon 14 Jahre. U. a. unterstützte es bisher 300 Frauenprojekte durch zinslose Kredite und Zuschüsse.

3 der Frauenprojekte sind im Interesse von Migrantinnen tätig. Sie beraten einzelne Migrantinnen persönlich und agieren mit ihnen zusammen im politischen Raum. Sie sind in Köln, Berlin und Schleswig angesiedelt.

Unter den vielen Tauschringen gibt es in Wedel bei Hamburg einen Tauschring explizit von und für Frauen. Die Tauschregeln entsprechen den üblichen Regeln der Tauschringe.

In Ruhsdorf (Rottal) bietet eine Frau seit einigen Jahren "Frauen ab 40" an, auf einem Landgut preiswerten Urlaub machen zu können. Wenn sich die Frau an der Selbstversorgung der Bewohner arbeitend beteiligt, ist für sie der Urlaub kostenlos.

3 Handwerkerinnen-Projekte, die bedarfsorientiert wirtschaften, haben sich gemeldet. In Hamburg gibt es seit Ende der achtziger Jahre eine Handwerkerinnen-Selbsthilfe für die Bereiche Auto, Motorrad und Metallarbeiten und eine Handwerkerinnen-Selbsthilfe-Werkstatt. In Berlin vermittelt eine Frauengruppe bereits seit 1983 theoretische und praktische Kenntnisse rund ums Auto.

Unter den Frauenprojekten, die geantwortet haben, gibt es *keine "großen" Projekte*. Eine Landbaugemeinschaft, eine Einkaufsgenossenschaft oder eine Seniorengemeinschaft kommen nicht vor.

Gründungsphase

Frauenprojekte haben in der Regel eine *längere Lebensdauer* als gemischte Projekte. Mehr als die Hälfte der Projekte wurde zwischen 1970 und der zweiten Hälfte der achtziger Jahre gegründet. Die Ost-Projekte wurden, wie zu erwarten, erst ab 1990 gegründet, ebenso 6 westdeutsche und Berliner Projekte. Der Frauen-Tauschring ist das jüngste Projekt, gegründet 1995. Von zwei Projekten gibt es keine Angaben zur Gründung.

Organisationsform

Frauenprojekte organisieren sich ganz überwiegend als *Verein*. 24 von 29 haben diese Form gewählt, wobei 22 von ihnen den Status anerkannter Gemeinnützigkeit haben. Drei weitere Gruppen haben sich als Teilgruppe einem größeren Verein untergeordnet. Nur zwei Projekte haben keine besondere Rechtsform. Auch organisatorisch werden überschaubare Formen gewählt. Eine Genossenschaft oder eine GmbH sind nicht dabei.

Geschäftsführung

In den 29 Frauenprojekten sind insgesamt 455 Frauen aktiv an der Alltagsarbeit des Projekts beteiligt, durchschnittlich also 15,7 Personen. Es sind dies mehrheitlich Frauen zwischen 25 – 44 Jahren. Die Geschäftsführung wird in den Frauengruppen unterschiedlich gehandhabt. In zwei Projekten arbeitet jeweils nur eine Frau, und sie ist es dann auch die, die für die Geschäftsführung verantwortlich ist. In neun weiteren Projekten sind alle aktiv im Projekt Arbeitenden auch verantwortlich für die Geschäftsführung. Die Gruppengröße reicht hier bis zu 15 Personen. Es sind dies Gruppen aus dem Westen oder aus Berlin. Hierzu gehören auch die selbstversorgenden Handwerkerinnen. In den drei ostdeutschen Projekten, die zwischen 10 und 24 Aktive haben, liegt die Geschäftsführung bei weniger als der Hälfte der Aktiven. In 6 größeren Frauengruppen sind nur wenige der Aktiven für die Geschäftsführung verantwortlich, so bei einigen Kulturprojekten, bei zwei Frauennetzwerken und einem Frauenzentrum. Bei den übrigen Projekten schwankt die Beteiligung an der Geschäftsführung um die 50% aller Aktiven.

Entscheidungen

Die alltäglichen Entscheidungen sind vorwiegend Sache der *Geschäftsführenden*. In 7 Projekten sind diese es jeweils alle, in 8 weiteren sind es einige aus der Geschäftsführung. Nur in 5 Projekten sind auch einige der Aktiven miteinbezogen. In 2 Projektgruppen entscheiden alle aktiven Frauen. (6 k. A.) Die grundsätzlichen Entscheidungen werden in 17 Projekten entweder von der *Mitfrauenversammlung* (7) oder von allen Aktiven (10), welche möglicherweise die Mitgliederversammlung bilden, gefällt. In 7 anderen Projekten sind auch die grundsätzlichen Entscheidungen Sache der Geschäftsführung. In einer Gruppe entscheidet der Vorstand, in zwei weiteren gibt es Mischformen.

Bezahlte Arbeitsplätze

Zur Bezahlung machen 3 Projekte keine Angaben. In den übrigen 26 Projekten gibt es insgesamt 109 bezahlte Stellen. 10 Projekte arbeiten ohne Bezahlung. In den Projekten, die Arbeitskräfte bezahlen können, gibt es im Durchschnitt für 6,8 Frauen pro Projekt eine voll- oder teilweise bezahlte Stelle. Dieser Durchschnitt liegt unter dem Gesamtdurchschnitt von 10,2 Personen. In 13 Projekten gibt es insgesamt 45 Vollzeitstellen, von denen bis auf eine alle über öffentliche Gelder finanziert werden. Ein ostdeutsches Projekt hatte zur Zeit der Befragung alleine 15 Vollzeit-ABM-Stellen. Einzig ein Kulturprojekt ist in der Lage, eine Vollzeitkraft aus eigenem Geld zu finanzieren.

Auch die 74 Teilzeitkräfte in ebenfalls 13 Gruppen sind mehrheitlich durch öffentliche Gelder subventioniert.

In 8 Projekten gibt es keine bezahlte Arbeit.

Die Sicherung des Lebensunterhalts ist in den Frauenprojekten *überwiegend durch öffentliche Gelder* gegeben. In 4 Projekten werden Arbeitsleistungen gegen andere Arbeitsleistungen getauscht, in 6 Projekten tauschen die Frauen Arbeitsleistungen gegen Sachen, der Tauschring entlohnt durch Tauschwährung, und in 3 Projekten wird entstandener Aufwand entgolten. Eine gemeinsame Kasse, aus der frau sich nach dem Bedürfnisprinzip Geld entnehmen kann, gibt es hier nicht.

Finanzierung der Projektarbeit

Die Finanzierung der Projektarbeit gelingt meistens durch die *Nutzung mehrerer Geldquellen*: öffentliche Gelder in verschiedenen Formen, private Spenden, Mitgliedsbeiträge, Einlagen, Einnahmen aus Arbeitsleistungen, Zuschüsse aus einem angegliederten marktwirtschaftlich orientierten Projekt (z. B. einem Café). Die unbezahlte Arbeit hat dabei die Funktion, den Finanzbedarf so gering wie möglich zu halten.

Sieben Projekte bestreiten ihre Einnahmen aus nur einer Quelle: zwei Kulturprojekte und das Projekt "Urlaub auf dem selbstversorgend wirtschaftenden Hof" erwirtschaften ihre notwendigen Einnahmen selbst. Ein Migrantinnenprojekt und ein Dachverband wirtschaften ausschließlich mit zweckgebundenen öffentlichen Geldern, eine Selbsthilfe-Werkstatt finanziert sich über Sponsoren. Ein Projekt antwortet zu diesem Komplex nicht.

Die übrigen 21 Projekte finanzieren sich aus mehreren Quellen. 18 dieser Projekte benötigen öffentliche Gelder. Sie werden meist in Form von Sachkosten oder zweckgebundenen Mitteln gegeben. Ein Projekt finanziert sich aus Mitgliedsbeiträgen und selbsterwirtschaftetem Geld, zwei weitere bekommen private Spenden zu ihren selbsterwirtschafteten Einnahmen.

Keines der Projekte erarbeitet einen Gewinn, aber nur 3 Projekte sagen von sich, daß sie verschuldet sind, 24 betonen, daß sie kostendeckend wirtschaften und nicht verschuldet sind. 2 Projekte antworten hierzu nicht

Vernetzung

Die alternativ wirtschaftenden Frauenprojekte sind bis auf zwei Projekte gut vernetzt mit gleichartigen oder inhaltlich ähnlichen Projekten. Gegenseitige Information, Beratung, Arbeitsaustausch und politische Zusammenarbeit werden durchgängig als notwendig und zweckmäßig erachtet. Auffallend ist jedoch, daß sie – im Vergleich zu gemischten Projekten – kaum Kontakte zu Personen oder Institutionen haben, die sie ideell fördern oder unterstützen, was auch den Kreis potentieller Sponsorinnen und Sponsoren klein hält.

Zielgruppen

Die Frauenprojekte sind Projekte *von Frauen für Frauen*. Die Benutzenden sind Frauen, mit Ausnahme einer Frauenbibliothek, die aber mehrheitlich von Frauen genutzt wird.

Das Alter derer, die die Angebote der Gruppen nutzen, reicht in 7 Projekten von unter 24 bis über 65 Jahre. 13 Projekte konzentrieren sich eher auf jüngere Frauen bis 44 Jahre. Dies sind zwei der Migrantinnen-Gruppen, fünf Kulturprojekte, zwei der Handwerkerinnen-Werkstätten, zwei Frauenzentren, ein Gesundheitszentrum und eines der Netzwerke.

Die wirtschaftliche Situation der Benutzerinnen wird von den Antwortenden mehrheitlich als *"eher arm"* und *"eher in ungesicherter Lebenssituation"* bezeichnet. Die allgemein größere Armut unter Frauen spiegelt sich hier wieder. In den von Männern und Frauen betriebenen Projekten hat diese Gruppe im Vergleich dazu einen Anteil von nur einem Drittel. Mit "bessergestellten" Frauen in "gesicherten Lebensverhältnissen" arbeiten insbesondere die Kulturprojekte. 7 Gruppen betonen, daß die Benutzerinnen aus allen Schichten kommen.

Zukunftsperspektiven der Projekte

17 der 29 Frauenprojekte sehen die Zukunft ihres Projekts nur als *kurzfristig gesichert* an. Diese Perspektive reicht bis etwa Ende des Befragungsjahres. 5 Projekte rechnen mit ihrem Weiterbestand in den nächsten zwei bis drei Jahren, und nur 7 Projekte haben eine längerfristige Perspektive. Die Unsicherheit in den Frauenprojekten ist deutlich höher als in den gemischten Projekten. Die Ursachen hierfür müßten näher untersucht werden. Insbesondere ist hier die Diskrepanz zwischen den Erwartungen der Frauen und der nachweislich längeren Lebensdauer von Frauenprojekten zu analysieren.

Entsprechend zögerlich im Vergleich zu den gemischten Projekten planen sie, sich personell zu vergrößern, sie rechnen viel eher mit Personalabbau, wollen sich aber gleichzeitig verstärkt um staatliche Unterstützung bemühen.

Tauschringe

39 Tauschringe von insgesamt 108 angeschriebenen Tauschringen haben geantwortet. 31 dieser Tauschringe sind in Westdeutschland angesiedelt, 2 in Berlin
und 6 in Ostdeutschland. Ein Tauschring ist ein reiner Frauentauschring, alle
anderen werden von Frauen und Männern gemeinsam betrieben.

Inhaltliche Ausrichtung

Tauschen ist nicht gleich tauschen. Die inhaltliche Ausrichtung unter den
Tauschringen variiert sowohl in dem jeweils gewählten Maßstab für Tauschaktionen als auch in der Vielfalt dessen, was getauscht wird. 3 Gruppen tauschen
nur Dienstleistungen, dazu gehört auch der Frauentauschring. Die übrigen
tauschen *sowohl Sachen als auch Dienstleistungen.* 8 Tauschringe geben hierzu
keine Auskunft.
Die Frage nach dem Tauschmaßstab scheint eine sensible zu sein. 15 Gruppen geben hierzu keine Auskunft. Die übrigen 24 Tauschringe benutzen als
"Währungseinheit" die Zeit, während 9 sich oft phantasievolle Namen für ihre
Tauscheinheit geben. Eine dieser Tauscheinheiten, z. B. ein Talent, steht dann
für ein DM-Äquivalent, meist in Höhe 1,- DM.
Einzelne Tauschringe beschränken ihre Aktivitäten nicht nur auf das Tauschen,
sondern entwickeln um diese Form der Nachbarschaftshilfe weitere Aktivitäten,
wie z. B. *Beratung, Einkaufsgemeinschaft.*

Gründungsphase

Gegründet wurden die meisten Tauschringe in den vergangenen zwei Jahren,
in vier Städten allerdings bereits zwischen 1990 und 1994. Ein ostdeutscher
Tauschring besteht sogar schon seit 1986. Es ist ein Nachbarschaftshilfeverein,
der auf drei Aktivitätssäulen ruht: die Mitglieder tauschen Talente, betreiben
Wirtschaftsentwicklung und leisten Betreuungsarbeit. Ein eventueller Überschuß im Bereich Wirtschaftsentwicklung fließt in die Betreuungsarbeit ein.

Organisationsform

Die meisten Tauschringe (21) existieren *ohne besondere rechtliche Form.* Nur
ein Tauschring ist als gemeinnützig anerkannter Verein organisiert, zwei weitere
als Verein ohne Gemeinnützigkeit. Die übrigen 15 Tauschringe haben sich als
Untergruppe einem Verein oder einem größeren Verband angeschlossen.

Geschäftsführung

20 von 37 Tauschringen (2 k. A.) geben an, daß alle aktiv im Büro Engagierten auch für die Geschäftsführung zuständig sind. Dies ist ein deutlich höherer Anteil als in der Gesamtgruppe. Hierunter gibt es allerdings nur zwei Tauschringe, bei denen dies bis 20 Personen sind. In den übrigen schwankt die Zahl der Geschäftsführenden/Aktiven zwischen 1 und 8 Personen.

In 18 Tauschringen wird auch die verantwortliche Organisations- und Planungsarbeit mehrheitlich von Frauen gemanagt. In 7 Gruppen teilen sich Männer und Frauen die Geschäftsführung gleichgewichtig, in 7 Gruppen dominieren die Männer und 2 Tauschringe werden nur von Männern organisiert. 5 Projekte geben hierzu keine Auskunft.

Entscheidungen

Die täglichen Entscheidungen werden in 19 Projekten von allen Aktiven bzw. der Mehrheit der Aktiven gefällt. Ein reines Geschäftsführungs-Modell gibt es unter den 33 Tauschringen nicht (6 k. A.).

Die grundsätzlichen Entscheidungen sind in 18 Projekten Gegenstand der Mitgliederversammlung, in 9 weiteren Projekten werden sie von allen Aktiven gefällt, in zweien vom Vorstand. Die übrigen 5 Gruppen praktizieren eine Mischform. (4 k. A.).

Bezahlte Arbeitsplätze

Die Arbeit für die Organisation der Tauschringe ist *fast nie* eine bezahlte Arbeit. Nur in 9 Tauschringen gibt es eine Form von Bezahlung für insgesamt 12 Personen. Dies sind 9 Frauen, bei 3 Personen gibt es keine Angabe zum Geschlecht. Von den 9 Frauen haben 3 eine Vollzeitstelle, für die übrigen gibt es irgendeine Form von Teilzeitarbeit. Die Bezahlung dieser Arbeit erfolgt in drei Tauschringen aus selbsterwirtschaftetem oder gespendetem Geld, in den übrigen 6 Tauschringen durch öffentliche Gelder. (2 k. A.)

Die Möglichkeit, über Tauschringe eine vollbezahlte Stelle zu bekommen, ist also ganz gering.

Ihren Lebensunterhalt können damit 3 Personen ganz und 5 Personen teilweise decken. Allerdings nehmen die Aktiven ebenso wie die übrigen Mitglieder an dem Tausch von Arbeitsleistungen teil, mit dem sich ein geringer Teil des Lebensunterhalts sichern läßt.

Finanzierung

Die Finanzierung der Tauschringarbeit erfolgt überwiegend durch *selbsterwirtschaftetes Geld*, durch Mitgliedsbeiträge, einmalige Aufnahmegebühren und Spenden. 4 Tauschringe haben überhaupt keine Einnahmen, erheben auch keine Mitgliedsbeiträge. Öffentliche Gelder gibt es, außer den genannten Personalkostenzuschüssen, keine. (6 k. A.) Die Tauschringe arbeiten fast alle kostendeckend und ohne Kredite. Nur vier Gruppen sagen, daß ihre Einnahmen nicht die Kosten decken.

Vernetzung

Die Vernetzung der Tauschringe ist im Vergleich zu anderen Projekten *geringer.* Von den 103 ausgewerteten Projekten sind 13 Projekte nicht vernetzt. Darunter sind alleine 8 Tauschringe.

Tauschringe agieren in einem lokal überschaubaren Umfeld. Vernetzung findet immerhin in 18 Projekten mit anderen Tauschringen statt, mit anderen Projekten haben nur 8 Gruppen einen gewissen Austausch. 4 Projekte planen einen Austausch.

Als Zweck der Vernetzung nennen fast alle den Informationsaustausch, die gegenseitige Beratung und den Arbeitsaustausch. 13 Tauschringe sprechen auch von politischer Zusammenarbeit und 4 von gemeinsamen Aktionen.

Zielgruppen

Die Altersstruktur der Tauschenden ist gemischt. Es überwiegen die 25 – bis 64jährigen. 8 Tauschringe haben auch über 65 jährige unter den Mitgliedern. 9 Tauschringe geben als Altersgruppen nur 25-44jährige an. (6 k. A.). Die Tauschbörsen werden in 18 Gruppen mehrheitlich von Frauen genutzt, in 16 Gruppen sind es sowohl Männer als auch Frauen, nur in einem Tauschring sind Männer mehrheitlich die Nutzenden. (4 k. A.).

Die wirtschaftliche Situation der Tauschenden ist in 13 Gruppen recht unterschiedlich, d. h. von arm, über unsichere bis hin zu relativ gesicherten Lebensverhältnissen. 13 weitere Gruppen geben an, daß die Nutzenden überwiegend arm sind oder in unsicheren Arbeits- und Lebensverhältnissen leben. 7 Tauschringe haben als Mitglieder Leute in relativ gesicherten Arbeits- und Lebensverhältnissen. Reiche Leute beteiligen sich nicht an Tauschringen.

Zukunft des Projekts

7 Tauschringe haben die Perspektive, daß ihr Projekt langfristig laufen wird und auch gesichert ist, 14 Tauschringe haben eine entsprechende mittelfristige Perspektive. 9 Gruppen schätzen ihre Weiterarbeit als nur kurzfristig sicher ein. 3 Tauschringe sind unsicher bezüglich ihres Fortbestands, der vom Engagement Einzelner abhängt.

24 Tauschringe bemühen sich um mehr Aktive zur Mitarbeit, 6 Gruppen bemühen sich um staatliche Unterstützung für ihre Arbeit.

Gefragt nach den für sie wichtigen Motivationen für ihre Tauschaktivitäten, antworten nur wenige. Diese betonen die Aktivierung des *Selbsthilfegedankens,* das Entwickeln *alternativer Wirtschaftsweisen* und die Wiederbelebung *nachbarschaftlicher Strukturen.*

Projekte: West – Ost – Berlin

Von den 103 Projekten sind *72 in Westdeutschland* angesiedelt, *19 in Ostdeutschland* und *12 in Berlin.* Die Berliner Projekte lassen sich aus den Fragebögen heraus nicht eindeutig als ost- oder westdeutsche identifizieren, da die Postleitzahlen nicht entsprechend der alten Grenzen eingeteilt sind.

Inhaltliche Ausrichtung

In *Berlin* gibt es im Vergleich zu West- und Ostdeutschland *besonders viele Frauenprojekte.* 8 von den 12 Projekten sind Frauenprojekte: 2 Frauennetzwerke, 1 Frauenzentrum, 2 Handwerkerinnen-Selbsthilfegruppen, 1 Migrantinnenprojekt und 2 Kulturprojekte, wobei eines davon kombiniert ist mit einem Wohnprojekt und einem Café.

Die gemischten Projekte sind 2 Tauschringe, 1 politischer Förderfonds in Form eines Netzwerkes und eine Landbaugemeinschaft, die einen Betrieb in Ostdeutschland bewirtschaftet.

Die alternativ wirtschaftenden Projekte in *Ostdeutschland* sind eher an der *alltäglichen Versorgung* ausgerichtet: allein 5 Projekte dienen der Selbstversorgung mit Nahrungsmitteln, dazu eine Einkaufsgenossenschaft und 6 Tauschringe. Es gibt 2 Wohnprojekte, 1 Seniorengemeinschaft und 1 Netzwerk. 3 Frauenprojekte haben sich gemeldet, also vergleichsweise wenige: 1 Frauenkulturprojekt, 1 feministisches Gesundheitszentrum und 1 Frauenzentrum.

In *Westdeutschland* ist das *Spektrum* der Projektinhalte *breit gestreut*. Es hat sich zwar keine Landbaugemeinschaft gemeldet, dafür aber antworteten 31 Tauschringe, 4 Einkaufsgenossenschaften, 4 Projekte zur Selbstversorgung mit Nahrungsmitteln, 1 Projekt, in dem zusammen gelebt und gearbeitet wird, 1 Verein für Seniorenhilfe, 2 Wohnprojekte, mehrere stadtteilbezogene Projekte, die beraten, die Gruppen für unterschiedliche Aktivitäten Räume und Geräte zur Verfügung stellen, die eine Wissensbörse aufbauen, etc.

Die Frauenprojekte in Westdeutschland sind überwiegend Kulturprojekte (9), Gesundheitszentren (4), ein Frauennetzwerk, 2 Frauenzentren und 2 Handwerkerinnen-Selbsthilfe-Werkstätten.

Gründungsphase

Mehrheitlich wurden die Projekte in den *90er Jahren* gegründet. Für Ostdeutschland trifft dies ganz überwiegend zu, obgleich es hier 3 Projekte gibt, die sich bereits vor der Wende gegründet hatten: ein Nachbarschaftshilfeverein mit vielfältigen Dienstleistungsangeboten, eine Wohngenossenschaft mit ebenfalls mehreren anderen Aktivitäten und eine Lebens- und Arbeitsgemeinschaft. Fast zwei Drittel der westdeutschen Projekte wurden ebenfalls erst in den 90er Jahren gegründet, während im Land Berlin 6 Projekte vor 1990 gegründet wurden, 2 davon arbeiten schon seit den 70er Jahren.

Organisationsform

Die juristische Form des Vereins, mehrheitlich mit anerkannter Gemeinnützigkeit, zum Teil auch als Untergruppe eines bestehenden Vereins, gilt für die Berliner Gruppen durchgängig. Dort gibt es nur ein Projekt ohne besondere Rechtsform.

In den neuen Bundesländern dagegen gibt es drei Gruppen ohne besonderen Rechtsstatus und 4 Genossenschaften. 2 dieser Genossenschaften decken einen Teil der Projektarbeit ab, während die anderen Projektaktivitäten den Verein als Form haben.

Die rechtliche Ausgestaltung der Projekte in Westdeutschland ist ähnlich strukturiert. 43 Projekte haben die Vereinsform bzw. gehören einem größeren Verein an. Es gibt 1 GmbH und 3 Genossenschaften. Die Anzahl der Projekte ohne besondere Rechtsform ist hier stärker verbreitet. Sie betrifft etwa ein Drittel der Projekte.

Geschäftsführung

In *Berlin* arbeiten die Gruppen mit insgesamt *208 Aktiven*. Das bedeutet pro Projekt im Durchschnitt 17 Personen. In 7 von 12 Gruppen wird die Geschäftsführung von weniger als der Hälfte der Aktiven gemanagt. In 5 Gruppen sind alle Aktiven an der Geschäftsführung beteiligt, in einem Projekt fast alle. Frauen sind in den vier gemischten Projekten überproportional stark an der Geschäftsführung beteiligt.

In *Ostdeutschland* ist die Verteilung zwischen den *330 Aktiven* und ihrem Anteil an der Geschäftsführung ähnlich gelagert. Aber die Beteiligung der Frauen an der Geschäftsführung ist deutlich geringer: Von den 16 gemischten Gruppen sind sie in 9 Gruppen unterrepräsentiert, in einer Gruppe gar nicht beteiligt und in 5 Projekten gleichberechtigt bis überrepräsentiert.

In *Westdeutschland* werden *1.436* Personen als *Aktive* bezeichnet. Das ist ein Schnitt von 20 Personen pro Gruppe. Die westdeutschen Projekte sind offensichtlich stärker basisdemokratisch organisiert, denn in 40 von 72 Projekten wird die Geschäftsführung von allen Aktiven bzw. von der Mehrheit verantwortet. In 27 Gruppen ist die Geschäftsführung auf wenige Personen konzentriert. (5 k. A.)

Von den 54 gemischten Gruppen in Westdeutschland machen 5 keine Angaben zur Beteiligung der Frauen an der Geschäftsführung. In 36 Gruppen sind die Frauen gleichberechtigt bis überrepräsentiert in der Geschäftsführung, in einem Projekt sind sie gar nicht beteiligt und in den übrigen 12 unterrepräsentiert.

Entscheidungen

Die Entscheidungsstrukturen für die täglichen Entscheidung verlaufen ähnlich den eben beschriebenen Geschäftsführungsstrukturen, d. h. *in Berlin und Westdeutschland eher basisdemokratisch* und *in Ostdeutschland stärker hierarchisch*.

Grundsätzliche Entscheidungen werden in Berlin und Westdeutschland am häufigsten von allen Aktiven gefällt, danach rangiert die Mitgliederversammlung als Entscheidungsgremium. In Ostdeutschland obliegt in erster Linie der Mitgliederversammlung das Grundsätzliche.

Bezahlte Arbeitsplätze

In *Berlin* (8) und *Ostdeutschland* (12) überwiegen die Projekte mit *bezahlten* Kräften, in *Westdeutschland* (40) diejenigen *ohne Bezahlung*. Teilzeitbezahlung überwiegt überall gegenüber Vollzeitbezahlung. In Berlin bekommen in 8 Projekten 48 Personen irgendeine Form von Bezahlung, in Ostdeutschland werden insgesamt in 12 Projekten 135 Personen und in Westdeutschland in 30 Projekten 241 Personen bezahlt.

In Berlin gibt es in 4 Projekten eine oder mehrere Vollzeitstellen und in 7 Projekten irgendeine Form von Teilzeit. (Mehrfachnennung + 1 k. A.) Die Finanzierung gelingt zwar zumeist über öffentliche Gelder, nicht aber über ABM-Stellen. In Ostdeutschland geben nur 5 der 12 Projekte an, ob es sich bei ihnen um bezahlte Vollzeit- oder Teilzeitarbeit handelt.

Weder in Berlin noch in Ostdeutschland gibt es eine Finanzierung über Honorare.

Die wesentlich stärkere Beteiligung von Frauen am alternativen Wirtschaften bringt ihnen auch in allen drei Gebieten im Vergleich zu Männern mehr bezahlte Arbeitsstellen. In Berlin haben die Frauen alle bezahlten Stellen inne, ein Projekt macht hierzu allerdings keine Angabe. In Ost- und Westdeutschland liegt der Frauenanteil bei der bezahlten Arbeit bei knapp zwei Drittel. Ihren *Lebensunterhalt* können von den insgesamt 1.849 aktiv arbeitenden Personen:

- in Berlin 10,6% ganz und ebenfalls 10,6% teilweise,
- in den neuen Bundesländern 16,1% ganz und 23,9% teilweise
- in den alten Bundesländern 8,3% ganz und 4,8% teilweise bestreiten.

In Berlin arbeiten 3 der 12 Projekte ohne ein Entgelt, in den neuen Bundesländern 5 von den 19 Projekten und in den alten Bundesländern 32 von den 72 Projekten.

Die Zahlen zeigen, daß die mehr auf die direkte Versorgung angelegten ostdeutschen Projekte mehr Menschen die Möglichkeit bieten, ihren Lebensunterhalt ganz oder teilweise durch diese Projektarbeit zu bestreiten. In einigen Projekten wird allerdings betont, daß dieser Lebensunterhalt ein niedriges Niveau hat. In Westdeutschland dagegen gelingt dies deutlich weniger Personen.

Finanzierung

8 Berliner Projekte finanzieren sich hauptsächlich über öffentliche Mittel. Das unterscheidet sie von den ost- und westdeutschen Projekten. 2 Berliner Projekte erzielen ihre Einnahmen aus selbsterwirtschaftetem Geld, aus Spenden und Mitgliedsbeiträgen, 1 Projekt hauptsächlich nur aus Mitgliedsbeiträgen. (1 k. A.)

Die Projekte in Ostdeutschland finanzieren sich in 4 Gruppen hauptsächlich über öffentliche Gelder, 4 weitere nutzen öffentliche Gelder als Ergänzungsfinanzierung. 9 Projekte existieren nur aus selbsterwirtschaftetem Geld und 6 weitere hauptsächlich aus privaten Zuschüssen und Spenden.

In Westdeutschland sind die öffentlichen Gelder für 11 Projekte existentiell, während sich 38 nur aus privaten Geldern – selbsterwirtschaftetem Geld, Spenden, Mitgliedsbeiträgen etc. – finanzieren, 16 Projekte haben eine Mischfinanzierung aus öffentlichen und privaten Geldern. (7 k. A.)

Die gemeinwesenorientiert wirtschaftenden Projekte arbeiten überwiegend kostendeckend. In Ostdeutschland erzielt 1 Projekt Überschüsse, in Westdeutschland sind es 3 Projekte, in Berlin dagegen keines. Kostendeckend bzw. ohne Schulden arbeiten in Berlin 6 Projekte, in Ostdeutschland 11 und in Westdeutschland 48 Projekte. Verschuldet sind in Berlin 3, in Ostdeutschland 5 und im Westen anteilig weniger, nämlich 11 Projekte.

Zielgruppe

Verglichen mit der Gesamtverteilung zeigt die Aufgliederung nach Gebieten nur eine Abweichung: Deutlich *weniger Projekte* (ein Fünftel) haben *in Ostdeutschland Ältere* ab 65 Jahren als Zielgruppe. In den beiden anderen Gebieten liegt der Anteil dieser Altersgruppe bei ca. einem Drittel.

Die ökonomische Situation derer, für die die Projekte gemacht wurden, ist in den neuen Bundesländern eindeutig schlechter als für die Berliner Projekte und nochmals schlechter gegenüber den westdeutschen. In 13 von 19 ostdeutschen Projekten lebt die Zielgruppe entweder in ausgesprochen armen oder in unsicheren Lebensverhältnissen. In Berlin beträgt dieser Anteil 5 von 12 und in Westdeutschland 23 von 72. In Berlin und Westdeutschland haben es die Projekte überwiegend mit einem breiteren Spektrum von materiellen Lebenslagen zu tun. Nur ein Nachbarschaftszentrum in Westdeutschland hat ausschließlich wohlhabende Leute als Zielgruppe.

Zukunftsperspektive

Die Berliner Projekte bezeichnen die Zukunft ihres Projekts häufiger als "ganz unsicher" bzw. "nur kurzfristig gesichert" (5 von 12), in Ostdeutschland dagegen tun dies 6 von 19 und im Westen 27 von 72. Die Arbeit der Gruppen ist in Berlin nur in 2 Projekten langfristig gesichert, in Ostdeutschland in 7 und in Westdeutschland in 16 Projekten. Für die übrigen gibt es eine mittelfristige Perspektive.

Vernetzung

Die Vernetzung der alternativ wirtschaftenden Projekte in Berlin und Ostdeutschland ist besser als in Westdeutschland. Dort geben 11 Projekte an, keine Vernetzung zu haben.

Die Zwecke der Vernetzung sind in allen drei Gebieten durchgängig Information, Arbeitsaustausch und Beratung. Politische Zusammenarbeit wird von den Berliner und ostdeutschen Gruppen häufiger genannt als von den Westdeutschen.

Auch die Pflege von ideellen Förderern und Förderinnen wird in den Berliner und ostdeutschen Gruppen eindeutiger betrieben als in den westdeutschen. Dort sagen 40% der Gruppen, daß sie nur selten oder gar keinen Kontakt zu Fördernden haben.

Einschätzung der ausgewerteten Projekte

Verallgemeinerungen über "Typisches" beim gemeinwesenorientierten Wirtschaften sind wegen der relativ geringen Fallzahl und vor allem wegen der unbekannten Gesamtzahl solcher Projekte in der Bundesrepublik nur begrenzt möglich.

Trotz dieser Einschränkungen soll hier eine Einschätzung der Möglichkeiten und Chancen des gemeinwesenorientierten Wirtschaftens aufgrund der vorliegenden Daten versucht werden.

Das Projektespektrum erscheint wie ein großes Experimentiertfeld. Wer die Kurzbeschreibungen der Gruppen mit ihren oftmals phantasievollen Namen liest, wird einen immer wiederkehrenden Tenor entdecken, nämlich den Wunsch der jeweiligen InitiatorInnen, andere, nicht vom Konkurrenzdenken bestimmte Beziehungen zu Nachbarn und Gleichgesinnten zu beleben, verläßliche Kommunikationsstrukturen aufzubauen, ihre Arbeitskraft für die eigenen Bedürfnisse zu verausgaben, autonomer über ihren Lebensalltag bestimmen zu können, sinnvoll mit der Umwelt und den Nahrungsmitteln umzugehen und sich von den Zwängen des entfremdeten Arbeitens wenigstens teilweise zu befreien. Einige der Gruppen, das zeigen die Selbstdarstellungen, sind in ihrem Wollen gut geplant und von einer politischen Haltung getragen, was eine Gewähr für längerfristiges Bestehen gibt. Insgesamt lassen sich die Projekte als lernende, flexible Gebilde bezeichnen, die sich gemäß den lokalen Bedingungen verändern. Einige müssen möglicherweise bald beendet werden, andere wiederum haben die Chance sich zu stabilisieren, sich auszudehnen und neue Strukturen zu bilden.

Die Tätigkeiten sind überwiegend Dienstleistungen unterschiedlichster Art, umfassen aber auch in einem beachtlichen Maße handwerkliche und landwirtschaftliche Arbeiten. Es gibt Großgruppen, wie z. B. die Kommune Niederkaufungen, das Ökodorf, die Sozialistische Selbsthilfe Köln-Mülheim, in denen bis zu 70 Personen verbindlich zusammen leben und arbeiten – für unsere heute so individualistische Lebensweise sicher komplizierte soziale Gebilde. Überwiegend sind es jedoch Gruppen, die sich um einzelne Aktivitäten herum organisieren: reparieren, gemeinsam einkaufen, das Auto teilen, sich gegenseitig helfen, beraten, Informationen bereitstellen, Kultur verbreiten u. a. m.. Die ostdeutschen Projekte sind stärker auf die alltägliche Selbstversorgung orientiert, während die westdeutschen vornehmlich diverse Dienstleistungen zum Inhalt haben. Frauenprojekte in Westdeutschland sind öfter als anderswo Kulturprojekte.

Das Aktivitätsfeld bestimmter Projekte – Tauschringe, Erzeuger- und Verbrauchergemeinschaften, Handwerkerinnengruppen etc. – ist genau auf diese Tätigkeiten begrenzt, obgleich einer der Tauschringe bereits ein Zentrum auch für andere Aktivitäten, wie Beratung und die Organisation von Nachbarschaftshilfe ist. Bei den übrigen Projekten, den Netzwerken, Kulturprojekten, Nachbarschaftszentren etc. ist eher die Vielfalt typisch. Häufig wird die Kernaktivität ergänzt durch Beratung, Bildung, Veröffentlichungen, durch den Betrieb eines Cafés u. a.. Die Mischung der Aktivitäten erlaubt den Gruppen, marktwirtschaftlich ausgerichtete Tätigkeiten und nicht-marktwirtschaftliche nebeneinander zu betreiben und so das Überleben ihrer Kernaktivität zu sichern. *Diese Form des gemischten Wirtschaftens hat m. E. in den kommenden Jahren die beste Zukunftsaussicht.* Das Typische der gemeinwesenorientierten Projekte ist es ja gerade, Bedürfnisbefriedigung durch Arbeit füreinander zu organisieren und mit diesen Tätigkeiten nicht auf den üblichen Markt und seine Gesetzmäßigkeiten ausgerichtet zu sein. Das unterscheidet sie von den selbstverwalteten Betrieben, bei denen die innerbetriebliche Struktur kollektiv organisiert ist, aber die marktwirtschaftlichen Rahmenbedingungen maßgebend für die betrieblichen Entscheidungen sind. (Heider/Hock/Seitz, FR. v. 6.5.1997). Arbeitsleistung kann beim gemeinwesenorientierten Wirtschaften getauscht werden oder auch gegen Geld geleistet werden. Geld dient hierbei als reines Tauschmittel, es hat keinen Wert an sich, wird nicht zu Kapital. Nichtmarktwirtschaftlich ausgerichtete Formen der kollektiv organisierten Bedürfnisbefriedigung im weitesten Sinne werden sich unter den heutigen Bedingungen eher ausweiten und stabilisieren können, wenn sie z. B. mit selbstverwalteten Betriebsformen, örtlichen Handwerksbetrieben oder staatlich subventionierten Beschäftigungsförderungsgesellschaften kooperieren und gleichzeitig beiderseits der politische Wille da ist, beide Formen (vorerst) als notwendig für den Ausbau des gemeinwesenorientierten Wirtschaftens zu erkennen und dies gemeinsam zu wollen. Ist dieses politische Ziel nicht vorhanden, führt eine solche Zusammenarbeit eher dazu, daß die auf Eigenversorgung ausgerichteten Projekte von den marktwirtschaftlich organisierten Betrieben als Provokation und Jobkiller gesehen werden.

Die Gründungsphase gezielt gemeinwesenorientiert wirtschaftender Gruppen begann Ende der 70er Jahre. In den 90er Jahren kam es unter den Bedingungen des stetigen Sozialabbaus zu einer verstärkten Gründungswelle. Zwei Drittel der Gruppen, einschließlich derer aus Ostdeutschland, entstanden in den letzten Jahren. Als neue Form gibt es jetzt auch in der Bundesrepublik die Tauschringe. Hier gründen sich zur Zeit immer neue lokale Einheiten. In anderen Ländern, beispielsweise Großbritannien, gibt es zu diesem lokalen Austausch von Gütern und Diensten bereits langjährige Erfahrungen.

Über eine durchschnittliche *Lebensdauer* der Gruppen kann hier nichts ausgesagt werden. Auffallend ist jedoch, daß es die Frauenprojekte sind – mehrheitlich kleinere Gruppen – die seit längerem existieren. Dieser Befund deckt sich mit den Ergebnissen der oben zitierten Hessen-Studie (Heider u. a. 1997) über selbstverwaltete Betriebe.

Als *Organisationsform* wird, vor allem von Frauenprojekten, der möglichst als gemeinnützig anerkannte Verein gewählt. Er bietet im Unterschied zu einer GmbH oder einer Genossenschaft die Möglichkeit, daß Mitglieder problemlos ein- und aussteigen können und evtl. Eigentum nicht personengebunden bleiben muß, sondern auf den Verein übertragen werden kann. Um einen solchen Ausstieg aus einem auf Eigentum beruhenden Projekt kalkulierbar für die Gesamtgruppe und die Einzelperson zu machen, wählt z. B. die Großkommune Niederkaufungen in Hessen die Form eines "Ausstiegsvertrags", d. h. jede(r) Neue, die/der mit ihrem/seinem ganzen Vermögen einsteigt, schließt einen solchen Vertrag mit dem Verein. Es wird darin festgelegt, welche Werten jemand beim Ausstieg wieder mitnimmt.

Keine besondere juristische Form für die Gruppenaktivitäten zu wählen, ist ebenfalls verbreitet. Diese unbürokratische Form wird eher dann gewählt, wenn das Projekt nicht auf öffentliche Gelder reflektiert und einen überschaubaren Personenkreis hat. Typisch hierfür sind die Tauschringe.

Der Grundgedanke des *kollektiv selbstbestimmten, selbstversorgenden Wirtschaftens* einschließlich der dazugehörigen *Selbstorganisation* wird von allen Projekten geteilt. Die Entscheidungsstrukturen sind in zwei Drittel der

Gruppen basisdemokratisch. Wer aktiv in der Gruppe agiert, ist auch an den notwendigen Entscheidungen beteiligt, was nicht ausschließt, daß einzelne Personen als Geschäftsführende benannt sind. Ein reines Geschäftsführungsmodell, bei dem ein oder zwei bezahlte Geschäftsführende den Gruppenmitgliedern als allein Entscheidende gegenüberstehen, ist dagegen selten. In Ostdeutschland finden sich eher formalisierte Entscheidungsstrukturen als in den westdeutschen und Berliner Gruppen. Bei den übrigen Gruppen haben sich, auch für die grundsätzlichen Entscheidungen, Mischformen herausgebildet.

Im Durchschnitt hat jede der Gruppen vier *bezahlte Arbeitsstellen,* was im Rahmen der allgemein knappen Arbeitsplatzangebote keine schlechte Bilanz ist, die sich noch deutlich verbessert, wenn die Projekte ohne bezahlte Stellen unberücksichtigt bleiben. In der Hälfte der Projekte (51) gibt es nämlich überhaupt keine bezahlten Stellen. Die insgesamt bezahlten 420 Stellen verteilen sich auf 41 Gruppen (11 k. A.), die damit auf einen Durchschnitt von 10,2 Stellen pro Projekt kommen. Fast zwei Drittel dieser Stellen sind Frauenarbeitsplätze, vor allem in den gemischten Projekten. In den eher kleineren Frauenprojekten selbst ist die Zahl der bezahlten Plätze entsprechend geringer als in den gemischten Projekten. Vollzeitstellen sind in allen Projekten allerdings rar. Es gibt sie nur in knapp einem Drittel der Projekte, auch dort ganz überwiegend für Frauen. Die Mehrzahl der Arbeitsplätze sind Teilzeitstellen. Daß Frauen in diesem alternativen Spektrum mehr Chancen auf eine bezahlte Stelle haben als Männer, beruht vermutlich darauf, daß sie einerseits aus anderen Arbeitszusammenhängen heraus über ein höheres Maß an sozialer Kompetenz verfügen, die hier besonders gefragt ist. Andererseits sind die bezahlten Stellen üblicherweise nicht hoch dotiert und vor allem mit einem hohen Unsicherheitsfaktor bezüglich der Dauer dieser Beschäftigung belastet.

Ihren *Lebensunterhalt* oder wenigstens einen Teilbereich der notwendigen Alltagsbedürfnisse wollen gemeinwesenorientiert wirtschaftende Gruppen durch bezahlte und unbezahlte Arbeit decken. Die spannende Frage ist, ob, und wenn ja, wie weitgehend dies gelingt. Sehen wir uns zuerst den bezahlten Teil für diejenigen an, die aktiv in den Gruppen arbeiten.

Die Finanzierung von Stellen durch öffentliche Gelder spielt eine wichtige, aber keineswegs die ausschlaggebende Bedeutung. Insbesondere die ostdeutschen Gruppen hatten 1996 noch einen vergleichsweise höheren Anteil an ABM-Stellen. 13 Projekte finanzieren ihre Stellen durch eigene Einnahmen, 12 ausschließlich durch öffentliche Gelder und 16 haben für die Personalkosten eine Mischfinanzierung erreicht. Ebenso beruht die *Finanzierung von Sachkosten* überwiegend auf einer Mischfinanzierung von Eigen- und Fremdmitteln. Nicht einmal die Hälfte der Projekte (43) bekommt in irgendeiner Weise öffentliche Zuschüsse, sei es beispielsweise gezielt für die Miete, sei es zweckgebunden für eine bestimmte Aktivität oder auch, wie in 13 Projekten, als Gesamtfinanzierung ihrer Sachkosten. Auf der anderen Seite finanzieren 38 Projekte ihre Sachkosten ausschließlich aus eigenen Mitteln, entweder aus selbsterwirtschaftetem Geld, aus Mitgliedsbeiträgen oder aus Spenden. Die Tatsache, daß die öffentlichen Gelder Ergänzungscharakter haben, ist für die Autonomie der Projekte besonders wichtig. Die Fähigkeit, mit Wenigem zielgerichtet zu wirtschaften, ist offensichtlich in diesen Gruppen weit verbreitet, denn die meisten Projekte geben an, daß sie kostendeckend wirtschaften. Nur 19 Projekte haben Schulden, was aber nicht heißen muß, daß sie überschuldet sind.

Der Austausch unbezahlter Arbeitsleistungen in Form von Sachen oder Diensten ist ebenfalls beachtlich. In 62 Gruppen wird unbezahlte Arbeit gegen Sachen oder Dienste getauscht, in 31 Projekten ist dies nicht möglich, der Rest macht keine Angaben oder befindet sich erst im Planungsstadium. Ihren ganzen Lebensunterhalt können die ProjektträgerInnen nur in den sich selbst versorgenden größeren Kommunen decken. In den meisten Projekten ermöglicht die unbezahlte Arbeit den Aktiven in der Gruppe, einen eher kleinen Teil ihrer Alltagsbedürfnisse zu befriedigen.

Inwieweit die unbezahlte Arbeit der Projektmitglieder es jedoch der außenstehenden Zielgruppe des jeweiligen Projekts ermöglicht, Bedürfnisse zu befriedigen, konnte im Rahmen dieser Befragung nicht ermittelt werden. Hierin liegt auf jeden Fall der weitaus größere Effekt dieses Wirtschaftens. Wenn die Aktiven einer Gruppe z. B. die Organisationsarbeit für eine Seniorengemeinschaft, die auf gegenseitiger Hilfe beruht, leisten oder die Tauschringangebote im Computer vermerken und verbreiten, so ermöglicht dies einem weit größeren Kreis von Menschen als den direkt aktiv Beteiligten, einen bestimmten Bedarf zu decken.

Die Form, Bedürfnisse möglichst ohne Geld, durch Austausch von Arbeitsleistungen oder mittels einer lokalen Tauscheinheit zu befriedigen, hat heute in der Bundesrepublik vorwiegend ergänzenden Charakter, betrifft ein oder einige wenige Bedürfnisse. Das mindert den *Stellenwert solchen Wirtschaftens* nicht, denn es zeigt sich, daß dieses Wirtschaften in einen anderen als den üblichen Kontext eingebettet ist, anders erlebt wird. Wirtschaften bleibt hier nicht begrenzt auf eine anonyme Arbeitsleistung und einen ebenso anonymen Kaufakt. Es werden wichtige andere Bedürfnisse mittransportiert: der Wunsch nach Kontakten, die Fähigkeit zur selbstbestimmten Tätigkeit, die Qualifizierung der eigenen Fähigkeiten, das Mitdenken und -gestalten des gemeinsamen Eigenen, das Setzen von anderen Zeitmaßstäben – alles Werte, die Zusammenleben und -arbeiten menschenwürdig machen. Zu diesen anderen Qualitäten des gemeinwesenorientierten Wirtschaftens gehört auch *der hohe Grad der Vernetzung* unter den Gruppen. Nur 13 Gruppen pflegen bewußt keine Außenkontakte. Alle anderen suchen genau diese Kontakte, unterstützen und beraten sich gegenseitig, holen sich Informationen, veranstalten Tagungen und arbeiten politisch zusammen. Diese Außenkontakte haben jedoch in den seltensten Fällen organisierten Netzwerk-Charakter.

Die *Zukunftsperspektive* der jeweiligen Gruppe ist mehrheitlich eine mittelfristige. Die Aktiven trauen sich einen Fortbestand auf zwei bis drei Jahre zu. Deutlich unsicherer in dieser Frage sind die Frauen in den Frauenprojekten, insbesondere in Berlin. Dort wurden Frauenprojekte in den vergangenen Jahren gezielt gefördert, Maßnahmen, die wegen der umfangreichen Investitionen für die neue Hauptstadt jetzt wieder abgebaut werden. Die besondere Vorsicht in der Einschätzung ihrer Zukunftschancen korrespondiert allerdings nicht mit der nachweislich längeren Lebensdauer der Frauenprojekte.

Die Kürzungen für ABM-Stellen müssen fast alle Gruppen hinnehmen, die darauf gesetzt haben.

In knapp 25% der Projekte setzen die Mitglieder jedoch auf eine langfristige Perspektive. Dies gilt vor allem für die größeren Projekte.

Die Attraktivität des gemeinwesenorientierten Wirtschaftens wird – so ist zu vermuten – in dem Maße zunehmen, wie die herrschende Marktwirtschaft ihr Versprechen, den Menschen Arbeit und Wohlstand zu garantieren, immer offenkundiger nicht einlöst.

Bibliographie

Die Bibliographie enthält alle in den Texten zitierte Literatur und darüber hinaus ein Literaturspektrum zum Thema. Sie erhebt nicht den Anspruch auf Vollständigkeit

Addams, Jane 1913, Zwanzig Jahre sozialer Frauenarbeit in Chicago, München

Adorno, Theodor 1950, Thesen über Bedürfnis, in: minima moralia

AG SPAK – Arbeitsgemeinschaft sozialpolitischer Arbeitskreise (Hg.) 1995, 25 Jahre AG SPAK. Perspektiven sozialpolitischer Arbeit in den nächsten 25 Jahren, München (1. Auflage)

Akademie Gesellschaftswissenschaften beim ZK der SED 1981, Zu Problemen der Bedürfnisentwicklung in der entwickelten sozialistischen Gesellschaft. Thematische Information und Dokumentation Heft 26 (Reihe A), Berlin (Ost)

Akademie für Weiterbildung beim Ministerium für Kultur (Hg.) 1976, Der Einfluß der Lebensbedingungen auf die Entwicklung kultureller Bedürfnisse der Arbeiterklasse, Berlin (Ost)

dies. 1976, Zur Bedürfnisproblematik, Berlin (Ost)

dies. 1978, Zum Verhältnis von Kulturbedürfnissen der Industriearbeiter im Arbeitsprozeß und progressive Gestaltung des Inhalts der Arbeit, Berlin (Ost)

Anderson, Victor 1991, Alternative economic indicators, London, New York

Arnold, Karl-Heinz 1973, Bedürfnisse und Bedarf und der Wettbewerb, in: "Berliner Zeitung", April/Mai 1973

Badura, Berhard 1972, Bedürfnisstruktur und politisches System, Stuttgart, Berlin, Köln, Mainz

Bauhaus Dessau/Europäisches Netzwerk für ökonomische Selbsthilfe und lokale Entwicklung (Hg.) 1996, Wirtschaft von unten. People's economy. Beiträge für eine Soziale Ökonomie in Europa, Dessau

Becker, Gary S. 1981, A Treatise on the Family, Cambridge, Mass.

Behrend, Hanna/Maleck-Lewy, Eva (Hg.) 1991, Entmännlichung der Utopie. Beiträge zur Utopiediskussion in feministischer Theorie und Praxis, Zentrum Für interdisziplinäre Frauenforschung (ZiF), Humboldt-Universität zu Berlin

Bennholdt-Thomsen, Veronika 1983, Die Zukunft der Frauenarbeit und die Gewalt gegen Frauen, in: beiträge zur feministischen theorie & praxis, Heft 9/10, S. 207-222

dies. 1987, Die Ökologiefrage ist eine Frauenfrage. Zum Zusammenhang von Umweltzerstörung, Kapitalakkumulation und Frauenverachtung, in: beiträge zur feministischen theorie & praxis. Heft 19, S. 29-42

Berger, Johannes 1982, Zur Zukunft der Dualwirtschaft, in: Benseler, F./ Heinze, R./ Klönne, G. (Hg.), Zukunft der Arbeit. Eigenarbeit, Alternativökonomie?, Hamburg

Berger, Wilhelm/ Horn, Ina P. 1996, Bedürfnis als Kategorie einer alternativen Modell-
bildung in der Ökonomie, in: Kurswechsel, Heft 1, S. 57-62

Berlin-Brandenburgisches Bildungswerk e. V. (Hg.) 1995, Dokumente 3. Nationale
Identität und die Deutschen fünf Jahre danach. Eine Pressedokumentation, zusam-
mengestellt von Heinz Engelstädter

Bernhard, Claudia 1997, Der nachhaltige Antifeminismus, in: Schwertfisch (Hg.):
Zeitgeist mit Gräten. Politische Perspektive zwischen Ökologie und Autonomie,
Bremen, S. 153-159.

Biesecker, Adelheid 1994, Wir sind nicht zur Konkurrenz verdammt. Auf der Suche
nach alten und neuen Formen kooperativen Wirtschaftens, in: Politische Ökologie,
Sonderheft 6

dies. 1995, Lebensweltliche Erneuerung der Ökonomie – über alte und neue Formen
weiblichen Wirtschaftens. Vortrag. Angestelltenkammer Bremen

Bildungswerk der Katholischen Arbeitnehmer-Bewegung Trier/ Trierer Arbeitsgemeinschaft für Umwelt-, Struktur- und Regionalforschung (TAURUS-Institut) (Hg.)
1996, Regionen im Aufbruch. Beiträge und Beispiele zur eigenständigen und nachhaltigen Regionalentwicklung, Bornheim

Binswanger, Hans Christoph 1985, Geld & Natur. Das wirtschaftliche Wachstum im
Spannungsfeld zwischen Ökonomie und Ökologie, Stuttgart und Wien

ders. 1994, Geld und Wachstumszwang, in: Binswanger/ Flotow, Geld und Wachstum.
Zur Philosophie und Praxis des Geldes, Stuttgart

Bloch, Ernst 1959, Das Prinzip Hoffnung. Frankfurt a. M.

ders. 1980, Abschied von der Utopie?, Frankfurt a. M.

Böttger, Barbara 1987, Macht und Liebe, Gleichberechtigung und Subsistenz – Kein
Ort. Nirgends. Auf der Suche nach einem feministischen Politikverständnis, in:
beiträge zur feministischen theorie & praxis, Heft 19, S. 9-27

Budtke, Sabine 1996, Tauschringe im Kontext sozialer Sicherung, unveröffentlichte
Diplomarbeit im Fachbereich Erziehungswissenschaften der Technischen Universität Berlin

BUND 1995, Lokale Ökonomie und nachhaltige Entwicklung. Initiativen für Arbeit
und Ökologie in Gespräch. Bund für Umwelt und Naturschutz Deutschland LV NW
e. V., Bericht 14, Ratingen

BUND 1996, Agenda 21 – Auf den Weg in ein neues Jahrtausend. Bund für Umwelt
und Naturschutz Deutschland LV Berlin e. V., Berlin

BUND/ Misereor (Hg.) 1996, Zukunftsfähiges Deutschland. Ein Beitrag zu einer globalen nachhaltigen Entwicklung, Basel, Boston, Berlin

Bundesministerium für Familie, Senioren, Frauen und Jugend (Hg.) 1997, Praxis-
bericht über eine andere Form der Wirtschaftsförderung, auf der Grundlage des
Modells "Neue Wege der Arbeitsplatzbeschaffung", Bonn

Burgdorff, Stephan (Hg.) 1983, Wirtschaft im Untergrund, Reinbek bei Hamburg

Busch-Lüty, Christiane/ Jochimsen, Maren/ Knobloch, Ulrike/ Seidl, Irmi (Hg.) 1994, Vorsorgendes Wirtschaften. Frauen auf dem Weg zu einer Ökonomie der Nachhaltigkeit, in: Politische Ökologie, Sonderheft 6, München

Clausen, Lars 1988, Produktive Arbeit, destruktive Arbeit, Berlin, New York

Conaty, Pat 1994, Action for Aston. A Community Development Banking Initiative in Birmingham, in: Mayer 1994, a. a. O., S. 243-256

Creutz, Helmut 1993, Das Geldsyndrom. Wege zu einer krisenfreien Marktwirtschaft, München 1993, Frankfurt a. M., Berlin 1994

Dahn, Daniela 1996, Westwärts und nicht vergessen. Vom Unbehagen in der Einheit, Berlin

Der Einigungsvertrag zwischen der Bundesrepublik Deutschland und der Deutschen Demokratischen Republik über die Herstellung der Einheit Deutschlands, 3. durchgesehene Auflage, o. O., o. J.

Dieckmann, Bernhard 1992, Selbsttätigkeit und Selbstsorge: zwei Grundbegriffe der Pädagogik? in: Pädagogische Rundschau, Heft 6, Jg. 46, S. 693-706

Döbler, Martin 1969, Triebkraft Bedürfnis, Berlin (Ost) (1. Auflage)

Duchrow, Ulrich 1994, Alternativen zur kapitalistischen Weltwirtschaft. Biblische Erinnerungen und politische Ansätze zur Überwindung einer lebensbedrohenden Ökonomie, Gütersloh, Mainz

Dülfer, Eberhard 1995, Betriebswirtschaftslehre der Genossenschaften und vergleichbarer Kooperative, Göttingen

Eblinghaus, Helga/ Stickler, Armin 1996, Nachhaltigkeit und Macht. Zur Kritik von Sustainable Development, Frankfurt

Eblinghaus, Helga 1997, Grüne Tünche für den Standort. "Kursbücher" für Deutschland, "Fahrpläne" für linke Politik? In: Schwertfisch (Hg.) 1997, a. a. O., S. 50-63

Effinger, Herbert 1989, Neue gesellschaftliche Bedürfnisse und Erwerbsorientierungen in der Grauzone – Licht und Schatten von Angebot und Arbeit in lokalen Beschäftigungsinitiativen, in: Mitteilungsblatt der ZWE "Arbeit und Betrieb", Heft 21/ Februar 1989, Bremen

Elsen, Susanne 1996, Gemeinwesenorientierte Ökonomien. Das Beispiel einer Wohnungsbaugenossenschaft in Trier, S. 57-74, in: KAB Trier und TAURUS-Institut (Hg.) 1996, Regionen im Aufbruch, Bornheim

Estermann, Thomas 1994, Das Talent-Experiment der INWO Schweiz, in: Zeitschrift für Sozialökonomie, 101, Juli 1994

Estermann, Thomas/ Hämmerli, Martina/ Jehle, Bruno, Alternative Geldmodelle. Zwei Beiträge zur praktischen Umsetzung. Bezug: INWO Schweiz, Postfach, CH-5001 Aarau

Flieger, Burghard/ Nicolaisen, Bernd/ Schwendtner, Rolf (Hg.) 1995, Gemeinsam mehr erreichen. Kooperation und Vernetzung alternativökonomischer Betriebe und Projekte, München

Fraser, Nancy 1994, Widerspenstige Praktiken. Macht, Diskurs, Geschlecht, Frankfurt a. M.

FrauenAnstiftung e. V./Unabhängiger Frauenverband (Hg.) 1993, Frauen und Wirtschaft in Politik, Theorie und Praxis. Weibblick. Informationsblatt von Frauen für Frauen, Sondernummer, Jahrgang 1993. Bezug: Weibblick, Friedrichstr. 165, 10117 Berlin

Friedman, Yona 1977, Machbare Utopien. Absage an geläufige Zukunftsmodelle, Frankfurt a. M.

Fröse, Marlies (Hg) 1988, Utopos – Kein Ort, Bielefeld

Gewerkschaftshochschule "Fritz Heckert" beim Bundesvorstand des FDGB (Hg.) 1974, Kunstbedürfnisse. Eine Literaturzusammenstellung. Zeitraum 1971 bis Juli 1974

Godschalk, Hugo 1986, Die geldlose Wirtschaft – Vom Tempeltausch bis zum Barterclub, Berlin

Gorz, André 1994, Kritik der ökonomischen Vernunft. Sinnfragen am Ende der Arbeitsgesellschaft, Hamburg

Gräbe, Karl/ Hüttig, Christoph (Hg.) 1996, Armut im Reichtum II. Wohnungsversorgung und Reorganisationsprobleme im Bereich der Ambulanten Hilfen, Loccum

Gretschmann, Klaus 1983, Wirtschaft im Schatten von Markt und Staat. Grenzen und Möglichkeiten einer Alternativökonomie, Frankfurt a. M.

Gretschmann, Klaus/ Schulz, F. 1988, Ende des Wirtschaftens oder Wirtschaften ohne Ende?, in: Teichert, Volker (Hg.), Alternativen zur Erwerbsarbeit? Entwicklungstendenzen informeller und alternativer Ökonomie, Opladen

Gustafsson, Lars 1985, Utopien. Essays, Frankfurt a. M., Berlin, Wien

Hanke, Helmut 1979, Freizeit in der DDR, Berlin (Ost)

Hartmann, Wolf-Dieter/Wilde, Gert 1982, Wie man reich wird. Nachdenken über Bedürfnisse, Leipzig, Jena, Berlin (Ost)

Haustein, Heinz-Dieter/Manz, Günter 1976, Bedürfnisse, Bedarf, Planung, Berlin (Ost)

Heider, Frank/Hock, Beate/Seitz, Hans-Werner 1997, Jeder zweite Betrieb bleibt der Selbstverwaltung treu, in: Frankfurter Rundschau v. 6.5.1997

Heinrichs, Wolfgang/Kapustin, Jewgeni (Hg.) 1980, Ökonomische Aspekte der sozialistischen Lebensweise, Berlin (Ost)

Heinze, Rolf G./Olk, Thomas 1984, Selbsthilfe, Eigenarbeit, Schattenwirtschaft. Entwicklungstendenzen des informellen Sektors, in: Opielka/Schmollinger/Fohmann-Ritter, Die Zukunft des Sozialstaats, Stuttgart

Heinze, Rolf G./Offe, Claus (Hg.) 1990, Formen der Eigenarbeit. Theorie, Empirie, Vorschläge, Opladen dies. 1990, Organisierte Eigenarbeit – Das Modell Kooperationsring, Frankfurt a. M., New York

Henderson, Hazel 1984/85, Post-Economis Policies for Post-Industrial Societies, in: Revision, vol. 7, Nr. 2

dies. 1996, Building an Win-Win World: Life beyond Global Economic Warfare. Vortrag im Wuppertal-Institut Nov. 1996

Hensche, Detlef 1987, Wertewandel und neue Bedürfnisse, in: Kurz-Scherf, Ingrid/ Breil, Gisela (Hg.), Wem gehört die Zeit, Hamburg

Hertzfeldt, Hella 1996, Wie alternativ sind die Alternativen? Ms.

Hochschule für Ökonomie "Bruno Leuschner", Wissenschaftsbereich Planung der Konsumtion und des Lebensstandards 1976, Geistig-kulturelle Bedürfnisse und sozialistisches Lebensniveau. Forschungsbericht, Berlin (Ost)

Hollitscher, Walter 1980, Bedrohung und Zuversicht, Wien

Huber, Joseph 1984, Duale Sozialpolitik. Fremdversorgung und Eigenbeteiligung, in: Opielka/Schmollinger/Fohmann-Ritter (Hg.), Die Zukunft des Sozialstaats, Stuttgart

Huber, Joseph 1987, Die neuen Helfer. Das Berliner Modell und die Zukunft der Selbsthilfebewegung, München und Zürich

Hüttner, Bernd 1997, Ist kleiner wirklich besser? Regionalisierung der Emanzipation. Modernisierungspolitik oder Armutsverwaltung? in: Forum. Zeitschrift für Internationalismus, Nr. 210, Februar/März 1997, S. 8-11

Illich, Ivan 1978, Fortschrittsmythen, Reinbek

Institut für Landes- und Stadtentwicklungsforschung des Landes NRW 1996, Entwicklungsformen lokaler Ökonomie, Dortmund

Institut für sozial-ökologische Forschung 1996, Forschungsprojekt "Nachhaltige Konsummuster und postmaterielle Lebensstile": Bestandsaufnahme sozialwissenschaftlicher Forschung, Frankfurt a. M.

Institut für Soziologie und Sozialpolitik an der Akademie der Wissenschaften der DDR (Hg.) 1988, Einflußfaktoren auf die Bedürfnisentwicklung. Soziologie und Sozialpolitik. Beiträge aus der Forschung, Heft 2/1988, Berlin (Ost)

Interdisziplinäres Forschungsprojekt "Lokale Ökonomie", Dokumentation ausgewählter Texte zum Leitsystem, Berlin 1992. Bezug: Technologie-Netzwerk Berlin, Wiesenstr. 29, 13357 Berlin

Jungk, Robert/Internationale Bibliothek für Zukunftsfragen in Salzburg (Hg.) 1990, 51 Modelle für die Zukunft, Frankfurt a. M.

Kahn, Herman/Wiener, Anthony J. 1971, Ihr werdet es erleben. Voraussagen der Wissenschaft bis zum Jahre 2000, Reinbek bei Hamburg

Kasek, Leonhard (Hg.) 1995, Zukunft der Arbeit. Arbeitspapier 1995 – 3. Arbeitskreis Sozialwissenschaftliche Arbeitsmarktforschung (SAMF), Gelsenkirchen. Bezug: Arbeitskreis Sozialwissenschaftliche Arbeitsmarktforschung (SAMF) e. V., Wissenschaftszentrum Nordrhein-Westfalen/ Institut Arbeit und Technik, Munscheidstr. 14, 45886 Gelsenkirchen

Kennedy, Margit 1991, Geld ohne Zinsen und Inflation, München

Kiunke, Gabriele/Wittmann, Sybille 1995, "Es bleibt wirklich an den Frauen hängen ..." Rhöner Frauen im Gespräch über Direktvermarktung, Fremdenverkehr und Haushalt, Frankfurt a. M.

Knabe, Hubertus (Hg.) 1989, Aufbruch in eine andere DDR. Reformer und Oppositionelle zur Zukunft ihres Landes, Hamburg

Kollektiv Kommunebuch (Hg.) 1996, Das Kommunebuch. Alltag zwischen Widerstand, Alltag und gelebter Utopie, Göttingen

Kommunales Forum Wedding e. V. (Hg.) 1997, Bausteine für eine bezirkliche Beschäftigungspolitik, Berlin. Bezug: Kommunales Forum Wedding e. V., Wiesenstr. 29, 13357 Berlin.

Kontos, Silvia/Walser, Karin 1978, Überlegungen zu einer feministischen Theorie der Hausarbeit, in: alternative, Heft 120/21, Berlin, S. 152-158

Kreikemeyer, Anna 1996/97, Selbsthilfe – ein Ausweg aus der Krise der Gesellschaftsveränderung?, in: MAGMA, Heft 11

Kristosturjan, N. G. u. a. 1978, Merkmale sozialistischer Lebensweise, Berlin (Ost)

Krotz, Friedrich, 1988, Sozialpolitik als Organisation von Eigenarbeit: eine Analyse am Beispiel der Berliner Selbsthilfegruppenförderung, in: Mehrwert 1988, Nr. 30, Köln, S. 34-58

Kurz, Robert 1995, Jenseits der Arbeit. Perspektiven einer anderen Systemtransformation, in: "Junge Welt", 3.9.1995

Lang, Peter 1994, LETS work. Rebuilding the local economy, Bristol

LETS LINK UK (Hg.), The LETS LINK info Pack. Bezug: 61 Woodstock Road, Warminster, Telefon/Fax: 0985/217971

Loesch, Achim von 1979, Die gemeinwirtschaftlichen Unternehmen der deutschen Gewerkschaften, Köln

Madörin, Mascha 1995, Feministische Wirtschaftspolitik – weg von den politischen und theoretischen Trampelpfaden, in: Olympe. Feministische Arbeitshefte zur Politik, Heft 2, S. 10 -20

Manz, Günter u. a. 1975, Das materielle und kulturelle Lebensniveau des Volkes und seine volkswirtschaftliche Planung, Berlin (Ost)

Manz, Günter u. a. 1989, Lebensniveau im Sozialismus, Berlin (Ost) (2. neuverfaßte Auflage)

Martens, Erika 1997, "Das Gold in den Köpfen heben." Ein ZEIT-Gespräch mit dem amerikanischen Philosophen Frithof Bergmann über die Krise der Arbeit und neue Beschäftigungsmodelle, in: Die ZEIT, Nr. 11, März 1997, S. 27

Maslow, A. P. 1954, Motivation and Personality, New York

Mayer, Jörg (Hg.) 1994, Eigenständige städtische Ökonomien. Armut, lokale Ökonomien und die Entwicklung urbaner Gesellschaften in Nord und Süd. Loccumer Protokolle 27/94, Loccum

Mersmann, Arno 1996, Genossenschaftliche Selbsthilfe schafft Wohnraum für wirtschaftlich Schwache. Historische Beispiele und ihre aktuelle Bedeutung, in: Gräbe, Karl/ Hüttig, Christoph 1996, a. a. O., S. 35-43

Mellor, Mary 1994, Wann, wenn nicht jetzt. Für einen ökosozialistischen Feminismus, Hamburg

Mies, Maria 1980, Gesellschaftliche Ursprünge der geschlechtlichen Arbeitsteilung, in: beiträge zur feministischen theorie & praxis, Heft 3, S. 61-78

dies. 1988, Patriarchat und Kapital. Frauen in der internationalen Arbeitsteilung, Zürich

dies. 1996, Frauen, Nahrung und globaler Handel. Eine ökofeministische Analyse zum Welternährungsgipfel 13.-17. November 1996 in Rom. Diskussionsbeiträge zur Subsistenz Nr. 1, Bielefeld. Bezug: ITPS, Institut für Theorie und Praxis der Subsistenz e. V., Am Zwinger 16, 33602 Bielefeld

dies./Shiva, Vandana 1995, Ökofeminismus. Beiträge zur Praxis und Theorie, Zürich

Möller, Carola/Broicher, Martin/Schaible, Franz/Winkel, Rolf/Zill, Gerda 1980, Reale Verhältnisse bei der gewerbsmäßigen Arbeitnehmerüberlassung. Forschungsbericht des Instituts zur Erforschung sozialer Chancen e. V., Köln

Möller, Carola 1982, Ungeschütze Beschäftigungsverhältnisse – verstärkte Spaltung der abhängig Arbeitenden. Konsequenzen für die Frauenforschung und die Frauenbewegung, Vortrag auf dem Soziologentag in Bamberg

dies. 1988, Flexibel in die Armut. Empirische Untersuchung und theoretische Verortung ungeschützter Arbeitsverhältnisse, Hamburg

dies. 1991, Rahmenbedingungen für menschenwürdigere Arbeitsverhältnisse – Ansätze einer konkreten Utopie, in: beiträge zur feministischen theorie und praxis, Heft 29, Köln

dies. 1996, Feministische Ansätze zu einer alternativen Ökonomie, in: Bundesweites Feministisches Bündnis (BFB), Rundbrief Nr. 4

dies. 1997, Existenzrecht und solidarische Netze. Feministische Ansätze zu einer alternativen Ökonomie, in: alaska. Zeitschrift für Internationalimus. Nr. 211/212, April/Mai 1997, S. 18-20

dies. 1997, Eigenarbeit. Stichwort in: Haug, W. F. (Hg.), Historisch-Kritisches Wörterbuch des Marxismus, Bd. 3, Hamburg

Molyneux, Maxine/Steinberg, Deborah Lynn 1997, Ökofeminismus – Kritik an Maria Mies und Vandana Shiva, in: Das Argument, Heft 218, S. 43-58

Mose, Ingo 1993, Eigenständige Regionalentwicklung – neue Chancen für die ländliche Peripherie?, Vechta

Mückenberger, Ulrich 1990, Allein wer Zugang zum Beruf hat, ist frei, sich für Eigenarbeit zu entscheiden, in: Heinze/Offe, Formen der Eigenarbeit, Opladen, S. 197-211

Müller, Christa 1996, Regionalisierung und die Frage der Einbettung der Ökonomie in die Gesellschaft. Vortrag an der Universität Trier, 17.6.1996, in: KAB Trier und TAURUS-Instut (Hg.) 1996, Regionen im Aufbruch, Bornheim, S. 187-195

Negt, Oskar (Hg.) 1994, Die zweite Gesellschaftsreform, Göttingen

Netzwerk Selbsthilfe e. V. (Hg.) 1997, Ohne Moos geht's los – Tauschringe in Deutschland, Berlin. Bezug: Netzwerk Selbsthilfe e. V., Gneisenaustr. 2a, 10961 Berlin.

Neusüss, Christel 1985, Die Kopfgeburten der Arbeiterbewegung, Hamburg und Zürich

Nick, Harry 1980, Arbeitsproduktivität und Lebensweise, Berlin (Ost)

Niessen, Hans-Joachim/Ollmann, Rainer 1987, Schattenwirtschaft in der Bundesrepublik, Opladen

Notz, Gisela/Heß, Klaus-Dieter/Buchholz, Ulrich/Bühler, Theo (Hg.) 1991, Selbstverwaltung in der Wirtschaft. Alte Illusion oder neue Hoffnung?, Köln

Onken, Werner 1986, Ein vergessenes Kapitel der Wirtschaftsgeschichte. Schwanenkirchen, Wörgel und andere Freigeldexperimente, in: Creutz/Suhr/Onken 1986, Wachstum bis zur Krise

Ostner, Ilona 1988, Eigenarbeit in privaten Haushalten, in: Teichert, Volker (Hg.), Alternativen zur Erwerbsarbeit? Entwicklungstendenzen informeller und alternativer Ökonomie, Opladen

Packard, Vance 1960, Die große Verschwendung. Frankfurt a. M., Hamburg

PaySys GmbH (Hg.), LET-Systeme und Tauschringe. Ein Handbuch über Formen und Ausgestaltungsmöglichkeiten lokaler Verrechnungssysteme. Bezug: PaySys GmbH, Im Urig 7, 60433 Frankfurt a. M.

Peters, Ulla u. a. 1996, Nachhaltige Regionalentwicklung – ein neues Leitbild für eine veränderte Struktur- und Regionalpolitik, Trier

Peters, Ulla 1996, Lokale und regionale Ökonomien – Strategien für VerliererInnen? Vortrag im Schlachthof, Bremen

Pietilä, Hilkka 1990, The Environment and Sustainable Development, in: IFDA Dossier 77

dies. 1996, The Triangle of the Human Economy: Household, Cultivation – Industrial Production. Vortrag bei IAFFE Summer Conference, American University, Washington DC

Pilz, Brigitte 1996, Zum Beispiel fairer Handel, Göttingen

Piper, Nikolaus 1996, Die gute Gesellschaft. Die Kommunitarier predigen Gemeinsinn, um die liberale Gesellschaft und die Marktwirtschat zu retten, in: Die ZEIT, Nr. 29, 12.7.1996, S. 36

Pulliainen, Kyösti/Pietilä, Hilkka 1983, Revival of non-monetary economy makes economic growth unnecessary (in small, industrialized countries), in: IFDA Dossier 35, Nion

Riede, Milena 1996, "Ohne Moos viel los". Unveröffentlichte Diplomarbeit, Katholische Stiftungshochschule für Sozialwesen, München

Rifkin, Jerimy 1995, Das Ende der Arbeit und ihre Zukunft, Frankfurt a. M., New York

Rößler, Hans (Hg.) 1974, Produktion und Konsumtion. Beiträge zur sozialistischen Konsumtionsforschung, Bd. 3, in: Wissenschaftliche Zeitschrift, Martin-Luther-Universität Halle-Wittenberg, XXIII/ 1974

ders. (Hg.) 1979, Die Bedürfnisse in den Phasen des sozialistischen Reproduktionsprozesses, Martin-Luther-Universität Halle-Wittenberg, Halle

Rohrberg, Peter 1974, Bedürfnisse und Volkswirtschaftsplanung, Berlin (Ost)

Roth, Karl Heinz (Hg.) 1994, Die Wiederkehr der Proletarität. Dokumentation der Debatte, Köln

Schacherer, Herbert 1997, Innovative Ansätze in der Stadtteilarbeit. In: Ries, Heinz u. a. (Hg.): Fokus Gemeinwesen, Neuwied (im Erscheinen)

Scherhorn, Gerhard 1959, Bedürfnis und Bedarf. Sozialökonomische Grundbefriffe im Lichte der neueren Anthropologie, Berlin

Schneider, Christian 1995, Barter-Clubs – Chancen und Probleme. Eine theoretische und empirische Analyse, Berlin

Scholz, Wolfgang 1991, Sozialprodukt und Wohlstand, in: Arbeit und Sozialpolitik, Heft 3/4, Jg. 45, S. 16 – 22

Schulte, Monika 1996, Nicht-monetäre Tauschringsysteme in Deutschland auf dem Prüfstand, Dortmund. Bezug: Stadtart, Büro für Stadt-Kultur-Planung, Huckarder Str. 10-12, 44147 Dortmund

Schultz, Irmgard 1994, Der erregende Mythos vom Geld. Die neue Verbindung von Zeit, Geld und Geschlecht im Ökologiezeitalter, Frankfurt a. M., New York

dies. (Hg.) 1993, Globalhaushalt. Globalisierung von Stoffströmen – Feminisierung von Verantwortung. Institut für sozial-ökologische Forschung, Frankfurt a. M.

dies. 1996, Nachhaltiger Konsum und Lebensstile, in: Stiftung VerbraucherInstitut (Hg.), Nachhaltiger Konsum. Dokumentation eines Workshops, Berlin, S. 49-62

Schumacher, Ernst Friedrich 1995, Small is beautiful. Die Rückkehr zum menschlichen Maß, Reinbek bei Hamburg 1977, Heidelberg 1995 (2. Auflage)

Schweitzer, Rosemarie von 1990, Einführung in die Themenstellung, in: Schweitzer/ Ehling/Schäfer, Zeitbudgeterhebungen. Ziele, Methoden und neue Konzepte, Stuttgart

Schwendter, Rolf 1994, Utopie. Überlegungen zu einem zeitlosen Begriff, Berlin (1. Auflage)

Schwertfisch (Hg.) 1997, Zeitgeist mit Gräten. Politische Perspektiven zwischen Ökologie und Autonomie, Bremen

Scurrell, Babette 1997, Alternativen zu Weltmarktökonomie und Erwerbsarbeit. Welche Chancen haben lokale Ökonomie und neue Arbeit? Protokoll des Kolloquiums des Bauhaus Forums 17.3.1997, Dessau

Senf, Bernd 1996, Der Nebel um das Geld. Zinsproblematik, Währungssystem, Wirtschaftskrisen. Ein Aufklärungsbuch, Lütjenburg

Seniorengenossenschaften als Beispiel bürgerschaftlichen Engagements. Dokumentation im Auftrag des Ministeriums für Arbeit, Gesundheit und Sozialordnung Baden-Württemberg, Stuttgart 1994. Bezug: Ministerium für Arbeit, Gesundheit und Sozialordnung Baden-Württemberg, Rotebühlplatz 30, 70176 Stuttgart

Shiffmann, Ronald 1994, Community Development in New York, in: Mayer, Jörg 1994, a. a. O., S. 89 - 105

Sombart, Werner 1967, Liebe, Luxus und Kapitalismus, München

Sozialwissenschaftliches Forschungszentrum Berlin-Brandenburg e. V. (SFZ) (Hg.) 1991 - 1996, Umbruch. Beiträge zur sozialen Transformation. Studien – Analysen – Standpunkte. Aperiodische Schriftenreihe, Hefte 2(1991) - 9(1996)

Spehr, Christoph 1996, Die Ökofalle. Nachhaltigkeit und Krise, Wien

ders./Stickler, Armin 1997, Morphing Zone – Nachhaltigkeit und postmodernes Ordnungsdenken, in: Foitzik, Andrea/Marvakel, Athanasios (Hg.), Tarzan – was nun? Internationale Solidarität im Dschungel der Widersprüche, Hamburg

Statistisches Bundesamt 1994, Wo bleibt die Zeit? Die Zeitverwendung der Bevölkerung in Deutschland, Wiesbaden

Staub-Bernasconi, Sylvia 1997, Traditionen ökonomisch und ökologisch orientierter Stadtteil-arbeit, in: Ries, Heinz, u. a. (Hg.), Fokus Gemeinwesen, Neuwied (im Erscheinen)

Steffen, Dagmar (Hg.) 1995, Welche Dinge braucht der Mensch? Hintergründe, Folgen und Perspektiven der heutigen Alltagskultur. Katalogbuch zur gleichnamigen Ausstellung, Gießen

Steitz, Lilo 1979, Freizeit – freie Zeit, Berlin (Ost)

Steitz, Lilo u. a. 1984, Bedürfnisse und Interessen als Triebkräfte unseres Handelns, Berlin (Ost)

Stiehler, Gottfried 1978, Über den Wert der Individualität im Sozialismus, Berlin (Ost)

Stiftung Mitarbeit (Hg.) 1997, Geldloser Ressourcentausch für Vereine, Betriebe und Projekte, Berlin. Bezug: Förderverein Ökostadt e. V., Danziger Str. 219, 10407 Berlin

Symma, Britta 1995, Die unheimliche Allianz zwischen neoklassischer Haushaltsökonomie und feministischer Wirtschaftstheorie, in: Peripherie, Heft 57/58

TAURUS e. V. 1996, Nachhaltige Regionalentwicklung – ein neues Leitbild für eine veränderte Struktur- und Regionalpolitik. Ein Forschungsbericht, Universität Trier

Taut, Heinrich 1964, Zur Dialektik von Arbeit und Bedürfnissen im Sozialismus und Kommunismus. Habilitationsschrift

Thielen, Helmut 1993, Subversion und Gemeinschaft. Befreiung in der Zeitenwende, Hamburg

Thieme, Karl-Heinz 1988, Bedürfnisreichtum und Leistungsstreben. Weltanschauliche Probleme der Bedürfnisentwicklung im Sozialismus, Berlin (Ost)

Teichert, Volker (Hg.) 1988, Alternativen zur Erwerbsarbeit? Entwicklungstendenzen informeller und alternativer Ökonomie, Opladen

Teichert, Volker 1993, Das informelle Wirtschaftssystem. Analyse und Perspektiven von Erwerbs- und Eigenarbeit, Opladen

Tolstych, Walentin 1979, Eine neue Lebensweise – utopisch oder real?, Berlin (Ost)

Vester, Michael 1986, Zur Geschichte der Genossenschaftsbewegung, in: Schwendter, Rolf 1986, Die Mühen der Berge. Grundlegungen zur alternativen Ökonomie, Teil 1, München, S. 7-18

Volkssolidarität Bundesverband e. V. 1996, Verbandstag 1996. Daten und Fakten zur Mitgliederbefragung – 1. Halbjahr 1996. Erarbeitet vom Sozialwissenschaftlichen Forschungszentrum Berlin-Brandenburg e. V.

"Wahltreff 90" – Zentrum für politikwissenschaftliche Information und Dokumentation (Hg.) 1990, Die aktuelle Programmatik von Parteien und politischen Vereinigungen in der DDR 1990. Dokumentation, Berlin 30. März

Weizsäcker, Christine/Weizsäcker, Ernst 1978, Für ein Recht auf Eigenarbeit. Entwurf eines Manifestes, in: Technologie und Politik, Heft 10

Werlhof, Claudia von 1978, Der blinde Fleck in der Kritik der politischen Ökonomie, in: beiträge zur feministischen theorie & praxis, Heft 1, S. 18-32

Wichterich, Christa 1992, Die Erde bemuttern. Frauen und Ökologie nach dem Erdgipfel in Rio, in: Heinrich-Böll-Stiftung (Hg.), Schriftenreihe Bd. 16, Köln

Wiswede, Günter 1965, Motivation und Verbraucherverhalten, München, Basel

Wolf, Frieder Otto 1991, Warum ist die Durchsetzung eines alternativen Konsummodells so wichtig und so schwierig?, in: Linkes Forum in den Grünen (Hg.), Die Zukunft im Visier, Sondernr. 6, Bonn

Zahn, Ernest 1964, Soziologie der Prosperität. Wirtschaft und Gesellschaft im Zeichen des Wohlstands, München

Zeitbörse Werra Meißner, Tauschringe im Umgang mit Ämtern und Institutionen. Bezug: Zeitbörse Werra Meißner, Alter Bahnhof, 37269 Eschwege

Zeitschriften zum Thema

alaska, Zeitschrift der entwicklungspolitischen Arbeitsgruppen in der BRD (BUKO), Bremen

contraste, Die Monatszeitung für Selbstverwaltung, Heidelberg

eurotopia, Leben in Gemeinschaft, 71540 Murrhardt

Jedermensch, Zeitschrift für soziale Dreigliederung – Umweltfragen – neue Lebensformen, Wasserburg/Bodensee

Magma, 21279 Hollenstedt

Neuer Horizont. Anders Leben anders Arbeiten, Zeitung der Arbeitslosenselbsthilfe "Wir", Köln

Pro Regio, Zeitschrift für eigenständige Regionalentwicklung. Bezug: Tel: 07930/ 2384

Zeitschrift für politische Ökologie, München

Zu den Autorinnen

MÖLLER, CAROLA
Dr.rer.pol., Sozialwissenschaftlerin, als Forscherin und Publizistin freiberuflich tätig in den Bereichen Arbeitsmarkt, Sozialpolitik, Frauenpolitik, alternative Ökonomie. Buchveröffentlichungen u. a. zu Jungarbeiterinnen in der Industrie (1966), Gesellschaftliche Funktion der Konsumwerbung (1970), Ungeschützte Arbeitsverhältnisse (1988), Lebens- und Arbeitsbedingungen von Frauen in Hessen (1990).

BLEIBAUM, BRIGITTE
Dr.phil., Jahrgang 1937. Diplomlehrerin für Kunsterziehung und Geschichte. Langjährige Tätigkeit als Lehrerin und Museumspädagogin. Seit 1975 Forschungen auf den Gebieten der Lebensweise und Lebensqualität an der Akademie für Gesellschaftswissenschaften Berlin(Ost). Seit 1992 im Vorruhestand. Verheiratet, zwei Töchter, ein Sohn.

PETERS, ULLA
Soziologin, arbeitet an der Universität Trier zu Fragen von Regionalisierung und einer anderen Ökonomie. Seit vielen jahren in der Frauenbewegung und in Frauenprojekten aktiv.

STEITZ, LILO
Prof.em. Dr.sc.phil., Fachgebiete: Philosophie und Soziologie. Langjährige Forschungen auf den Gebieten Sozialpolitik, Lebensqualität und Lebensweise.
Geboren 1932, verheiratet, zwei erwachsene Töchter. Seit
1990 im Ruhestand, vorher Akademie für Gesellschaftswissenschaften Berlin(Ost).

WAGNEROVÁ, ALENA
Schriftstellerin und Publizistin, geboren in Brünn (CR),
lebt seit 1969 in Saarbrücken. Im Zentrum ihres In-
teresses als Autorin – u. a. schrieb sie die Biographie
Milena Jesenskás – stehen unterschiedliche Aspekte und
Probleme der weiblichen Existenz.

Die Titel der Reihe
"Auf der Suche nach der verlorenen Zukunft"
hrsg. von Hanna Behrend

Band 1

Hanna Behrend / Anneliese Braun / Hans Wagner: "Emanzipation = menschliche Selbstveränderung ?", trafo verlag, Berlin 1994, 227 S.
ISBN: 3-930412-73-X
Sammelband mit den Beiträgen:
1. Hanna Behrend: "Emanzipatorische Leistungen und Defizite marxistischer und feministischer theoretischer Positionen"
Der Beitrag diskutiert ausgewählte marxistische und feministische Positionen zur Frage der Gestaltung menschlicher Gemeinwesen, hierarchischer Strukturen, der Arbeitsteilung und der Bewertung menschlicher Reproduktionstätigkeit.
2. Anneliese Braun: "Emanzipation im Kontext patriarchalischer und Kapitalverhältnisse"
Die Autorin setzt sich mit Übereinstimmung und Verschiedenheiten des patriarchalen Geschlechterverhältnisses im Staatssozialismus und im Kapitalismus, mit dem Dualismus von patriarchalen und Kapitalverhältnissen, mit dem Verhältnis von Lebensweise und Produktionsweise auseinander.
3. Hans Wagner: "Menschliche Selbstveränderung in der globalen Revolution. Versuch einer Ortsbestimmung der Gegenwart nach der Implosion des Staatssozialismus"
Der Beitrag behandelt die globale Krise und die globale Revolution der Gegenwart und untersucht die Struktur der Krise, sowie die sich aus ihr ergebenden Sachzwänge und Möglichkeiten.

Band 2
Hartmut Krauss: "Das umkämpfte Subjekt. Widerspruchsverarbeitung im 'modernen' Kapitalismus", trafo verlag, Berlin 1996, 202 S.
ISBN: 3-930412-94-2
Verkündet worden ist der "Abschied vom Proletariat", das "Ende der Geschichte", der "Tod des Subjekts" usw. Der Zeitgeist entschlüsselt sich als Variation auf diese großspurigen Thesen. In Abgrenzung zu diesem modischen Credo insistiert Hartmut Krauss auf einer kritischen Anknüpfung an Marx und vorwärtsweisenden Entwicklungssträngen innerhalb der "epigonalen" marxistischen Theorie. Er analysiert grundlegende Umbildungsprozesse innerhalb der "modernen Klasse der Lohnabhängigen" und die widersprüchlichen Aspekte ihrer "postfordistischen" Vergesellschaftungsbedingungen. Ausgehend von einer tätigkeitstheoretischen Reinterpretation des Marxschen Werkes und gestützt auf elementare Theoreme der "Kulturhistorischen Schule" sowie der "Kritischen Psychologie" entwickelt der Autor im zweiten Teil sein Konzept der "subjektiven Widerspruchsverarbeitung". Anschließend wird der aktuelle Widerstreit der subjekttheoretischen Diskurse in Form einer historischen Skizze zur "prämodernen" und "modernen" Subjektform beleuchtet und in diesem Kontext die "postmoderne" Dekonstruktion des Subjektes kritisiert.

Band 3
Daniela Weber: "Verfolgung – Vertreibung – Überleben: Frauen in den Weltflucht-bewegungen", trafo verlag, Berlin 1996, 162 S.
ISBN: 3-930412-95-0
Die weltweiten Flüchtlingsströme haben sich von den 80er auf die 90er Jahre drama-tisch verbreitert. Die Autorin beschreibt vor dem Hintergrund von derzeit rund 50 Mil-lionen Flüchtlingen die Lage von Frauen und Mädchen als den Hauptbetroffenen. Die wichtigsten Bereiche des Lebens auf der Flucht und in den Flüchtlingslagern werden analysiert: Gesundheitliche Probleme, Nahrungsmittelknappheit und -hilfe, Brennstoff-und Wasserversorgung, Bildungs- und Beschäftigungsprojekte. Der Schwerpunkt der Analyse legt Daniela Weber auf die Analyse der sexuellen Gewalt, die gegen weibli-che Flüchtlinge ausgeübt wird – kulturübergreifend, systemübergreifend und unter-schiedlos.

In Vorbereitung:
Band 5
Eva Kaufmann / Ursula Schröter / Renate Ullrich: "'Als ganzer Mensch leben.' Zu Lebensansprüchen ostdeutscher Frauen", trafo verlag, Berlin 1997, ca. 220 S.
ISBN: 3-930412-76-4
Analytisches zur Frauenpolitik in der DDR, empirische Befragungen zu den Erfah-rungen von ostdeutschen Frauen seit der Wende; das Frauenbild in der DDR-Litera-tur von Schriftstellerinnen (Maxi Wander, Brigitte Reimann, Gerti Tetzner, Irmtraut Morgner, Christa Wolf u. a.); persönliche Erfahrungen von ostdeutschen Theaterfrauen nach der Wende.
Vor. Erscheinungstermin: September 1997

In Vorbereitung
Band 6
Roland W. Schindler: "Rationalität zur Stunde Null. – Mit Hannah Arendt auf dem Weg ins 21. Jahrhundert" (Arbeitstitel), trafo verlag, Berlin 1997, ca. 200 S.
ISBN: 3-930412-74-8
Vor. Erscheinungstermin: Oktober 1997

In Vorbereitung
Band 8
Anneliese Braun: "'Arbeit ist mehr als Erwerbsarbeit!' – Zu den Perspektiven der Arbeit im 21. Jahrhundert" (Arbeitstitel), trafo verlag, Berlin 1997, ca. 200 S.
ISBN: 3-930412-74-8
Vor. Erscheinungstermin: November 1997